2021 年国家法律职业资格考试

魏建新

讲 行政法

168 金题串讲

魏建新◎编著　厚大出品

中国政法大学出版社

思索以通之

扫一扫书声　听编者心声

做法治之光

——致亲爱的考生朋友

　　如果问哪个群体会真正认真地学习法律，我想答案可能是备战法考的考生。

　　当厚大的老总力邀我们全力投入法考的培训事业，他最打动我们的一句话就是：这是一个远比象牙塔更大的舞台，我们可以向那些真正愿意去学习法律的同学普及法治的观念。

　　应试化的法律教育当然要帮助同学们以最便捷的方式通过法考，但它同时也可以承载法治信念的传承。

　　一直以来，人们习惯将应试化教育和大学教育对立开来，认为前者不登大雅之堂，充满填鸭与铜臭。然而，没有应试的导向，很少有人能够真正自律到系统地学习法律。在许多大学校园，田园牧歌式的自由放任也许能够培养出少数的精英，但不少学生却是在游戏、逃课、昏睡中浪费生命。人类所有的成就靠的其实都是艰辛的训练；法治建设所需的人才必须接受应试的锤炼。

　　应试化教育并不希望培养出类拔萃的精英，我们只希望为法治建设输送合格的人才，提升所有愿意学习法律的同学整体性的法律知识水平，培育真正的法治情怀。

厚大教育在全行业中率先推出了免费视频的教育模式，让优质的教育从此可以遍及每一个有网络的地方，经济问题不会再成为学生享受这些教育资源的壁垒。

最好的东西其实都是免费的，阳光、空气、无私的爱，越是弥足珍贵，越是免费的。我们希望厚大的免费课堂能够提供最优质的法律教育，一如阳光遍洒四方，带给每一位同学以法律的温暖。

没有哪一种职业资格考试像法考一样，科目之多、强度之大令人咂舌，这也是为什么通过法律职业资格考试是每一个法律人的梦想。

法考之路，并不好走。有沮丧、有压力、有疲倦，但愿你能坚持。

坚持就是胜利，法律职业资格考试如此，法治道路更是如此。

当你成为法官、检察官、律师或者其他法律工作者，你一定会面对更多的挑战、更多的压力，但是我们请你持守当初的梦想，永远不要放弃。

人生短暂，不过区区三万多天。我们每天都在走向人生的终点，对于每个人而言，我们最宝贵的财富就是时间。

感谢所有参加法考的朋友，感谢你愿意用你宝贵的时间去助力中国的法治建设。

我们都在借来的时间中生活。无论你是基于何种目的参加法考，你都被一只无形的大手抛进了法治的熔炉，要成为中国法治建设的血液，要让这个国家在法治中走向复兴。

数以万计的法条，盈千累万的试题，反反复复的训练。我们相信，这种貌似枯燥机械的复习正是对你性格的锤炼，让你迎接法治使命中更大的挑战。

亲爱的朋友，愿你在考试的复习中能够加倍地细心。因为将来的法律生涯，需要你心思格外的缜密，你要在纷繁芜杂的证据中不断搜索，发现疑点，去制止冤案。

亲爱的朋友，愿你在考试的复习中懂得放弃。你不可能学会所有的知识，抓住大头即可。将来的法律生涯，同样需要你在坚持原则的前提下有所为、有所不为。

亲爱的朋友，愿你在考试的复习中沉着冷静。不要为难题乱了阵脚，实在不会，那就绕道而行。法律生涯，道阻且长，唯有怀抱从容淡定的心才能笑到最后。

法律职业资格考试不仅仅是一次考试，它更是你法律生涯的一次预表。

我们祝你顺利地通过考试。

不仅仅在考试中，也在今后的法治使命中——

不悲伤、不犹豫、不彷徨。

但求理解。

厚大全体老师　谨识

目 录
CONTENTS

第1章　行政法概述

第❶讲　行政法基础

1. 某市辖区镇上农民修某家的房屋突然起火，修某打"119"电话求救，市消防队接警后告知镇上有消防队。修某打电话到镇上消防队求救，镇上消防队一直没有救援。镇上消防队是私人老板投资的民间消防队，经当地政府部门批准设立，通过收取防火费来维持消防队的运营成本，防火费由各村村民自愿缴纳，只能收取到部分防火费。由于防火费是镇上消防队的经济来源，镇上消防队决定：没交防火费的村子，一概不出车救火。修某所在村近年来一直没有交防火费。请问，修某与镇上消防队之间的争议属于：（　　　）（单选）

　A. 民事争议　　　　　　　　　　B. 行政争议

　C. 保险争议　　　　　　　　　　D. 刑事争议

　[考　点] 公共行政

2. 在新型冠状病毒肺炎疫情期间，下列关于行政的哪些说法是正确的？（　　　）（多选）

　A. 某区政府为设立隔离医学观察点而征用一宾馆，属于负担行政

　B. 某市政府对举报身边发热拒不报告、拒不接受诊疗人员的举报者给予1000元奖励，属于授益行政

　C. 某县公安局对不配合隔离治疗和医学观察的病人、密切接触者实施强制隔离措施，属于秩序行政

　D. 某市政府明确规定，确诊患者发生的医疗费用由财政给予补助，属于给付行政

　[考　点] 行政的分类

3. 合法行政是行政法的基本原则。下列法院判决适用了合法行政原则的是：（　　）（任选）

A. 师某驾驶半挂车被某县交通运输监察大队执法人员例行检查时，发现该车严重超载，决定罚款 15 000 元。师某提起行政诉讼。法院审理后认为，相关法律法规并未授权交通运输监察大队可以作出处罚，判决撤销某县交通运输监察大队作出的处罚决定书

B. 某企业在收到某县人力资源和社会保障局的《劳动保障监察责令改正指令书》后，仍未按要求履行，被某市人力资源和社会保障局处以 15 000 元罚款。某企业提起行政诉讼。法院审理后认为，根据《某市人力资源和社会保障局行政处罚权裁量标准》，15 000 元罚款显属不当，判决变更处罚 10 000 元罚款

C. 某市政府根据《市人大常委会关于在清水流域及其他重点区域禁止挖沙采石取土的决定》，关停某企业在禁采区范围内挖沙采石取土的矿山。某企业提起行政诉讼。法院审理后判决，因关停某企业造成的经济损失应当给予补偿

D. 杨某与村委会发生土地权属争议，县自然资源局作出土地权属争议行政决定，将该土地的使用权确定归杨某所有。村委会向法院提起诉讼。法院审理后认为，县自然资源局无权限作出处理决定，判决撤销县自然资源局作出的行政决定

[考 点]合法行政

4. 刘某驾驶车辆行驶至路口时，被某市公安局交警以未经年审为由将车扣留。刘某随后携带审验手续前往处理，交警在核实过程中又发现无法查验该车的发动机号码和车架号码，遂以涉嫌套牌为由继续扣留。刘某不服，提起行政诉讼。法院审理期间，对加固车架的钢板铆钉进行了切割查验，结果显示该车车架号码符合行驶证载明的车架号码。法院认为，为维护道路交通秩序，公安机关交通管理部门有权依法扣留违法车辆，但对违法车辆的扣留应以实现行政目的为限，尽可能选择对相对人合法权益损害最小的方式，遂确认扣留车辆行为违法，判决将车辆返还刘某。法院判决适用了下列哪些原则？（　　）（多选）

A. 合法行政原则　　　　　　　　B. 比例原则

C. 合理行政原则　　　　　　　　D. 信赖保护原则

[考 点]合理行政

5. 新冠肺炎疫情期间，某地对于湖北籍人员即使在疫情期间未离开本地也被要

求集中隔离进行医学观察。该做法违反了行政法的什么原则？（　　）（单选）

A. 合法行政　　　　　　　　　　B. 合理行政

C. 程序正当　　　　　　　　　　D. 高效便民

[考 点] 合理行政

6. 程序正当是当代行政法的基本原则。下列哪<u>些</u>做法体现程序正当这一要求？
（　　）（多选）

A. 某市市场监管局要求所属机构提高办事效率，主动将原 20 个工作日办结事项
减至 15 个工作日办结

B. 某县卫计委主动向社会公开全县卫生保健服务收费情况

C. 某市公安局出台"无证"犬治理措施前主动听取广大市民意见

D. 某市建设局发现行政强制执行违法后，主动纠正错误并赔偿当事人损失

[考 点] 程序正当

7. 2019 年 9 月 1 日施行的《重大行政决策程序暂行条例》规定，对专业性、技
术性较强的决策事项，决策承办单位选择专家、专业机构参与论证时，不得
选择与决策事项有直接利害关系的专家、专业机构。这体现了行政法的哪一
项原则？（　　）（单选）

A. 合法行政　　　　　　　　　　B. 合理行政

C. 程序正当　　　　　　　　　　D. 诚实信用

[考 点] 程序正当

8. 诚实守信是行政法的基本原则之一。下列哪一选项体现了诚实守信的要求？
（　　）（单选）

A. 行政机关公开履行行政职责过程中制作或者获取的信息

B. 非因法定事由并经法定程序，行政机关不得废止生效的行政决定

C. 行政机关发布的疫情信息应当及时

D. 违法行政给公民、组织合法权益造成损害时，行政机关积极赔偿

[考 点] 诚实守信

9. 下列哪些法律规定体现了信赖保护的要求？（　　）（多选）

A. 《行政处罚法》规定，设定和实施行政处罚必须以事实为依据，与违法行为的
事实、性质、情节以及社会危害程度相当

B.《行政许可法》规定，公民、法人或者其他组织依法取得的行政许可受法律保护，行政机关不得擅自改变已经生效的行政许可

C.《行政许可法》规定，行政许可所依据的法律、法规、规章修改或者废止，或者准予行政许可所依据的客观情况发生重大变化的，为了公共利益的需要，行政机关可以依法变更或者撤回已经生效的行政许可。由此给公民、法人或者其他组织造成财产损失的，行政机关应当依法给予补偿

D.《行政强制法》规定，采用非强制手段可以达到行政管理目的的，不得设定和实施行政强制

[考点] 信赖保护

10. 关于行政法基本原则，下列说法正确的是：（　　　）（任选）

A. 依法行政是行政活动区别于民事活动的主要标志

B. 高效便民要求行政机关在实施行政管理时排除不相关因素的干扰

C. 诚实守信要求行政机关发布的信息应当准确

D. 权责一致要求行政机关积极履行法定职责

[考点] 行政法基本原则

答案及解析

1. [考点] 公共行政

[答案] B

[解析] 修某与镇上消防队之间的争议属于行政争议。因为"119"电话属于一种公共资源，是政府为公众提供的一种公共服务，提供救援是政府应当履行的公共职责。因此，镇上消防队实施救援应当视为受政府委托履行的公共职责。题目中镇上消防队没有履行公共职责，存在行政不作为，因此镇上消防队与修某之间的争议属于行政法上的行政争议。故 B 选项当选。

2. [考点] 行政的分类

[答案] ABCD

[解析] 负担行政，是指行政机关对公民的权利形成一种负担或损益，即剥夺公民权利、利益或者限制其行动自由；授益行政，是指对公民给予利益，赋予公民某种权利或免除其负担的义务；秩序行政，是指行政机关维持社会秩序，

防止他人遭受非法侵害；给付行政，是指行政机关依照有关法律、法规，向公民提供物质利益或者赋予其与物质利益有关的权益。区政府设立隔离医学观察点而征用了宾馆，该宾馆的正当经营权利受到限制，属于负担行政；市政府奖励举报者是给予公民利益，属于授益行政；县公安局对病人、接触者进行强制隔离的措施，是出于维护公共秩序的目的而实施的行政，属于秩序行政；市政府对患者治疗费用进行补助，为患者提供物质利益，属于给付行政。故 ABCD 选项说法均正确。

3. [考点] 合法行政

[答案] AD

[解析] 合法行政原则要求，没有法律、法规、规章的规定，行政机关不得作出影响公民、法人和其他组织合法权益或者增加公民、法人和其他组织义务的决定。交通运输监察大队并没有法律法规的依据就作出了行政处罚行为，法院判决撤销某县交通运输监察大队作出的处罚决定书，适用了合法行政原则。故 A 选项当选。

合理行政原则要求，行政机关实施行政管理，只应考虑与法律目的相关的各种因素，不得考虑与法律目的不相关的因素。法院审理后认为某市人力资源和社会保障局处以 15 000 元罚款属于明显不当，判决变更处罚 10 000 元罚款，适用的是合理行政原则而非合法行政原则。故 B 选项不当选。

诚实守信原则要求，非因法定事由并经法定程序，行政机关不得撤销、变更已经生效的行政决定；因国家利益、公共利益或者其他法定事由需要撤回或者变更行政决定的，应当依照法定权限和程序进行，并对行政相对人因此而受到的财产损失依法予以补偿。某市政府根据《市人大常委会关于在清水流域及其他重点区域禁止挖沙采石取土的决定》关停某企业，应当对某企业造成的经济损失给予补偿，法院判决适用的是诚实守信原则而非合法行政原则。故 C 选项不当选。

合法行政原则要求，没有法律、法规、规章的规定，行政机关不得作出影响公民、法人和其他组织合法权益或者增加公民、法人和其他组织义务的决定。杨某与村委会发生土地权属争议，县自然资源局无权作出土地权属争议行政决定，法院判决撤销县自然资源局作出的行政决定，适用了合法行政原则。故 D 选项当选。

4. 考点 合理行政

答 案 BC

解 析 本题的问题是法院适用了哪些原则作出判决，因此法院的审理对象及判决理由是解答本题的关键。法院判决认为，公安机关交通管理部门对违法车辆的扣留应以实现行政目的为限，尽可能选择对相对人合法权益损害最小的方式，这是合理行政原则中比例原则的体现。比例原则是指行政主体实施行政行为应兼顾行政目的的实现和相对人权益的保护，其要求行政机关在可以采用多种方式实现某一行政目的的情况下，应当采用对当事人权益损害最小的方式。故 BC 选项当选。

合法行政原则的两个内涵是有法必依和无法不为。实施行政管理，行政机关应依照法律、法规、规章进行，没有法律、法规、规章的规定，行政机关不得作出影响相对人合法权益或者增加相对人义务的决定。法院认为，公安机关交通管理部门有权依法扣留违法车辆，这实际上是符合有法必依的，但在扣押车辆时采取了不符合比例原则的手段。故 A 选项不当选。

信赖保护原则要求行政机关不得随意改变或废止行政授益行为，为了公共利益，按照法定程序可以改变或废止行政授益行为，但须对当事人信赖利益的损失进行补偿。题目中法院判决显然不涉及行政授益行为的保护问题。故 D 选项不当选。

5. 考点 合理行政

答 案 B

解 析 合理行政原则要求公正公平，行政机关中立，不偏私，平等对待相对人，不歧视；合理行政原则还要求，行政机关实施行政管理，只应考虑与法律目的相关的各种因素，不得考虑与法律目的不相关的因素。某地对于湖北籍人员即使在疫情期间未离开本地也被要求集中隔离进行医学观察，考虑"湖北籍"这一与法律目的不相关的因素进行隔离，违反了合理行政原则。故 B 选项当选。

6. 考点 程序正当

答 案 BC

解 析 程序正当原则有三个要求：①行政公开是行政机关有义务公开自己在履行职责过程中制作或者获取的，以一定形式记录、保存的信息；②公众参与是行政机关作出重要规定或者决定时，应当听取公民、法人和其他组织的意见；③回避是公务员与行政权行使存在利害关系时，应当回避。

"某市市场监管局要求所属机构将原20个工作日办结事项减至15个工作日办结"属于行政机关提高办事效率，是高效便民原则的体现。故A选项不当选。

"某县卫计委向社会公开全县卫生保健服务收费情况"属于行政机关公开信息，是程序正当原则中的行政公开。故B选项当选。

"某市公安局出台'无证'犬治理措施前听取广大市民意见"属于行政机关作出决定时听取公众意见，是程序正当原则中的公众参与。故C选项当选。

"某市建设局主动纠正错误并赔偿当事人损失"属于行政机关承担责任，是权责统一原则中的"侵权须赔偿"。故D选项不当选。

7. [考点] 程序正当

[答案] C

[解析] 程序正当原则要求公务人员履行行政职责时，与履行职责事项存在利害关系的，应当回避。专家、专业机构与决策事项有直接利害关系的，应当回避。故C选项当选。

8. [考点] 诚实守信

[答案] B

[解析] 诚实守信原则有两个要求：①诚实是指行政机关公布的信息内容应当全面、准确、真实。②信赖保护有两层含义：存续保护和财产保护。存续保护是指不得随意改变或废止行政授益行为。财产保护是指为了公共利益，按照法定程序可以改变或废止行政授益行为，但须对当事人信赖利益的损失进行补偿。

"行政机关公开履行行政职责过程中制作或者获取的信息"属于行政机关公开信息，是程序正当原则中的行政公开。故A选项不当选。

"非因法定事由并经法定程序，行政机关不得废止生效的行政决定"属于不得随意改变或废止行政授益行为，是诚实守信原则中的信赖保护——"存续保护"。故B选项当选。

"行政机关发布的疫情信息应当及时"属于行政机关积极履行法定职责，

是高效便民原则的体现。故 C 选项不当选。

"违法行政给公民、组织合法权益造成损害，行政机关积极赔偿"属于行政机关承担责任，是权责统一原则中的行政责任——"侵权须赔偿"。故 D 选项不当选。

9. [考 点] 信赖保护

[答 案] BC

[解 析] 信赖保护体现为两个方面：①非因法定事由并经法定程序，行政机关不得撤销、变更已经生效的行政决定，这是存续保护；②因公共利益等法定事由需要撤回、变更行政决定的，应当依照法定权限和程序进行，并对行政相对人因此受到的财产损失予以补偿，这是财产保护。B 选项中，行政机关不得擅自改变已经生效的行政许可，这是对被许可人的存续保护。C 选项中，为了公共利益的需要，行政机关变更或者撤回已经生效的行政许可，对公民、法人或者其他组织造成财产损失给予补偿，这是对被许可人的财产保护。故 BC 选项当选。

A 选项中，行政处罚与违法行为的事实、性质、情节以及社会危害程度相当，这体现了行政处罚要考虑相关因素，排除无关因素，属于合理行政原则。故 A 选项不当选。

D 选项中，达到行政管理目的时采用非强制手段优先于行政强制手段，这体现为对当事人的最小损害，属于合理行政原则中的比例原则。故 D 选项不当选。

10. [考 点] 行政法基本原则

[答 案] C

[解 析] A 选项是考查依法行政与合法行政的区别。要注意区分合法行政与依法行政，二者完全是不同层次的概念。依法行政包括六个原则——合法行政、合理行政、程序正当、诚实信用、高效便民和权责统一。合法行政只是依法行政的一个基本要求，虽然合法行政在依法行政中比较重要，占据着最基础性的地位，但依法行政并不仅仅就是指合法行政，除了合法行政外还有五个原则。行政活动区别于民事活动的主要标志是合法行政，不是依法行政。故 A 选项说法错误。

B 选项是考查高效便民与合理行政的区分。行政机关在实施行政管理时排除不相关因素的干扰属于合理行政原则的要求——考虑相关因素，排除无关因素。故 B 选项说法错误。

C 选项是考查信息公开与信息真实的区别。注意将政府应公开信息与政府提供的信息应当全面、准确、真实区分开来，这属于两个不同的原则。政府应该公开信息，这属于程序正当原则中的公开；政府公开的信息应当全面、准确、真实，这属于诚实守信原则中的诚实。故 C 选项说法正确。

D 选项是考查高效便民与权责一致的区分。高效便民原则的高效是指行政机关应当遵守法定时限，积极履行法定职责。因此，要求行政机关积极履行法定职责属于高效便民原则，而不属于权责一致原则。故 D 选项说法错误。

第2章 行政组织

第❷讲 行政机构设置与编制管理

11. 根据第十三届全国人民代表大会第一次会议批准的国务院机构改革方案，组建中华人民共和国国家医疗保障局，作为国务院直属机构。下列关于国家医疗保障局的说法，哪些是正确的？（　　）（多选）

    A. 有权制定规章

    B. 由国务院管理，主管特定业务，具有独立的行政管理职能

    C. 该局的设立由国务院最终决定

    D. 该局的设立由全国人大及其常委会最终决定

    [考点] 国务院直属机构的职权、法律地位、设置以及内设机构设置

12. 国务院关税税则委员会为国务院议事协调机构。关于该机构，下列哪些说法是不正确的？（　　）（多选）

    A. 在特殊或者紧急的情况下，国务院关税税则委员会可以规定临时性的行政管理措施

    B. 国务院关税税则委员会的设立、撤销或合并，由国务院总理提请全国人大或全国人大常委会决定

    C. 国务院关税税则委员会的编制根据工作需要单独确定

    D. 国务院关税税则委员会设立后，需要对其职能进行调整的，由国务院关税税则委员会提出方案，报国务院机构编制管理机关批准

    [考点] 国务院议事协调机构的职权、法律地位、设置和编制管理

13. 2021年5月13日国家疾病预防控制局挂牌成立，国家疾病预防控制局为中华人民共和国国家卫生健康委员会管理的国家局。下列关于国家疾病预防控

制局的说法，哪些是错误的？（　　　）（多选）

A. 履行国务院基本的行政管理职能，具有独立的行政管理职能

B. 该局的设立由国务院编制管理机关提出方案，报国务院决定

C. 该局增设处级内设机构，由国务院编制管理机关审核批准

D. 该局增设编制，由国务院编制管理机关审核批准

考点 国务院组成部门管理的国家行政机构的法律地位、设置和编制管理

14. 教育部拟合并司级内设机构。关于机构合并，下列哪一说法是正确的？

（　　　）（单选）

A. 教育部决定，报国务院机构编制管理机关备案

B. 教育部提出方案，报国务院机构编制管理机关批准

C. 国务院机构编制管理机关提出方案，报国务院决定

D. 国务院机构编制管理机关审核方案，报国务院批准

考点 国务院行政机构的司级内设机构设置

15. 下列哪些行政机构的设置事项，应当经上一级人民政府机构编制管理机关审

核后，报上一级人民政府批准？（　　　）（多选）

A. 某市文化局和旅游局的合并

B. 某省公安厅增设内设机构

C. 某省卫生厅更名为健康卫生委员会

D. 某市人民政府设立新冠肺炎疫情防控指挥部

考点 地方政府的行政机构的设置

16. 下列关于某省卫生健康委员会增设内设机构的说法，正确的是：（　　　）

（单选）

A. 由某省卫生健康委员会决定设立

B. 由某省卫生健康委员会报省政府机构编制管理机关审批

C. 由某省卫生健康委员会报省政府机构编制管理机关初步审核后，报省政府审批

D. 由某省卫生健康委员会报人力资源和社会保障部审批

考点 地方政府的行政机构的内设机构的设置

17. 下列关于行政机构编制管理的说法，哪些是正确的？（　　　）（多选）

A. 国务院行政机构的编制在国务院行政机构设立时确定

B. 国务院议事协调机构的编制根据工作需要单独确定

C. 甲省乙市政府的行政编制总额，由乙市政府提出，报甲省政府批准

D. 丙县人民政府议事协调机构不单独确定编制

[考点] 行政机构的编制管理

18. 关于行政机关和机构的设立，下列说法哪些是正确的？（　　）（多选）

A. 经国务院批准，自治区人民政府可以设立地区行政公署

B. 经省人大常委会批准，省人民政府可以设立工作部门

C. 经市人民政府批准，市辖区人民政府可以设立街道办事处

D. 经县人民政府批准，县人民政府工作部门可以设立派出机构

[考点] 派出机关和派出机构的设置

19. 关于机构设置和编制管理，下列哪一说法是正确的？（　　）（单选）

A. 国务院议事协调机构议定的事项，由有关的行政机构按照各自的职责负责办理

B. 地方各级政府根据调整职责的需要，可以在行政编制总额内调配使用本地不同层级之间的行政编制

C. 地方各级人民政府行政机构之间对职责划分有异议，协商不一致的，由本级人民政府机构编制管理机关决定

D. 地方的事业单位机构和编制管理办法由省、自治区、直辖市人民政府机构编制管理机关拟定，报国务院机构编制管理机关审核后，由省、自治区、直辖市人民政府发布

[考点] 行政机构设置与编制管理

答案及解析

11. [考点] 国务院直属机构的职权、法律地位、设置以及内设机构设置

[答案] AC

[解析] 根据《立法法》第80条第1款的规定，国务院各部、委员会、中国人民银行、审计署和具有行政管理职能的直属机构，可以根据法律和国务院的行政法规、决定、命令，在本部门的权限范围内，制定规章。国家医疗保障局为国务院具有行政管理职能的直属机构，有权制定规章。故A选项说法正确。

根据《国务院行政机构设置和编制管理条例》第6条第4、6款的规定，国务院直属机构主管国务院的某项专门业务，具有独立的行政管理职能。国务院组成部门管理的国家行政机关由国务院组成部门管理，主管特定业务，行使行政管理职能。因此，国家医疗保障局负责国务院的某项专门业务，具有独立的行政管理职能。故 B 选项说法错误。

根据《国务院行政机构设置和编制管理条例》第8条的规定，国务院直属机构、国务院办事机构和国务院组成部门管理的国家行政机关的设立、撤销或者合并由国务院机构编制管理机关提出方案，报国务院决定。因此，国家医疗保障局的设立由国务院最终决定。故 C 选项说法正确，D 选项说法错误。

12. [考点] 国务院议事协调机构的职权、法律地位、设置和编制管理

[答案] ABCD

[解析] 根据《国务院行政机构设置和编制管理条例》第6条第7款的规定，在特殊或者紧急的情况下，经国务院同意，国务院议事协调机构可以规定临时性的行政管理措施。因此，在特殊或者紧急的情况下，国务院关税税则委员会规定临时性的行政管理措施需要国务院同意。故 A 选项说法错误，当选。

根据《国务院行政机构设置和编制管理条例》第11条的规定，国务院议事协调机构的设立、撤销或者合并，由国务院机构编制管理机关提出方案，报国务院决定。因此，国务院关税税则委员会的设立、撤销或合并是由国务院决定，无须提请全国人大或全国人大常委会决定。故 B 选项说法错误，当选。

根据《国务院行政机构设置和编制管理条例》第20条的规定，国务院议事协调机构不单独确定编制，所需要的编制由承担具体工作的国务院行政机构解决。因此，国务院关税税则委员会设立时不单独确定编制，所需要的编制由承担具体工作的国务院行政机构——财政部解决。故 C 选项说法错误，当选。

根据《国务院行政机构设置和编制管理条例》第12条的规定，国务院行政机构设立后，需要对职能进行调整的，由国务院机构编制管理机关提出方案，报国务院决定。因此，国务院关税税则委员会设立后，需要对其职能进行调整的，由国务院机构编制管理机关提出方案，报国务院决定。故 D 选项说法错误，当选。

13. [考点] 国务院组成部门管理的国家行政机构的法律地位、设置和编制管理

[答案] ACD

[解析] 根据《国务院行政机构设置和编制管理条例》第6条第3、6款的规定，国务院组成部门依法分别履行国务院基本的行政管理职能。国务院组成部门包括各部、各委员会、中国人民银行和审计署。国务院组成部门管理的国家行政机构由国务院组成部门管理，主管特定业务，行使行政管理职能。因此，国家疾病预防控制局为国务院组成部门——国家卫生健康委员会管理的国家局，主管特定业务，而非履行国务院基本的行政管理职能。故A选项说法错误，当选。

根据《国务院行政机构设置和编制管理条例》第8条的规定，国务院直属机构、国务院办事机构和国务院组成部门管理的国家行政机构的设立、撤销或者合并由国务院机构编制管理机关提出方案，报国务院决定。因此，国家疾病预防控制局的设立由国务院编制管理机关提出方案，报国务院决定。故B选项说法正确，不当选。

根据《国务院行政机构设置和编制管理条例》第14条的规定，国务院行政机构的司级内设机构的增设、撤销或者合并，经国务院机构编制管理机关审核方案，报国务院批准。国务院行政机构的处级内设机构的设立、撤销或者合并，由国务院行政机构根据国家有关规定决定，按年度报国务院机构编制管理机关备案。因此，国家疾病预防控制局增设处级内设机构，需报国务院编制管理机关备案，但无需国务院编制管理机关审核批准。故C选项说法错误，当选。

根据《国务院行政机构设置和编制管理条例》第19条的规定，国务院行政机构增加或者减少编制，由国务院机构编制管理机关审核方案，报国务院批准。因此，国家疾病预防控制局增设编制，由国务院机构编制管理机关审核方案，报国务院批准，而非由国务院编制管理机关审核批准。故D选项说法错误，当选。

14. [考点] 国务院行政机构的司级内设机构设置

[答案] D

[解析] 根据《国务院行政机构设置和编制管理条例》第14条的规定，国务院行政机构的司级内设机构的增设、撤销或者合并，经国务院机构编制管理机关审核方案，报国务院批准。国务院行政机构的处级内设机构的设立、撤

销或者合并，由国务院行政机构根据国家有关规定决定，按年度报国务院机构编制管理机关备案。因此，教育部拟合并司级内设机构，需经国务院机构编制管理机关审核方案，报国务院批准。故 D 选项说法正确，ABC 选项说法错误。

15. [考 点] 地方政府的行政机构的设置

[答 案] AC

[解 析] 根据《地方各级人民政府机构设置和编制管理条例》第 9 条的规定，地方各级人民政府行政机构的设立、撤销、合并或者变更规格、名称，由本级人民政府提出方案，经上一级人民政府机构编制管理机关审核后，报上一级人民政府批准。市文化局和旅游局均属于市政府行政机构，其合并应当经上一级人民政府机构编制管理机关审核后，报上一级人民政府批准。故 A 选项当选。

根据《地方各级人民政府机构设置和编制管理条例》第 13 条的规定，县级以上地方各级人民政府行政机构的内设机构的设立、撤销、合并或者变更规格、名称，由该行政机构报本级人民政府机构编制管理机关审批。省公安厅作为省政府的行政机构，其内设机构的增设，由省公安厅报请省政府机构编制管理机关审批即可。故 B 选项不当选。

根据《地方各级人民政府机构设置和编制管理条例》第 9 条的规定，地方各级人民政府行政机构的设立、撤销、合并或者变更规格、名称，由本级人民政府提出方案，经上一级人民政府机构编制管理机关审核后，报上一级人民政府批准。省卫生厅属于省政府行政机构，省卫生厅变更名称应当经上一级人民政府机构编制管理机关审核后，报上一级人民政府批准。故 C 选项当选。

根据《地方各级人民政府机构设置和编制管理条例》第 11 条第 1 款的规定，地方各级人民政府设立议事协调机构，应当严格控制；可以交由现有机构承担职能的或者由现有机构进行协调可以解决问题的，不另设立议事协调机构。由此可知，地方各级人民政府的议事协调机构由地方各级人民政府自己设立。因此，某市人民政府设立新冠肺炎疫情防控指挥部，无需经上一级人民政府机构编制管理机关审核后，报上一级人民政府批准。故 D 选项不当选。

16. [考 点] 地方政府的行政机构的内设机构的设置

[答 案] B

[解析] 根据《地方各级人民政府机构设置和编制管理条例》第13条的规定，地方各级人民政府行政机构根据工作需要和精干的原则，设立必要的内设机构。县级以上地方各级人民政府行政机构的内设机构的设立、撤销、合并或者变更规格、名称，由该行政机构报本级人民政府机构编制管理机关审批。因此，省卫生健康委员会增设内设机构由省卫生健康委员会报省政府机构编制管理机关审批。故 B 选项说法正确，ACD 选项说法错误。

17. [考点] 行政机构的编制管理

[答案] AD

[解析] 根据《国务院行政机构设置和编制管理条例》第18条第1款的规定，国务院行政机构的编制在国务院行政机构设立时确定。故 A 选项说法正确。

　　根据《国务院行政机构设置和编制管理条例》第20条的规定，国务院议事协调机构不单独确定编制，所需要的编制由承担具体工作的国务院行政机构解决。由此可知，国务院议事协调机构的编制根据工作需要由承担具体工作的国务院行政机构解决，并不是单独确定。故 B 选项说法错误。

　　根据《地方各级人民政府机构设置和编制管理条例》第16条的规定，地方各级人民政府的行政编制总额，由省、自治区、直辖市人民政府提出，经国务院机构编制管理机关审核后，报国务院批准。因此，甲省乙市政府的行政编制总额，应由甲省人民政府提出，报国务院批准。故 C 选项说法错误。

　　根据《地方各级人民政府机构设置和编制管理条例》第19条的规定，地方各级人民政府议事协调机构不单独确定编制，所需要的编制由承担具体工作的行政机构解决。因此，丙县人民政府议事协调机构是不单独确定编制的。故 D 选项说法正确。

18. [考点] 派出机关和派出机构的设置

[答案] AC

[解析] 根据《地方各级人民代表大会和地方各级人民政府组织法》第68条第1款的规定，省、自治区的人民政府在必要的时候，经国务院批准，可以设立若干派出机关。因此，自治区人民政府设立地区行政公署，需经国务院批准。故 A 选项说法正确。

　　根据《地方各级人民代表大会和地方各级人民政府组织法》第64条第3款的规定，省、自治区、直辖市的人民政府的厅、局、委员会等工作部门的设立、增加、减少或者合并，由本级人民政府报请国务院批准，并报本级人民代表大会常务委员会备案。因此，省级人民政府设立工作部门由省级人民政府报请国务院批准，并报省级人民代表大会常务委员会备案，而非经省人大常委会批准。故 B 选项说法错误。

根据《地方各级人民代表大会和地方各级人民政府组织法》第 68 条第 3 款的规定，市辖区、不设区的市的人民政府，经上一级人民政府批准，可以设立若干街道办事处，作为它的派出机关。因此，市辖区人民政府设立街道办事处，需经区人民政府的上一级政府——市人民政府批准。故 C 选项说法正确。

派出机构作为地方各级人民政府行政机构的特殊内设机构，其设置与地方各级人民政府行政机构的内设机构的设置规则相同。根据《地方各级人民政府机构设置和编制管理条例》第 13 条的规定，地方各级人民政府行政机构根据工作需要和精干的原则，设立必要的内设机构。县级以上地方各级人民政府行政机构的内设机构的设立、撤销、合并或者变更规格、名称，由该行政机构报本级人民政府机构编制管理机关审批。因此，县政府工作部门设立派出机构需报县政府机构编制管理机关审批，而非报县政府批准。故 D 选项说法错误。

19. [考点] 行政机构设置与编制管理

[答案] D

[解析] 根据《国务院行政机构设置和编制管理条例》第 6 条第 7 款的规定，国务院议事协调机构议定的事项，经国务院同意，由有关的行政机构按照各自的职责负责办理。据此，国务院议事协调机构议定的事项，由有关的行政机构按照各自的职责负责办理，需要经国务院同意。故 A 选项说法错误。

根据《地方各级人民政府机构设置和编制管理条例》第 18 条的规定，地方各级人民政府根据调整职责的需要，可以在行政编制总额内调整本级人民政府有关部门的行政编制。但是，在同一个行政区域不同层级之间调配使用行政编制的，应当由省、自治区、直辖市人民政府机构编制管理机关报国务院机构编制管理机关审批。因此，地方各级政府要调配使用本地不同层级之间的行政编制的，应当由省级政府机构编制管理机关报国务院机构编制管理机关审批。故 B 选项说法错误。

根据《地方各级人民政府机构设置和编制管理条例》第 10 条第 2 款的

规定，行政机构之间对职责划分有异议的，应当主动协商解决。协商一致的，报本级人民政府机构编制管理机关备案；协商不一致的，应当提请本级人民政府机构编制管理机关提出协调意见，由机构编制管理机关报本级人民政府决定。由此可知，地方各级人民政府行政机构之间对职责划分有异议，协商不一致的，由本级人民政府决定，不是由本级人民政府机构编制管理机关决定。故 C 选项说法错误。

根据《地方各级人民政府机构设置和编制管理条例》第 29 条的规定，地方的事业单位机构和编制管理办法，由省、自治区、直辖市人民政府机构编制管理机关拟定，报国务院机构编制管理机关审核后，由省、自治区、直辖市人民政府发布。故 D 选项说法正确。

第3章 公务员

第3讲 公务员制度

20. 关于公务员录用的做法，下列哪一选项是正确的？（　　）（单选）

　　A. 经省公务员局批准，市国家安全局简化程序录用一名特殊职位的公务员

　　B. 经省公务员局批准，市生态环境局录用一名被开除公职但业务能力特别优秀的人为公务员

　　C. 经国家公务员局批准，农业农村部确定拟录用公务员的人员名单

　　D. 经国家公务员局批准，市民政局录用公务员可以适当变更公务员录用的体检项目和标准

　　考点 公务员的录用

21. 某市卫生健康委员会二级巡视员王某某在新型冠状肺炎疫情防控工作中严重失职失责，造成严重不良影响，由市监察委员会给予其政务撤职处分。关于王某某的二级巡视员，下列哪一项说法是正确的？（　　）（单选）

　　A. 属于公务员领导职务　　　　　　　B. 属于公务员职级

　　C. 属于公务员级别　　　　　　　　　D. 不属于公务员

　　考点 公务员的职级

22. 根据《公务员法》的规定，下列哪些选项属于公务员的任职方式？（　　）（多选）

　　A. 调任　　　　　　　　　　　　　　B. 转任

　　C. 委任　　　　　　　　　　　　　　D. 选任

　　考点 公务员的任职与交流

23. 孙某为某县公安局的聘任制公务员，双方签订聘任合同。下列哪些说法是错误的？（　　）（多选）

A. 聘任合同需经省公务员主管部门批准

B. 涉及国家秘密职位的聘任合同需经省公务员主管部门批准

C. 聘任合同约定孙某试用期 12 个月

D. 如孙某与该机关因履行聘任合同发生争议，可以申请劳动仲裁

[考点] 公务员的聘任

24. 关于某县公安局聘任公务员，下列做法正确的是：（　　）（任选）

A. 某县公安局聘任公务员须按照公务员考试录用程序进行公开招聘

B. 某县公安局与所聘任的公务员实行协议工资制

C. 某县公安局聘任公务员的合同期限为 6 年

D. 某县公安局按照《公务员法》和聘任合同对聘任制公务员进行管理

[考点] 公务员的聘任

25. 下列关于公务员的说法，哪些是不正确的？（　　）（多选）

A. 公务员为发挥个人专长可在机关外兼职，但应当经有关机关批准，并不得领取兼职报酬

B. 公务员在年度考核中被确定为不称职的，按照规定程序降低一个职务或者职级层次任职，同时按照规定降低级别

C. 领导成员因工作严重失误、失职造成重大损失或者恶劣社会影响的，应引咎辞去公职

D. 应受到降级、撤职、开除处分的公务员，在作出处分决定前已退休的，不再给予处分，其享受的待遇保持不变

[考点] 公务员的管理

26. 关于公务员的辞职和辞退，下列说法正确的是：（　　）（任选）

A. 在年度考核中，连续 2 年被确定为不称职的公务员予以辞退

B. 在涉及国家秘密等特殊职位任职的公务员，不得辞去公职

C. 公务员被辞退的，不得再次被录用为公务员

D. 非领导成员的公务员被辞退的，2 年内不得到与原工作业务直接相关的营利性组织任职

[考点] 公务员的辞职和辞退

27. 下列哪些选项不属于对公务员的处分？（　　　）（多选）

　　A. 降职　　　　　　　　　　　　　B. 免职

　　C. 责令辞职　　　　　　　　　　　D. 辞退

　　[考 点] 公务员的处分种类

28. 关于公务员的处分，下列说法正确的是：（　　　）（任选）

　　A. 公务员张某受到警告处分，在处分期间因工作表现突出晋升一档工资

　　B. 公务员孙某因同时违反财经纪律和玩忽职守被分别给予降级和记过处分，受处分的期间为 24 个月

　　C. 公务员李某的撤职处分解除后，其职务、职级和级别均不能自动恢复

　　D. 对公务员张某的开除处分决定应当以书面形式通知张某，处分决定自送达之日起生效

　　[考 点] 公务员的处分

29. 某市教育局局长李某因违反财经纪律被给予撤职处分。关于李某的处分，下列哪些说法是不正确的？（　　　）（多选）

　　A. 应同时降低李某的级别

　　B. 李某的受处分期间为 18 个月

　　C. 李某在受处分期间不得晋升职务和级别，但可以晋升工资档次

　　D. 李某对处分决定不服可以向人事争议仲裁委员会申请仲裁

　　[考 点] 公务员的处分

30. 下列哪些做法违反了《公务员法》的回避规定？（　　　）（多选）

　　A. 张某担任家乡所在省的省长

　　B. 某市房地产管理局局长沈某之子在该市开办公司从事房地产开发

　　C. 李某是某省民政厅厅长，其妻任该厅财务处科员

　　D. 钱某是市规划局局长，其妻担任市文化局局长

　　[考 点] 公务员的回避

31. 下列哪一做法符合《公务员法》的规定？（　　　）（单选）

　　A. 新录用的公务员试用期满不合格的，予以辞退

　　B. 根据工作需要和领导职务与职级的对应关系，公务员担任的领导职务和职级可以互相转任、兼任

C. 公务员受开除以外的处分，在受处分期间有悔改表现，并且没有再发生违纪行为的，处分期满后，由处分决定机关解除处分

D. 国有企业、高等院校和科研院所中从事公务的人员，可以调入机关担任主任科员以下职级

[考 点] 公务员的录用、职务与职级、解除处分、交流

答案及解析

20. [考 点] 公务员的录用

[答 案] A

[解 析] 根据《公务员法》第33条的规定，录用特殊职位的公务员，经省级以上公务员主管部门批准，可以简化程序或者采用其他测评办法。因此，市国家安全局简化程序录用一名特殊职位的公务员，需经省级以上公务员主管部门批准。故 A 选项正确。

根据《公务员法》第26条第3项的规定，下列人员不得录用为公务员：……③被开除公职的；……由此可知，被开除公职的人员，即使业务能力特别优秀，也不能被录用为公务员。故 B 选项错误。

根据《公务员法》第32条的规定，招录机关根据考试成绩、考察情况和体检结果，提出拟录用人员名单，并予以公示。公示期不少于5个工作日。公示期满，中央一级招录机关应当将拟录用人员名单报中央公务员主管部门备案；地方各级招录机关应当将拟录用人员名单报省级或者设区的市级公务员主管部门审批。因此，农业农村部将拟录用人员名单报国家公务员局备案即可，不需经过批准。故 C 选项错误。

根据《公务员法》第31条第2款的规定，体检的项目和标准根据职位要求确定。具体办法由中央公务员主管部门会同国务院卫生健康行政部门规定。由此可知，公务员录用的体检项目和标准是由中央公务员主管部门和国务院卫生行政部门共同规定的，国家公务员局也是无权批准变更的。故 D 选项错误。

21. [考 点] 公务员的职级

[答 案] B

解析 根据《公务员法》第 17 条的规定，国家实行公务员职务与职级并行制度，根据公务员职位类别和职责设置公务员领导职务、职级序列。《公务员法》第 19 条第 2 款规定，综合管理类公务员职级序列分为：一级巡视员、二级巡视员、一级调研员、二级调研员、三级调研员、四级调研员、一级主任科员、二级主任科员、三级主任科员、四级主任科员、一级科员、二级科员。因此，王某某的二级巡视员属于公务员的职级。故 B 选项正确。

22. 考点 公务员的任职与交流

答案 CD

解析 根据《公务员法》第 69 条的规定，国家实行公务员交流制度。公务员可以在公务员和参照本法管理的工作人员队伍内部交流，也可以与国有企业和不参照本法管理的事业单位中从事公务的人员交流。交流的方式包括调任、转任。由此可知，调任和转任是公务员交流的方式而不是任职方式。故 AB 选项不当选。

根据《公务员法》第 40 条的规定，公务员领导职务实行选任制、委任制和聘任制。公务员职级实行委任制和聘任制。领导成员职务按照国家规定实行任期制。同法第 41 条规定，选任制公务员在选举结果生效时即任当选职务；任期届满不再连任或者任期内辞职、被罢免、被撤职的，其所任职务即终止。同法第 42 条规定，委任制公务员试用期满考核合格，职务、职级发生变化，以及其他情形需要任免职务、职级的，应当按照管理权限和规定的程序任免。由此可知，委任和选任是公务员的任职方式。故 CD 选项当选。

23. 考点 公务员的聘任

答案 ABD

解析 根据《公务员法》第 102 条第 2 款的规定，聘任合同的签订、变更或者解除，应当报同级公务员主管部门备案。由此可知，聘任合同应当报同级公务员主管部门备案，而无须报省级公务员主管部门批准。故 A 选项说法错误，当选。

根据《公务员法》第 100 条的规定，机关根据工作需要，经省级以上公务员主管部门批准，可以对专业性较强的职位和辅助性职位实行聘任制。前款所列职位涉及国家秘密的，不实行聘任制。由此可知，涉及国家秘密的职位，不实行聘任制。故 B 选项说法错误，当选。

根据《公务员法》第103条第2款的规定，聘任合同期限为1~5年。聘任合同可以约定试用期，试用期为1~12个月。由此可知，聘任公务员的试用期最长为12个月。故C选项说法正确，不当选。

聘任制公务员的救济途径不同于一般公务员。根据《公务员法》第105条的规定，聘任制公务员与所在机关之间因履行聘任合同发生争议的，可以自争议发生之日起60日内申请仲裁。省级以上公务员主管部门根据需要设立人事争议仲裁委员会，受理仲裁申请。人事争议仲裁委员会由公务员主管部门的代表、聘用机关的代表、聘任制公务员的代表以及法律专家组成。当事人对仲裁裁决不服的，可以自接到仲裁裁决书之日起15日内向人民法院提起诉讼。仲裁裁决生效后，一方当事人不履行的，另一方当事人可以申请人民法院执行。因此，孙某与所在机关因履行聘任合同发生争议，孙某可以向人事争议仲裁委员会申请人事仲裁，而不是申请劳动仲裁。故D选项说法错误，当选。

24. [考点]公务员的聘任

[答案]BD

[解析]聘任制公务员的录用程序不同于一般公务员。根据《公务员法》第101条第1款的规定，机关聘任公务员可以参照公务员考试录用的程序进行公开招聘，也可以从符合条件的人员中直接选聘。某县公安局聘任公务员既可以按照公务员考试录用程序进行公开招聘，也可以从符合条件的人员中直接选聘。故A选项错误。

根据《公务员法》第103条第3款的规定，聘任制公务员实行协议工资制，具体办法由中央公务员主管部门规定。据此，某县公安局与所聘任的公务员实行协议工资制。故B选项正确。

根据《公务员法》第103条第2款的规定，聘任合同期限为1~5年。聘任合同可以约定试用期，试用期为1~12个月。由此可知，聘任公务员的合同期限最短不得少于1年，最长不得超过5年，某县公安局聘任公务员的合同期限为6年，超过了5年的最长期限。故C选项错误。

聘任制公务员的管理依据不同于一般公务员。根据《公务员法》第104条的规定，机关依据本法和聘任合同对所聘公务员进行管理。因此，某县公安局不仅应按照《公务员法》对聘任制公务员进行管理，还应当按照聘任合同对聘任制公务员进行管理。故D选项正确。

25. [考 点] 公务员的管理

[答 案] ABCD

[解 析] 根据《公务员法》第44条的规定，公务员因工作需要在机关外兼职，应当经有关机关批准，并不得领取兼职报酬。由此可知，公务员在机关外兼职，是为了工作需要而不是发挥个人专长。故A选项说法不正确，当选。

根据《公务员法》第50条第2款的规定，公务员在年度考核中被确定为不称职的，按照规定程序降低一个职务或者职级层次任职。由此可知，公务员在定期考核中被确定为不称职的，需降职，而无需降低级别。另外注意，根据《公务员法》第64条第3款的规定，受撤职处分的，按照规定降低级别。故B选项说法不正确，当选。

根据《公务员法》第87条第3款的规定，领导成员因工作严重失误、失职造成重大损失或者恶劣社会影响的，或者对重大事故负有领导责任的，应当引咎辞去领导职务。由此可知，领导成员应当引咎辞去领导职务，而不是引咎辞去公职，辞去领导职务的领导成员仍然具有公务员身份。故C选项说法不正确，当选。

根据《行政机关公务员处分条例》第52条的规定，有违法违纪行为应当受到处分的行政机关公务员，在处分决定机关作出处分决定前已经退休的，不再给予处分；但是，依法应当给予降级、撤职、开除处分的，应当按照规定相应降低或者取消其享受的待遇。因此，应受到降级、撤职、开除处分的公务员，在作出处分决定前已退休的，不再给予处分，但应当相应降低或者取消其享受的待遇。故D选项说法不正确，当选。

26. [考 点] 公务员的辞职和辞退

[答 案] AB

[解 析] 根据《公务员法》第88条第1项的规定，公务员有下列情形之一的，予以辞退：①在年度考核中，连续2年被确定为不称职的；……因此，在年度考核中，可以将连续2年被确定为不称职的公务员予以辞退。故A选项说法正确。

根据《公务员法》第86条第2项的规定，在涉及国家秘密等特殊职位任职或者离开上述职位不满国家规定的脱密期限的公务员，不得辞去公职。故B选项说法正确。

根据《公务员法》第26条的规定，下列人员不得录用为公务员：①因犯罪受过刑事处罚的；②被开除中国共产党党籍的；③被开除公职的；④被依法列为失信联合惩戒对象的；⑤有法律规定不得录用为公务员的其他情形的。由此可知，《公务员法》并不禁止录用被辞退的公务员。故 C 选项说法错误。

根据《公务员法》第 107 条第 1 款的规定，公务员辞去公职或者退休的，原系领导成员、县处级以上领导职务的公务员在离职 3 年内，其他公务员在离职 2 年内，不得到与原工作业务直接相关的企业或者其他营利性组织任职，不得从事与原工作业务直接相关的营利性活动。由此可知，非领导成员的公务员离职 2 年内不得到与原工作业务直接相关的营利性组织任职，这里离职的公务员只限定于辞去公职或者退休的公务员，而不包括被辞退的公务员。故 D 选项说法错误。

---

27. [考点]公务员的处分种类

[答案]ABCD

[解析]根据《公务员法》第 62 条的规定，处分分为：警告、记过、记大过、降级、撤职、开除。由此可知，题目中四个选项都不属于对公务员的处分。故 ABCD 选项均当选。注意区分降职与降级、免职与撤职、辞退与开除。

---

28. [考点]公务员的处分

[答案]ABC

[解析]根据《公务员法》第 64 条第 1 款的规定，公务员在受处分期间不得晋升职务、职级和级别，其中受记过、记大过、降级、撤职处分的，不得晋升工资档次。由此可知，公务员受警告处分期间不得晋升职务、职级和级别，但允许晋升工资档次。故 A 选项说法正确。

根据《行政机关公务员处分条例》第 10 条第 1 款的规定，行政机关公务员同时有两种以上需要给予处分的行为的，应当分别确定其处分。应当给予的处分种类不同的，执行其中最重的处分；应当给予撤职以下多个相同种类处分的，执行该处分，并在一个处分期以上、多个处分期之和以下，决定处分期。由此可知，孙某受到了两种不同种类的行政处分：降级和记过，应对其执行降级处分。根据《公务员法》第 64 条第 2 款的规定，受处分的期间为：警告，6 个月；记过，12 个月；记大过，18 个月；降级、撤职，24 个月。由此可知，受到降级处分的孙某受处分的期间为 24 个月。故 B 选项说法正确。

　　根据《公务员法》第64条第3款的规定，受撤职处分的，按照规定降低级别。根据《公务员法》第65条第2款的规定，解除处分后，晋升工资档次、级别和职务、职级不再受原处分的影响。但是，解除降级、撤职处分的，不视为恢复原级别、原职务、原职级。由此可知，撤职处分解除后，其职务、职级和级别均不能自动恢复。故C选项说法正确。

　　根据《公务员法》第63条第3款的规定，处分决定应当以书面形式通知公务员本人。《行政机关公务员处分条例》第46条规定，处分决定、解除处分决定自作出之日起生效。由此可知，对公务员张某的开除处分决定应当以书面形式通知张某，但处分决定不是从送达之日起生效，而是自作出之日起生效。故D选项说法错误。

29. [考点] 公务员的处分

[答案] BCD

[解析] 根据《公务员法》第64条第3款的规定，受撤职处分的，按照规定降低级别。对李某执行撤职处分时，应当同时降低李某的级别。故A选项说法正确，不当选。

　　根据《公务员法》第64条第2款的规定，受处分的期间为：警告，6个月；记过，12个月；记大过，18个月；降级、撤职，24个月。李某的受处分期间应为24个月。故B选项说法错误，当选。

　　根据《公务员法》第64条第1款的规定，公务员在受处分期间不得晋升职务、职级和级别，其中受记过、记大过、降级、撤职处分的，不得晋升工资档次。受记过、记大过、降级、撤职处分的公务员，在受处分期间不得晋升职务、职级、级别和工资档次；受警告处分的公务员，在受处分期间不得晋升职务、职级和级别，可以晋升工资档次。题中李某受到的是撤职处分，在受处分期间既不得晋升职务、职级和级别，也不得晋升工资档次。故C选项说法错误，当选。

　　根据《公务员法》第95条第1款第1项的规定，公务员对涉及本人的下列人事处理不服的，可以自知道该人事处理之日起30日内向原处理机关申请复核；对复核结果不服的，可以自接到复核决定之日起15日内，按照规定向同级公务员主管部门或者作出该人事处理的机关的上一级机关提出申诉；也可以不经复核，自知道该人事处理之日起30日内直接提出申诉：①处分；……《公务员法》第105条第1款规定，聘任制公务员与所在机关之间因履行聘任合同发生争议的，可以自争议发生之日起60日内申请仲裁。因此，李某对处分决定不服可以申请复核或者提出申诉，而不是申请仲裁。故D选项说法错误，当选。

30. [考 点] 公务员的回避

[答 案] BCD

[解 析] 根据《公务员法》第75条的规定，公务员担任乡级机关、县级机关、设区的市级机关及其有关部门主要领导职务的，应当按照有关规定实行地域回避。因此，张某担任家乡所在省的省长不违反公务员法的地域回避规定。故A选项不当选。

根据《公务员法》第74条第2款的规定，公务员不得在其配偶、子女及其配偶经营的企业、营利性组织的行业监管或者主管部门担任领导成员。由此可知，沈某之子在该市开办公司从事房地产开发，沈某担任该市房地产管理局局长违反了公务员法的回避规定。故B选项当选。

根据《公务员法》第74条第1款的规定，公务员之间有夫妻关系、直系血亲关系、三代以内旁系血亲关系以及近姻亲关系的，不得在同一机关双方直接隶属于同一领导人员的职位或者有直接上下级领导关系的职位工作，也不得在其中一方担任领导职务的机关从事组织、人事、纪检、监察、审计和财务工作。由此可知，公务员之间有夫妻关系的不得在其中一方担任领导职务的机关从事财务工作。因此，李某任职省民政厅厅长，其妻任该厅财务处科员违反"不得在其中一方担任领导职务的机关从事财务工作"的回避规定。故C选项当选。

根据《公务员法》第74条第1款的规定，公务员之间有夫妻关系、直系血亲关系、三代以内旁系血亲关系以及近姻亲关系的，不得在同一机关双方直接隶属于同一领导人员的职位或者有直接上下级领导关系的职位工作，也不得在其中一方担任领导职务的机关从事组织、人事、纪检、监察、审计和财务工作。市规划局局长和市文化局局长都属于市政府组成人员，直接隶属于市长领导的职位。李某是市规划局局长，其妻担任市文化局局长，违反了同一机关双方直接隶属于同一领导人员的职位的回避规定。故D选项当选。

31. [考 点] 公务员的录用、职务与职级、解除处分、交流

[答 案] B

解 析 根据《公务员法》第 34 条的规定，新录用的公务员试用期为 1 年。试用期满合格的，予以任职；不合格的，取消录用。由此可知，新录用的公务员试用期满不合格的，取消录用，而不是予以辞退。故 A 选项不当选。

根据《公务员法》第 21 条第 2 款的规定，根据工作需要和领导职务与职级的对应关系，公务员担任的领导职务和职级可以互相转任、兼任；符合规定资格条件的，可以晋升领导职务或者职级。故 B 选项当选。

根据《公务员法》第 65 条第 1 款的规定，公务员受开除以外的处分，在受处分期间有悔改表现，并且没有再发生违纪违法行为的，处分期满后自动解除。由此可知，公务员受开除以外的处分，在受处分期间有悔改表现，并且没有再发生违纪违法行为的，处分期满后自动解除，无需处分决定机关解除处分。故 C 选项不当选。

根据《公务员法》第 19 条第 2 款的规定，综合管理类公务员职级序列分为：一级巡视员、二级巡视员、一级调研员、二级调研员、三级调研员、四级调研员、一级主任科员、二级主任科员、三级主任科员、四级主任科员、一级科员、二级科员。《公务员法》第 70 条第 1 款的规定，国有企业、高等院校和科研院所以及其他不参照本法管理的事业单位中从事公务的人员，可以调入机关担任领导职务或者四级调研员以上及其他相当层次的职级。由此可知，国有企业、高等院校和科研院所中从事公务的人员，可以调入机关担任四级调研员以上职级，而不是主任科员以下职级。故 D 选项不当选。

第4章 抽象行政行为

第❹讲 行政立法与其他规范性文件

32. 《国家重点建设项目管理办法》于1996年6月3日经国务院批准，1996年6月14日由国家计划委员会发布。该办法属于哪一性质的规范？（   ）（单选）

A. 行政法规   B. 国务院的决定

C. 部门规章   D. 一般规范性文件

[考点] 行政法规的制定权限

33. 关于行政法规的起草和审查，下列哪些说法是正确的？（   ）（多选）

A. 起草行政法规应当弘扬社会主义核心价值观

B. 起草行政法规应当体现行政机关职权与责任相统一的原则

C. 行政法规送审稿由国务院法制机构负责审查

D. 如制定行政法规的基本条件不成熟，行政法规送审稿应当退回起草单位

[考点] 行政法规的起草与审查

34. 关于行政法规，下列说法正确的是：（   ）（任选）

A. 国务院将其制定的行政法规命名为"条例"、"办法"或"规定"

B. 行政法规可以由国务院多个部门共同制定，报国务院批准

C. 制定政治方面法律的配套行政法规，应当及时报告党中央

D. 行政法规的解释可由国务院授权国务院法制机构公布

[考点] 行政法规的制定与解释

35. 关于行政法规制定程序，下列说法正确的有：（   ）（多选）

A. 国务院法制机构拟订国务院年度立法工作计划，报党中央、国务院批准后向
　社会公布

B. 行政法规应先列入国务院年度立法工作计划中，未列入不得制定

C. 行政法规草案应当向社会公布，征求意见，但是经国务院决定不公布的除外

D. 除国防建设外的行政法规由国务院总理签署国务院令公布

[考 点] 行政法规的制定程序

36. 抗击新冠肺炎疫情的一个重要法律依据是《突发公共卫生事件应急条例》，
该条例经 2003 年 5 月 7 日国务院第 7 次常务会议通过，2003 年 5 月 9 日实
施，2011 年 1 月 8 日修订。若该条例的部分条文需要进一步明确具体含义，
下列哪一项说法是正确的？（　　）（单选）

A. 解释权属于国务院

B. 解释权属于司法部

C. 解释权属于国家卫生健康委员会

D. 解释权属于最高人民法院

[考 点] 行政法规的解释

37. 关于某省政府规章的立项，下列哪些说法是正确的？（　　）（多选）

A. 省政府可以向社会公开征集规章制定项目建议

B. 省政府法制机构应当对制定规章的立项申请进行汇总研究，制定省政府年度
　规章制定工作计划

C. 省政府年度规章制定工作计划应当明确规章的名称、起草单位、完成时间

D. 省政府年度规章制定工作计划在执行中，可以根据实际情况增加规章项目

[考 点] 地方政府规章的立项

38. 关于行政规章，下列说法正确的是：（　　）（任选）

A. 地方政府规章直接涉及公民、组织切实利益，有重大意见分歧的，在起草时
　应向社会公布征求意见，可以举行听证会

B. 在 2015 年《立法法》修正后，某直辖市政府只能针对城乡建设与管理、环
　境保护、历史文化保护等事项制定规章

C. 没有行政法规依据，部门规章不得设定减损公民、法人和其他组织权利或者
　增加其义务的规范

D. 行政规章签署公布后，部门规章应及时在中国政府法制信息网上刊载，而地

方政府规章无须在中国政府法制信息网上刊载

[考点] 规章权限和制定程序

39. 下列有关规章的说法，正确的是：（　　）（任选）

A. 国务院具有行政管理职能的直属机构和设区的市人民政府都有权制定规章

B. 区政府认为需要制定地方政府规章的，应当向上一级政府报请立项

C. 地方政府规章内容不适当的，本级人大常委会应当予以改变或者撤销

D. 部门规章与地方政府规章之间对同一事项的规定不一致时，由国务院最终裁决

[考点] 规章的权限、制定、监督与效力

40. 有关行政立法的备案，下列说法正确的是：（　　）（任选）

A. 行政法规公布后，由国务院法制机构报请全国人大常委会备案

B. 省人民政府规章公布后，由省人民政府办公厅报请备案

C. 部门规章和地方政府规章公布后都应当报国务院备案

D. 行政法规和规章都应当在公布后的 30 日内报请备案

[考点] 行政法规和规章的备案

41. 有关行政法规和规章的制定和解释，下列说法正确的是：（　　）（任选）

A. 起草行政法规和规章应当广泛听取有关机关、组织和公民的意见

B. 行政法规和规章应当自公布之日起 30 日后施行

C. 行政法规和规章公布后应当及时在全国范围内发行的有关报纸上刊登

D. 行政法规的解释与行政法规具有同等效力，规章的解释与规章具有同等效力

[考点] 行政法规和规章的制定与解释

42. 根据《突发事件应对法》、《传染病防治法》、《治安管理处罚法》、《突发公共卫生事件应急条例》和《湖北省人民代表大会常务委员会关于为打赢新型冠状病毒肺炎疫情防控阻击战提供有力法治保障的决定》等相关法律法规规定，2020 年 2 月 16 日湖北省人民政府发布《关于进一步强化新冠肺炎疫情防控的通告》。该通告属于：（　　）（单选）

A. 行政解释　　　　　　　　　　B. 部门规章

C. 地方政府规章　　　　　　　　D. 行政规范性文件

[考点] 行政规范性文件

答案及解析

32. [考点] 行政法规的制定权限

[答案] A

[解析] 根据《立法法》第65条第1款的规定，国务院根据宪法和法律，制定行政法规。根据《行政法规制定程序条例》的规定，行政法规须经法定程序立项、起草、审查、决定、公布，特别是须经国务院总理签署国务院令公布施行。因此，就一般情形而言，经由国务院批准、国务院部门公布的规范性文件，不属于行政法规，属于部门规章。但是，《最高人民法院关于审理行政案件适用法律规范问题的座谈会纪要》指出，考虑新中国成立后我国立法程序的沿革情况，现行有效的行政法规有以下三种类型：①国务院制定并公布的行政法规。②立法法施行以前，按照当时有效的行政法规制定程序，经国务院批准、由国务院部门公布的行政法规。但在立法法施行以后，经国务院批准、由国务院部门公布的规范性文件，不再属于行政法规。③在清理行政法规时由国务院确认的其他行政法规。题目中的《国家重点建设项目管理办法》是1996年经国务院批准，由国家计划委员会（注：国家计划委员会为国务院组成部门，后改组为国家发展和改革委员会）发布，属于2000年《立法法》施行以前按照当时有效的行政法规制定程序，经国务院批准、由国务院部门公布的行政法规。故A选项当选，BCD选项不当选。

33. [考点] 行政法规的起草与审查

[答案] ABC

[解析] 《行政法规制定程序条例》第12条第1项规定，起草行政法规，应当符合《行政法规制定程序条例》第3条、第4条的规定，并弘扬社会主义核心价值观。因此，起草行政法规应当弘扬社会主义核心价值观。故A选项说法正确。

另外，行政法的基本原则之一就是权责统一，根据《行政法规制定程序条例》第12条第5项的规定，起草行政法规应当符合的要求之一就是体现行政机关的职权与责任相统一的原则。故B选项说法正确。

根据《行政法规制定程序条例》第18条第1款的规定，报送国务院的行政法规送审稿，由国务院法制机构负责审查。由此可知，行政法规送审稿的审查主体是国务院法制机构。故 C 选项说法正确。

　　根据《行政法规制定程序条例》第 19 条第 1 项的规定，行政法规送审稿属于制定行政法规的基本条件尚不成熟或者发生重大变化的，国务院法制机构可以缓办或者退回起草部门。由此可知，制定行政法规的基本条件尚不成熟的，法制机构既可以缓办，也可以将行政法规送审稿退回起草单位，并非应将行政法规送审稿退回起草单位。故 D 选项说法错误。

34. [考 点] 行政法规的制定与解释

[答 案] AC

[解 析] 根据《行政法规制定程序条例》第 5 条的规定，行政法规的名称一般称"条例"，也可以称"规定""办法"等。国务院根据全国人民代表大会及其常务委员会的授权决定制定的行政法规，称"暂行条例"或者"暂行规定"。国务院各部门和地方人民政府制定的规章不得称"条例"。因此，国务院可以将其制定的行政法规命名为"条例"、"办法"或"规定"。故 A 选项说法正确。

　　根据《立法法》第 65 条第 1 款的规定，国务院根据宪法和法律，制定行政法规。同法第 80 条第 1 款规定，国务院各部、委员会、中国人民银行、审计署和具有行政管理职能的直属机构，可以根据法律和国务院的行政法规、决定、命令，在本部门的权限范围内，制定规章。同时《关于审理行政案件适用法律规范问题的座谈会纪要》指出，考虑新中国成立后我国立法程序的沿革情况，现行有效的行政法规有以下三种类型：①国务院制定并公布的行政法规。②立法法施行以前，按照当时有效的行政法规制定程序，经国务院批准、由国务院部门公布的行政法规。但在立法法施行以后，经国务院批准、由国务院部门公布的规范性文件，不再属于行政法规。③在清理行政法规时由国务院确认的其他行政法规。由此可知，在《立法法》施行以后，行政法规只能由国务院制定。而由国务院多个部门共同制定，报国务院批准的规范性文件，不再属于行政法规。故 B 选项说法错误。

　　根据《行政法规制定程序条例》第 4 条第 1 款的规定，制定政治方面法律的配套行政法规，应当按照有关规定及时报告党中央。由此可知，制定政治方面法律的配套行政法规，应当及时报告党中央。故 C 选项说法正确。

　　根据《行政法规制定程序条例》第 31 条第 2 款的规定，国务院法制机构研究拟订行政法规解释草案，报国务院同意后，由国务院公布或者由国务院授权国务院有关部门公布。因此，行政法规的解释可以由国务院公布，也可以由国务院授权国务院有关部门公布，而不是由国务院授权国务院法制机构公布。故 D 选项说法错误。

35. [考点] 行政法规的制定程序

[答案] ACD

[解析] 根据《行政法规制定程序条例》第 9 条第 1 款的规定，国务院法制机构应当根据国家总体工作部署，对行政法规立项申请和公开征集的行政法规制定项目建议进行评估论证，突出重点，统筹兼顾，拟订国务院年度立法工作计划，报党中央、国务院批准后向社会公布。由此可知，国务院法制机构拟订国务院年度立法工作计划，向社会公布须经党中央、国务院批准。故 A 选项说法正确。

根据《行政法规制定程序条例》第 8 条第 1 款的规定，国务院有关部门认为需要制定行政法规的，应当于国务院编制年度立法工作计划前，向国务院报请立项。同法第 10 条第 3 款规定，国务院年度立法工作计划在执行中可以根据实际情况予以调整。因此，行政法规应先列入国务院年度立法工作计划中，但也可以根据实际情况予以调整，未列入年度立法工作计划就不得制定行政法规的说法过于绝对。故 B 选项说法错误。

根据《立法法》第 67 条第 2 款的规定，行政法规草案应当向社会公布，征求意见，但是经国务院决定不公布的除外。《行政法规制定程序条例》第 13 条第 2 款规定，起草行政法规，起草部门应当将行政法规草案及其说明等向社会公布，征求意见，但是经国务院决定不公布的除外。向社会公布征求意见的期限一般不少于 30 日。因此，行政法规草案以向社会公布征求意见为原则，不向社会公布征求意见为例外，例外需经国务院决定。故 C 选项说法正确。

根据《立法法》第 70 条的规定，行政法规由总理签署国务院令公布。有关国防建设的行政法规，可以由国务院总理、中央军事委员会主席共同签署国务院、中央军事委员会令公布。《行政法规制定程序条例》第 27 条第 1 款规定，国务院法制机构应当根据国务院对行政法规草案的审议意见，对行政法规草案进行修改，形成草案修改稿，报请总理签署国务院令公布施行。因此，有关国防建设的行政法规，可以由国务院总理、中央军事委员会主席共同签署国务院、中央军事委员会令公布，而除国防建设外的行政法规由国务院总理签署国务院令公布。故 D 选项说法正确。

36. 考点 行政法规的解释

答案 A

解析 根据《行政法规制定程序条例》第 31 条第 1 款第 1 项的规定，行政法规的规定需要进一步明确具体含义的，由国务院解释。因此，行政法规的解释权属于国务院。故 A 选项说法正确。

37. 考点 地方政府规章的立项

答案 ACD

解析 根据《规章制定程序条例》第 10 条第 3 款的规定，国务院部门，省、自治区、直辖市和设区的市、自治州的人民政府，可以向社会公开征集规章制定项目建议。故 A 选项说法正确。

根据《规章制定程序条例》第 12 条第 1 款的规定，国务院部门法制机构，省、自治区、直辖市和设区的市、自治州的人民政府法制机构（以下简称"法制机构"），应当对制定规章的立项申请和公开征集的规章制定项目建议进行评估论证，拟订本部门、本级人民政府年度规章制定工作计划，报本部门、本级人民政府批准后向社会公布。省政府法制机构应当对制定规章的立项申请进行汇总研究，只能拟订省政府年度规章制定工作计划，而不是制定省政府年度规章制定工作计划。故 B 选项说法错误。

根据《规章制定程序条例》第 12 条第 2 款的规定，年度规章制定工作计划应当明确规章的名称、起草单位、完成时间等。因此，省政府年度规章制定工作计划应当明确规章的名称、起草单位、完成时间。故 C 选项说法正确。

根据《规章制定程序条例》第 13 条第 3 款的规定，年度规章制定工作计划在执行中，可以根据实际情况予以调整，对拟增加的规章项目应当进行补充论证。因此，省政府年度规章制定工作计划在执行中根据实际情况是可以增加规章项目的。故 D 选项说法正确。

38. 考点 规章权限和制定程序

答案 A

解析 根据《规章制定程序条例》第 15 条第 2 款的规定，起草规章，除依法需要保密的外，应当将规章草案及其说明等向社会公布，征求意见。向社会公布征求意见的期限一般不少于30日。同法第16条第2款规定，起草的规章涉及重大利益调整或者存在重大意见分歧，对公民、法人或者其他组织的权利义务有较大影响，人民群众普遍关注，需要进行听证的，起草单位应当举行听证会听取意见。因此，地方政府规章在起草时应当向社会公布征求意见，直接涉及公民、组织切实利益，有重大意见分歧的，可以举行听证会。故A选项说法正确。

根据《立法法》第82条第1~3款的规定，省、自治区、直辖市和设区的市、自治州的人民政府，可以根据法律、行政法规和本省、自治区、直辖市的地方性法规，制定规章。地方政府规章可以就下列事项作出规定：①为执行法律、行政法规、地方性法规的规定需要制定规章的事项；②属于本行政区域的具体行政管理事项。设区的市、自治州的人民政府根据本条第1款、第2款制定地方政府规章，限于城乡建设与管理、环境保护、历史文化保护等方面的事项。已经制定的地方政府规章，涉及上述事项范围以外的，继续有效。在2015年《立法法》修正后，设区的市、自治州的人民政府只能针对城乡建设与管理、环境保护、历史文化保护等事项制定规章，而这并不是省、自治区、直辖市政府制定规章的事项范围。故B选项说法错误。

根据《立法法》第80条第2款的规定，部门规章规定的事项应当属于执行法律或者国务院的行政法规、决定、命令的事项。没有法律或者国务院的行政法规、决定、命令的依据，部门规章不得设定减损公民、法人和其他组织权利或者增加其义务的规范，不得增加本部门的权力或者减少本部门的法定职责。因此，没有行政法规依据，但如果有法律依据，部门规章是可以设定减损公民、法人和其他组织权利或者增加其义务的。故C选项说法错误。

根据《立法法》第86条的规定，部门规章签署公布后，及时在国务院公报或者部门公报和中国政府法制信息网以及在全国范围内发行的报纸上刊载。地方政府规章签署公布后，及时在本级人民政府公报和中国政府法制信息网以及在本行政区域范围内发行的报纸上刊载。在国务院公报或者部门公报和地方人民政府公报上刊登的规章文本为标准文本。因此，部门规章和地方政府规章均应及时在中国政府法制信息网上刊载。故D选项说法错误。

39. [考 点] 规章的权限、制定、监督与效力

[答 案] ABD

[解 析] 根据《立法法》第80条第1款的规定，国务院各部、委员会、中国

人民银行、审计署和具有行政管理职能的直属机构，可以根据法律和国务院的行政法规、决定、命令，在本部门的权限范围内，制定规章。同法第82条第1款规定，省、自治区、直辖市和设区的市、自治州的人民政府，可以根据法律、行政法规和本省、自治区、直辖市的地方性法规，制定规章。因此，国务院具有行政管理职能的直属机构有权制定部门规章，设区的市人民政府有权制定地方政府规章。故A选项说法正确。

根据《规章制定程序条例》第10条第2款的规定，省、自治区、直辖市和设区的市、自治州的人民政府所属工作部门或者下级人民政府认为需要制定地方政府规章的，应当向该省、自治区、直辖市或者设区的市、自治州的人民政府报请立项。因此，区政府认为需要制定地方政府规章的，应当向设区的市、自治州的人民政府报请立项。故B选项说法正确。

根据《立法法》第97条第5项的规定，地方人民代表大会常务委员会有权撤销本级人民政府制定的不适当的规章。因此，地方政府规章内容不适当的，本级人大常委会有权撤销，但无权改变。故C选项说法错误。

根据《立法法》第95条第1款第3项的规定，部门规章之间、部门规章与地方政府规章之间对同一事项的规定不一致时，由国务院裁决。由此可知，部门规章与地方政府规章之间对同一事项的规定不一致时，由国务院裁决，国务院的裁决为最终裁决。故D选项说法正确。

40. [考 点] 行政法规和规章的备案

[答 案] CD

[解 析] 根据《行政法规制定程序条例》第30条的规定，行政法规在公布后的30日内由国务院办公厅报全国人民代表大会常务委员会备案。因此，行政法规公布后，由国务院办公厅报请全国人大常委会备案，而非国务院法制机构报请全国人大常委会备案。故A选项说法错误。

根据《规章制定程序条例》第34条的规定，规章应当自公布之日起30日内，由法制机构依照立法法和《法规规章备案条例》的规定向有关机关备案。因此，省人民政府规章公布后，由省人民政府法制机构报请备案，而非省人民政府办公厅报请备案。故B选项说法错误。

根据《立法法》第98条第4项的规定，部门规章和地方政府规章报国务院备案；地方政府规章应当同时报本级人民代表大会常务委员会备案；设区的市、自治州的人民政府制定的规章应当同时报省、自治区的人民代表大会常务委员会和人民政府备案。由此可知，部门规章和地方政府规章公布后都应当报国务院备案。故 C 选项说法正确。

　　根据《行政法规制定程序条例》第 30 条的规定，行政法规在公布后的 30 日内由国务院办公厅报全国人民代表大会常务委员会备案。《规章制定程序条例》第 34 条规定，规章应当自公布之日起 30 日内，由法制机构依照立法法和《法规规章备案条例》的规定向有关机关备案。因此，行政法规和规章都应当在公布后的 30 日内报请备案。故 D 选项说法正确。

41. [考点] 行政法规和规章的制定与解释

[答案] AD

[解析] 根据《行政法规制定程序条例》第 13 条第 1 款的规定，起草行政法规，起草部门应当深入调查研究，总结实践经验，广泛听取有关机关、组织和公民的意见。根据《规章制定程序条例》第 15 条第 1 款的规定，起草规章，应当深入调查研究，总结实践经验，广泛听取有关机关、组织和公民的意见。由此可知，起草行政法规和规章应当广泛听取有关机关、组织和公民的意见。故 A 选项说法正确。

　　根据《行政法规制定程序条例》第 29 条的规定，行政法规应当自公布之日起 30 日后施行；但是，涉及国家安全、外汇汇率、货币政策的确定以及公布后不立即施行将有碍行政法规施行的，可以自公布之日起施行。根据《规章制定程序条例》第 32 条的规定，规章应当自公布之日起 30 日后施行；但是，涉及国家安全、外汇汇率、货币政策的确定以及公布后不立即施行将有碍规章施行的，可以自公布之日起施行。因此，行政法规和规章一般应当自公布之日起 30 日后施行；但是，涉及国家安全、外汇汇率、货币政策的确定以及公布后不立即施行将有碍行政法规和规章施行的，可以自公布之日起施行。故 B 选项说法错误。

　　根据《立法法》第 71 条第 1 款的规定，行政法规签署公布后，及时在国务院公报和中国政府法制信息网以及在全国范围内发行的报纸上刊载。同法第 86 条第 1 款规定，部门规章签署公布后，及时在国务院公报或者部门公报和中国政府法制信息网以及在全国范围内发行的报纸上刊载。同法第 86 条第 2 款规定，地方政府规章签署公布后，及时在本级人民政府公报和中国政府法制信息网以及在本行政区域范围内发行的报纸上刊载。由此可知，行政法规和部门规章在全国范围内发行的报纸上刊登，地方政府规章在本行政区域范围发行的报纸刊登,并不要求在全国范围内发行的报纸上刊登。故 C 选项说法错误。

根据《行政法规制定程序条例》第 31 条第 3 款的规定,行政法规的解释与行政法规具有同等效力。根据《规章制定程序条例》第 33 条第 4 款的规定,规章的解释同规章具有同等效力。故 D 选项说法正确。

42. [考 点] 行政规范性文件

[答 案] D

[解 析] 行政解释是指国家行政机关在依法行使职权时,对非由其创制的有关法律、法规如何具体应用问题所作的解释。部门规章是国务院各部门、各委员会、审计署等根据法律和行政法规的规定和国务院的决定,在本部门的权限范围内制定和发布的调整本部门行政管理关系的法律规范。地方政府规章是省、自治区、直辖市、设区的市(自治州)的人民政府,根据法律、行政法规和本省、自治区、直辖市的地方性法规制定的法律。行政规范性文件是除国务院的行政法规、决定、命令以及部门规章和地方政府规章外,由行政机关依照法定权限、程序制定并公开发布,具有普遍约束力、在一定期限内反复适用的公文。湖北省人民政府发布的《关于进一步强化新冠肺炎疫情防控的通告》是具有普遍约束力且能够反复适用的公文,属于行政规范性文件。故 D 选项当选。

第5章 具体行政行为

第5讲 具体行政行为概述

43. 公安机关的下列行为，哪些不属于具体行政行为？（　　）（多选）

A. 公安机关在社区入口处悬挂"打架成本警示牌"

B. 公安机关对人口失踪案件不予立案

C. 公安机关对吸毒人员进行强制隔离戒毒

D. 公安机关对因民间纠纷引起的打架斗殴双方进行调解，双方达成协议

[考点] 具体行政行为判断

44. 在新冠肺炎防控期间，为落实保障医用口罩等防护物资的生产供给，某市政府发布通告：对凡在本通告所列名单中的医疗物资生产企业给予购置设备费用的财政补助。关于通告的性质，下列选项正确的是：（　　）（任选）

A. 行政立法　　　　　　　　　　　B. 行政规范性文件

C. 具体行政行为　　　　　　　　　D. 行政给付

[考点] 具体行政行为的概念

45. 某市城市综合执法局执法人员在巡查过程中发现某商店未经批准正在安装户外广告，执法人员将安装工人使用的梯子抽走，安装工人随后在下滑过程中失手坠落死亡。执法人员抽走梯子的行为属于：（　　）（任选）

A. 具体行政行为　　　　　　　　　B. 行政事实行为

C. 行政强制执行　　　　　　　　　D. 行政处罚行为

[考点] 具体行政行为的概念

46. 在新冠肺炎疫情期间，张三开办麻将馆偷偷营业，聚众打麻将，被某局执法

人员巡查时发现，但张三不听劝阻，执法人员强行砸毁麻将机。执法人员强行砸毁麻将机的行为属于：（   ）（任选）

A. 具体行政行为　　　　　　　　　B. 行政强制措施

C. 行政强制执行　　　　　　　　　D. 行政事实行为

[考点] 具体行政行为的概念

47. 某市住房城乡建设委、市网信办、银保监局三部门针对网络上出现的房地产市场"唱涨"言论，集中约谈了部分网络自媒体负责人和网络大 V。三部门在约谈中强调，自媒体不是法外之地，公众账号生产运营者应当履行用户主体责任，各运作主体要建立健全内容和账号安全审核机制，加强内容导向性、真实性、合法性把关。三部门的约谈行为属于：（   ）（任选）

A. 行政负担行为　　　　　　　　　B. 抽象行政行为

C. 行政指导行为　　　　　　　　　D. 履行行政职务的行为

[考点] 具体行政行为的概念

48. 关于具体行政行为的不成立，下列哪些说法是不正确的？（   ）（多选）

A. 未经送达领受程序的具体行政行为不能成立

B. 要求当事人去犯罪的具体行政行为不能成立

C. 没有事实依据的具体行政行为不能成立

D. 客观上不可能实施的具体行政行为不能成立

[考点] 具体行政行为的成立与无效

49. 关于具体行政行为的效力，下列哪些说法是正确的？（   ）（多选）

A. 具体行政行为一经成立就立即生效，但附条件生效的除外

B. 行政复议期间具体行政行为的停止执行属于具体行政行为效力的终止

C. 具体行政行为效力的终止既存在违法因素的终止也存在没有违法因素的终止

D. 行政强制执行是实现具体行政行为执行力的制度保障

[考点] 具体行政行为的效力

50. 关于具体行政行为的撤销和撤回，下列哪些说法是不正确的？（   ）（多选）

A. 可撤销的具体行政行为在被撤销之前，当事人可以不受其约束

B. 具体行政行为被撤回的，行政机关应将行政行为撤回前给予当事人的利益收回

C. 因具体行政行为撤回致使当事人的合法权益受到损失的，应给予当事人赔偿

D. 违法具体行政行为致使当事人的合法权益受到损失，该行为被撤销后应给予当事人补偿

[考点] 具体行政行为的撤销和撤回

51. 关于具体行政行为的效力与合法性，下列说法正确的是：（   ）（任选）

A. 具体行政行为不再争议、不得更改、不可撤销属于具体行政行为的拘束力

B. 提起行政诉讼会导致具体行政行为丧失拘束力

C. 行使行政职权的主体合法是具体行政行为合法的必要条件

D. 超越法定职权是具体行政行为构成违法的独立理由

[考点] 具体行政行为效力与合法性

答案及解析

43. [考点] 具体行政行为判断

[答案] ABD

[解析] 行政指导行为是行政机关以倡导、示范、建议、咨询等方式，引导公民自愿配合而达到行政管理目的的行为。公安机关在社区入口处悬挂"打架成本警示牌"，属于行政指导行为，不会使行政法上的权利义务得以建立、变更或者消灭，不属于具体行政行为。故 A 选项当选。

公安机关属于行政机关，但依照《刑事诉讼法》的明确授权实施的行为就属于刑事侦查行为，公安机关对人口失踪案件不予立案，属于刑事侦查行为，不属于具体行政行为。故 B 选项当选。

具体行政行为是行政机关针对特定对象作出的行政行为，只对特定对象具有约束力并且在效力上具有一次适用性。公安机关对吸毒人员进行强制隔离戒毒，是针对吸毒人员作出的强制性处理，属于具体行政行为。故 C 选项不当选。

行政调解是指行政机关劝导发生民事争议的双方当事人自愿达成协议的一种行政活动。行政调解针对的是发生了民事权益争议的当事人，没有强制性。也就是说，行政调解的最终结果是纠纷当事人自愿达成调解协议。因民间纠纷引起的打架斗殴，双方经公安机关调解达成协议属于行政调解行为，不属于具体行政行为。故 D 选项当选。

44. 考点 具体行政行为的概念

答案 CD

解析 行政行为以其对象是否特定为标准，分为抽象行政行为和具体行政行为。抽象行政行为是针对不特定管理对象制定规范性文件的行为，包括行政立法和行政规范性文件；具体行政行为是针对特定管理对象作出权利义务处理的行为。题目中，市政府向社会发布通告，但在通告中实施购置设备费用的财政补助是针对所列名单中医疗物资生产企业，因此通告是针对特定管理对象作出权利义务处理的行为，属于具体行政行为，不属于抽象行政行为。故 AB 选项错误，C 选项正确。

行政给付是向符合条件的公民、组织提供物质利益或赋予其与物质利益有关的权益的具体行政行为。题目中，市政府在通告中对通告所列名单中车辆生产企业的产品实施购置设备费用的财政补助，通告对名单中医疗物资生产企业提供物质利益，属于行政给付。故 D 选项正确。

45. 考点 具体行政行为的概念

答案 B

解析 具体行政行为是一种法律行为，这是相对于行政事实行为而言的。具体行政行为是行政机关使公民、法人或者其他组织在行政法上的权利义务得以建立、变更或者消灭的行为。行政事实行为是不以建立、变更或者消灭当事人法律上权利义务为目的的行政活动，是行政职权实施中的行为。针对具体行政行为能提起行政诉讼，但针对事实行为不能提起行政诉讼。虽然针对事实行为不能提起行政诉讼，但是它会产生法律责任，行政事实行为造成公民、组织合法权益受到损害的，有关机关需承担国家赔偿责任。执法人员抽走梯子的行为是实施行政职权中的行为，不以建立、变更或者消灭当事人法律上权利义务为目的，因此属于行政事实行为，不属于具体行政行为，而行政强制执行和行政处罚行为都是具体行政行为。故 B 选项当选，ACD 选项不当选。

46. 考点 具体行政行为的概念

答案 D

解析 行政事实行为是不以建立、变更或者消灭当事人法律上权利义务为目的的行政活动，是行政职权实施中的行为。例如，城管队员发现一个小商贩乱摆摊点，扣押出售的商品时遭到小商贩的抵抗，于是城管队员跳起双脚踩在商贩的脑袋上。扣押属于具体行政行为，踩住商贩脑袋的行为是暴力行为，属于行政事实行为。执法人员强行砸毁麻将机的行为，是行政职权实施中的行为，属于行政事实行为。故 D 选项当选。

47. [考点]具体行政行为的概念

[答案]CD

[解析]按照具体行政行为与当事人之间的权益关系，具体行政行为可以分为授益性具体行政行为和负担性具体行政行为。为当事人授予权利、利益或免除负担义务的，是授益性具体行政行为；为当事人设定义务或剥夺权益的，是负担性具体行政行为。本题中的约谈行为是进行提醒与指导，不存在给当事人授予权利、利益或免除负担义务。因此，约谈行为不属于行政负担行为。故 A 选项不当选。

抽象行政行为，是指国家行政机关制定行政法规、规章和有普遍约束力的决定、命令等行政规则的行为。抽象行政行为相对于具体行政行为，是一种制定规则的行为，对行为对象具有间接约束力。三部门的约谈行为不属于制定规则的行为，不会对当事人产生法律拘束力，不属于抽象行政行为。故 B 选项不当选。

行政指导，是指行政机关以倡导、示范、建议、咨询等方式，引导相对人自愿配合而达到行政管理目的的活动。行政相对人是否遵从行政指导，完全取决于自己的意愿。约谈行为是行政指导行为，并非强制行为。故 C 选项当选。

三部门具有维护房地产市场秩序的职责。通过约谈来维护房地产市场秩序属于履行行政职务的行为。故 D 选项当选。

48. [考点]具体行政行为的成立与无效

[答案]BCD

[解析]具体行政行为的成立包括主体、内容和程序三个要件。主体条件是享有行政职权的行政主体，内容条件是行政主体向行政相对人做出的具有法律效果的意思表示，程序条件是行政主体必须按照法定的期限和方式送达给行政相对人。因此，未经送达领受程序的具体行政行为不能成立。故 A 选项说法正确，不当选。

无效的具体行政行为，首先是成立的具体行政行为，但是自始至终没有效力。无效的具体行政行为有多种情形，不能完全列举，例如，要求从事将构成犯罪的行为、明显缺乏法律依据的行为、明显缺乏事实根据的行为、要求从事客观上不可能实施的行为等。因此，要求当事人去犯罪的具体行政行为、没有事实依据的具体行政行为都是成立的具体行政行为，但都是无效的具体行政行为。故 BC 选项说法错误，当选。

根据《行政诉讼法》第 75 条的规定，行政行为有实施主体不具有行政主体资格或者没有依据等重大且明显违法情形，原告申请确认行政行为无效的，人民法院判决确认无效。根据《最高人民法院关于适用〈中华人民共和国行政诉讼法〉的解释》（以下简称《行诉解释》）第 99 条第 3 项的规定，有下列情形之一的，属于《行政诉讼法》第 75 条规定的"重大且明显违法"：……③行政行为的内容客观上不可能实施；……因此，客观上不可能实施的具体行政行为不是不能成立，而是无效。故 D 选项说法错误，当选。

49. [考点] 具体行政行为的效力

[答案] ACD

[解析] 原则上具体行政行为一经成立就可以立即生效。即具体行政行为一经作出就推定产生效力，因为具体行政行为的背后往往是公共利益，推定具有效力是为了保护公共利益。但是有例外情况，有时具体行政行为需要经过某一事件发生后或者经过一段时间后才能生效，这是附条件生效。故 A 选项说法正确。

根据《行政复议法》第 21 条的规定，行政复议期间具体行政行为不停止执行；但是，有下列情形之一的，可以停止执行：①被申请人认为需要停止执行的；②行政复议机关认为需要停止执行的；③申请人申请停止执行，行政复议机关认为其要求合理，决定停止执行的；④法律规定停止执行的。行政复议期间具体行政行为的停止执行属于具体行政行为效力的中止，即暂停执行，而非具体行政行为效力的终止。故 B 选项说法错误。

导致具体行政行为效力终止的原因分为没有违法因素的终止和有违法因素的终止。没有违法因素的终止是具体行政行为予以废止，有违法因素的终止是具体行政行为无效和具体行政行为被撤销。故 C 选项说法正确。

具体行政行为的执行力，是指使用国家强制力迫使当事人履行义务或者以其他方式实现具体行政行为权利义务安排的效力。行政强制执行是强制实现具体行政行为的权利义务安排，是执行力的制度保障。故 D 选项说法正确。

50. [考 点]具体行政行为的撤销和撤回

[答 案]ABCD

[解 析]具体行政行为被撤销的效力可以溯及至该具体行政行为成立之日，但当事人在撤销决定作出之前一直要受该具体行政行为的约束。可撤销的具体行政行为在被撤销之前，当事人仍受其约束。故 A 选项说法不正确，当选。

具体行政行为的撤回对撤回之前的行为效力没有影响，撤回之前给予当事人的利益不再收回，行政机关不能将撤回前给予当事人的利益收回。故 B 选项说法不正确，当选。

因具体行政行为撤回致使当事人的合法权益受到损失的，应给予当事人补偿，而不是赔偿。故 C 选项说法不正确，当选。

违法具体行政行为致使当事人的合法权益受到损失，该行为被撤销后应给予当事人赔偿，而不是补偿。故 D 选项说法不正确，当选。

51. [考 点]具体行政行为效力与合法性

[答 案]CD

[解 析]具体行政行为的拘束力，是指具体行政行为一经生效，行政机关和对方当事人都必须遵守，其他国家机关和社会成员必须予以尊重的效力。具体行政行为的确定力，是指具体行政行为不再争议、不得更改、不可撤销的效力。具体行政行为不再争议、不得更改、不可撤销属于具体行政行为的确定力，而非拘束力。故 A 选项说法错误。

拘束力指具体行政行为一经生效，行政机关和对方当事人都必须遵守，其他国家机关和社会成员必须予以尊重的效力，提起行政诉讼属于救济方式，不会必然导致具体行政行为丧失拘束力。故 B 选项说法错误。

判断具体行政行为合法性的基本标准是：①行使行政职权的主体合法；②合乎法定职权范围；③具体行政行为的证据确凿；④适用法律法规正确；⑤符合法定程序；⑥不滥用职权；⑦无明显不当。上述七个条件同时具备，才构成具体行政行为的合法，每一个条件都是构成具体行政行为合法的必要条件。如果其中任何一个条件不具备，即使其他条件具备，也构成具体行政行为的违法，每一个不具备的条件都构成具体行政行为违法的独立理由。因此，行使行政职权的主体合法是具体行政行为合法的必要条件，超越法定职权构成具体行政行为违法的独立理由。故 CD 选项说法正确。

第6章 行政处罚

第6讲 行政处罚行为

52. 下列哪些行政行为属于行政处罚？（   ）（多选）

    A. 通报批评   B. 降低资质等级

    C. 限制开展生产经营活动   D. 限制从业

    [考 点] 行政处罚种类

53. 关于行政处罚的设定，下列说法正确的是：（   ）（任选）

    A. 必要时国务院作出的决定可以设定一定数额罚款的行政处罚

    B. 必要时部门规章可以设定暂扣营业证照的行政处罚

    C. 必要时地方性法规可以设定吊销营业执照的行政处罚

    D. 必要时省级地方政府规章可以设定一定数额罚款的行政处罚

    [考 点] 行政处罚的设定

54. 某市新冠肺炎防控指挥部出台 17 号令规定：所有城镇居民，必须足不出户，严禁外出；农村村民，严禁在村湾内闲逛、串门、聚集。违反本令的，一律处 10 日以下治安拘留。关于该 17 号令的规定，下列说法正确的是：（   ）（任选）

    A. 违反《行政处罚法》   B. 违反《行政许可法》

    C. 违反《行政强制法》   D. 违反《立法法》

    [考 点] 行政处罚的设定

55. 根据《行政处罚法》的规定，下列关于相对集中行政处罚权的哪些说法是正

确的？（　　）（多选）

A. 在城市管理、市场监管、生态环境、文化市场、交通运输、应急管理、农业等领域相对集中行政处罚权

B. 一个行政机关行使有关行政机关的行政处罚权只能由国务院决定

C. 一个行政机关行使有关行政机关的行政处罚权可以由省、自治区、直辖市人民政府决定

D. 限制人身自由的行政处罚权只能由公安机关行使

[考 点] 行政处罚的相对集中

56. 根据《行政处罚法》的规定，下列关于行政处罚管辖的哪些说法是不正确的？（　　）（多选）

A. 行政处罚由违法行为发生地的行政机关管辖，法律、法规、规章另有规定的除外

B. 行政处罚由县级以上地方人民政府具有行政处罚权的行政机关管辖，法律、法规、规章另有规定的除外

C. 省、自治区、直辖市可以决定将县级人民政府的行政处罚权交由乡镇人民政府、街道办事处行使

D. 两个以上行政机关都有管辖权的，由共同的上一级行政机关指定管辖

[考 点] 行政处罚管辖

57. 根据《行政处罚法》的规定，下列关于不予行政处罚的说法正确的是：（　　）（任选）

A. 主动消除违法行为危害后果的，不予行政处罚

B. 受他人胁迫实施违法行为的，不予行政处罚

C. 初次违法且危害后果轻微的，不予行政处罚

D. 当事人有证据足以证明没有主观过错的，不予行政处罚，法律、行政法规另有规定的除外

[考 点] 行政处罚适用

58. 关于行政处罚时效，下列哪一项说法是不正确的？（　　）（单选）

A. 原则上违法行为在 2 年内未被发现的，不再给予行政处罚

B. 涉及公民生命健康安全、金融安全且有危害后果的违法行为在 5 年内未被发现的，不再给予行政处罚

C. 治安管理违法行为在 6 个月内未被发现的，不再给予治安管理处罚

D. 非法占用土地的违法行为，其行政处罚时效应从违法行为发生之日起计算

考点 行政处罚时效

59. 根据《行政处罚法》的规定，下列关于行政处罚无效的哪些说法是正确的？
（　　）（多选）

A. 行政处罚没有依据的，行政处罚无效

B. 行政处罚实施主体不具有行政主体资格的，行政处罚无效

C. 行政处罚实施主体超越法定权限的，行政处罚无效

D. 行政处罚违反法定程序的，行政处罚无效

考点 行政处罚无效

60. 根据《行政处罚法》的规定，下列关于行政机关利用电子技术监控设备收集证据的哪些说法是正确的？（　　）（多选）

A. 电子技术监控设备设置地点应当向社会公布

B. 收集的证据应当进行法制审核，无须进行技术审核

C. 收集的证据未经审核的，不得作为行政处罚的证据

D. 行政机关应当及时告知当事人违法事实，方便当事人查询、陈述和申辩

考点 行政处罚证据

61. 某中等职业技术学校内发生一起两名学生死亡、多人受伤的恶性斗殴事件，引发社会强烈关注。市教育局立案调查后，认为该校存在管理力量、师资力量薄弱，教学秩序混乱的情况，是恶性斗殴事件发生的重要原因，根据《民办教育促进法》的规定，作出《吊销办学许可证决定》（以下简称《决定》）。下列哪些说法是正确的？（　　）（多选）

A. 市教育局在调查时，执法人员应当具有行政执法资格并且不得少于 2 人

B. 市教育局作出《决定》前，某中等职业技术学校有权申请听证

C. 市教育局应当以音像形式，对案件的启动、调查取证、审核、决定、送达、执行等进行全过程记录

D. 市教育局应当自立案之日起 90 日内作出《决定》

考点 行政处罚程序

62. 某区生态环境局执法人员现场执法检查时，认定某药业有限责任公司存在危

险废物（废化学试剂）未经环保部门批准擅自转移的行为，违反了《固体废物污染环境防治法》第 59 条第 1 款的规定，依据该法第 75 条的规定，罚款 2 万元。下列说法正确的是：（　　　）（任选）

A. 区生态环境局执法人员现场执法检查时应当出示执法证件

B. 区生态环境局执法人员现场检查时，在证据以后难以取得的情况下，可以直接先行登记保存

C. 区生态环境局可以当场作出罚款决定

D. 区生态环境局可以采用传真、电子邮件等方式，将作出的罚款决定书送达某药业有限责任公司

[考点] 行政处罚程序

63. 由于影视明星赵某披露信息存在虚假记载、误导性陈述及重大遗漏，中国证监会作出《行政处罚及市场禁入事先告知书》，对赵某给予警告，分别处以 30 万元罚款并采取 5 年证券市场禁入措施。下列说法正确的是：（　　　）（任选）

A. 罚款和禁入措施属于财产罚

B. 中国证监会经法律授权具有行政处罚权

C. 赵某在处罚决定作出前有权申请听证

D. 赵某有权对《行政处罚及市场禁入事先告知书》提起行政诉讼

[考点] 行政处罚程序

64. 根据《行政处罚法》的规定，下列关于罚款的哪些说法是正确的？（　　　）（多选）

A. 违法事实确凿并有法定依据，可以当场对公民作出罚款的最高数额为 50 元

B. 执法人员可以当场收缴罚款的最高数额为 20 元

C. 执法人员当场收缴罚款时不出具专用票据的，当事人有权拒绝缴纳罚款

D. 当事人到期不缴纳罚款的，行政机关加处罚款的数额不得超出罚款的数额

[考点] 行政处罚程序

第7讲　治安处罚行为

2017 年 12 月 26 日，公安机关接到村民周某报警称，村民郑某在其承包的山场上盗挖野生杜鹃。公安机关立案调查，随后郑某被公安机关传唤进行询问查

证。经公安机关调查，郑某从2017年9月开始在村民周某承包的山场上盗挖了9株野生杜鹃，栽植于自家屋后田里，盗挖行为持续至2018年1月。2018年3月6日，公安机关对郑某作出治安拘留处罚决定。请回答第65、66题。

65. 关于本案的调查，下列哪些说法是错误的？（　　）（多选）

A. 必要时可以传唤周某到公安机关提供证言

B. 公安机关可以口头传唤郑某

C. 经公安机关办案部门负责人批准才能对郑某进行传唤

D. 公安机关传唤郑某后应当及时将传唤的原因和处所通知郑某家属

考点 治安管理处罚的调查程序

66. 关于本案的处罚，下列说法正确的是：（　　）（任选）

A. 公安机关对郑某的治安处罚期限从2017年9月起算

B. 郑某不服拘留处罚决定提起行政诉讼的，可以向公安机关提出暂缓执行拘留申请

C. 公安机关办理治安案件的期限，自受理周某报警之日起不得超过30日

D. 公安机关应当将此决定书副本抄送周某

考点 治安管理处罚的决定

67. 新冠肺炎疫情期间在某地封控卡点，张某在无相关证明的情况下试图强行进入街区，拒不配合疫情防控人员登记、检查，并对现场工作人员进行辱骂、推搡。附近公安民警立即将其传唤至公安机关调查，后公安机关对张某作出治安拘留10日和罚款500元的处罚。关于传唤后对张某询问查证的时间，哪一项说法是正确的？（　　）（单选）

A. 不得超过8小时　　　　　　　B. 不得超过12小时

C. 不得超过24小时　　　　　　D. 不得超过48小时

考点 治安管理处罚的传唤

68. 2018年2月22日，孟某某因在微信群里谩骂、污蔑南京大屠杀遇难者而被公安机关行政拘留5日。3月3日，孟某某来到侵华日军南京大屠杀遇难同胞纪念馆，在刻有"遇难者300 000"等纪念性文字的灾难之墙的墙前录制视频，拍摄包含侮辱性语言和低俗词句的视频并上传网络，侮辱向公安机关举报以及批评他的网友。3月5日，公安机关认为孟某某的行为构成寻衅

滋事，决定对其行政拘留 8 日。下列说法正确的是：（　　）（任选）

A. 孟某某的行为属于妨害公共安全的行为

B. 公安机关应告知孟某某有权要求举行听证

C. 公安机关对孟某某应当从重处罚

D. 公安机关应及时将拘留决定通知孟某某的家属

考点 治安管理处罚的适用与决定

69. 某县公安局城关派出所民警对辖区寄递业进行治安检查，当场查获某快递公司没有落实单位内部治安保卫措施，存在未执行开箱验视等违法行为，对某快递公司作出处以 300 元罚款的处罚决定。下列说法正确的是：（　　）（任选）

A. 派出所可以自己的名义作出该处罚决定

B. 派出所可以当场作出该处罚决定

C. 派出所民警可以当场收缴罚款

D. 如某快递公司不服处罚决定向法院起诉，应以县公安局为被告

考点 治安管理处罚的主体与程序

70. 关于警察检查公民住所的程序，下列哪些说法是正确的？（　　）（多选）

A. 执行检查的人民警察不得少于 2 人

B. 执行检查的人民警察应当出示工作证件

C. 执行检查的人民警察应当出示县级以上政府公安机关开具的检查证明文件

D. 执行检查的人民警察应当制作检查笔录

考点 公民住所的检查程序

71. 熊某乘坐某航空公司的航班到达后，由于晚点，熊某与航空公司工作人员协商赔偿未果，拒不下飞机。机场公安派出所接到航空公司报警后将熊某传唤至机场派出所询问查证，随后以扰乱公共秩序为由，决定对熊某处以警告决定。下列哪些说法是错误的？（　　）（多选）

A. 机场公安派出所可以自己的名义作出警告决定，但不得当场作出

B. 警告决定作出前熊某申请听证的，机场公安派出所应当为熊某组织听证

C. 警告决定作出前机场公安派出所对熊某的询问查证时间不得超过 8 小时

D. 熊某对警告决定可以向机场公安派出所所属公安局的上一级公安机关申请行政复议

考点 治安管理处罚程序

72. 李某某散布疫情谣言。2021年6月8日，某区公安分局以虚构事实扰乱公共秩序为由，对李某某作出治安拘留5日的处罚。李某某不服，申请行政复议，并向公安机关申请暂缓执行拘留。下列说法正确的有：（　　）（多选）

 A. 如果李某某采用提出担保人的方式申请暂缓执行拘留，则其所提出的担保人应当保证李某某不逃避拘留处罚的执行

 B. 如果李某某采用缴纳保证金的方式申请暂缓执行拘留，则其应当缴纳1000元保证金

 C. 如果暂缓执行行政拘留后，李某某提供的担保人不履行担保义务，致使李某某逃避拘留执行，则公安机关可对担保人执行拘留

 D. 如果暂缓执行行政拘留后，李某某逃避拘留处罚执行，则对其缴纳的保证金应予以没收

 [考 点] 治安拘留的暂缓执行

73. 唐某与马某发生口角，继而发生肢体冲突，双方发生撕扯，唐某用拳头击打马某面部，后马某损伤程度被鉴定为轻微伤，唐某被县公安局处行政拘留7日处罚。唐某不服县公安局的处罚决定，提起行政诉讼。下列哪些说法是正确的？（　　）（多选）

 A. 县公安局无法当场向唐某宣告处罚决定的，行政处罚决定书应当在7日内送达唐某

 B. 县公安局应将处罚决定书副本抄送马某

 C. 县公安局应当将拘留处罚决定及时通知唐某家属

 D. 马某有权对县公安局的处罚决定提起行政诉讼

 [考 点] 治安管理处罚的程序

答案及解析

52. [考 点] 行政处罚种类

 [答 案] ABCD

 [解 析] 根据《行政处罚法》第2条的规定，行政处罚是指行政机关依法对违反行政管理秩序的公民、法人或者其他组织，以减损权益或者增加义务的方式予以惩戒的行为。根据《行政处罚法》第9条的规定，行政处罚的种类：①警告、通报批评；②罚款、没收违法所得、没收非法财物；③暂扣许可证

件、降低资质等级、吊销许可证件；④限制开展生产经营活动、责令停产停业、责令关闭、限制从业；⑤行政拘留；⑥法律、行政法规规定的其他行政处罚。行政处罚具有惩戒性和制裁性，通报批评、降低资质等级、限制开展生产经营活动和限制从业都是通过减损权益或者增加义务的方式对当事人的惩戒和制裁，都属于行政处罚。故 ABCD 选项当选。提醒考生注意的是，《行政处罚法》于 2021 年 1 月 22 日进行了修订，通报批评、降低资质等级、限制开展生产经营活动和限制从业都是这次修订后《行政处罚法》增加的行政处罚种类。

53. [考点]行政处罚的设定

[答案]D

[解析]根据《行政处罚法》第 11 条第 1 款的规定，行政法规可以设定除限制人身自由以外的行政处罚。因此，国务院只能以行政法规的形式设定行政处罚，而不能以决定的形式来设定行政处罚。故 A 选项说法错误。

根据《行政处罚法》第 13 条第 2 款的规定，尚未制定法律、行政法规的，国务院部门规章对违反行政管理秩序的行为，可以设定警告、通报批评或者一定数额罚款的行政处罚。罚款的限额由国务院规定。因此，部门规章可以设定警告、通报批评或者一定数量罚款的行政处罚，但无权设定暂扣营业证照的行政处罚。故 B 选项说法错误。

根据《行政处罚法》第 12 条第 1 款的规定，地方性法规可以设定除限制人身自由、吊销营业执照以外的行政处罚。因此，地方性法规不得设定吊销营业执照的行政处罚。故 C 选项说法错误。

根据《行政处罚法》第 14 条第 2 款的规定，尚未制定法律、法规的，地方政府规章对违反行政管理秩序的行为，可以设定警告、通报批评或者一定数额罚款的行政处罚。罚款的限额由省、自治区、直辖市人民代表大会常务委员会规定。地方政府规章包括省级地方政府规章和市级地方政府规章。因此，必要时省级地方政府规章可以设定一定数量罚款的行政处罚。故 D 选项说法正确。

54. [考点]行政处罚的设定

[答案]AD

[解析]治安拘留属于限制人身自由的行政处罚。根据《行政处罚法》第 10

条第 2 款的规定，限制人身自由的行政处罚，只能由法律设定。《行政处罚法》第 16 条规定，除法律、法规、规章外，其他规范性文件不得设定行政处罚。根据《立法法》第 8 条第 5 项的规定，下列事项只能制定法律：……⑤对公民政治权利的剥夺、限制人身自由的强制措施和处罚；……根据《立法法》第 9 条的规定，本法第 8 条规定的事项尚未制定法律的，全国人民代表大会及其常务委员会有权作出决定，授权国务院可以根据实际需要，对其中的部分事项先制定行政法规，但是有关犯罪和刑罚、对公民政治权利的剥夺和限制人身自由的强制措施和处罚、司法制度等事项除外。由此可知，限制人身自由的行政处罚是法律绝对保留事项。某市新冠肺炎防控指挥部出台 17 号令规定是其他规范性文件，不得设定行政处罚，其设定限制人身自由的行政处罚违反了《行政处罚法》和《立法法》。故 AD 选项说法正确。

55. [考点] 行政处罚的相对集中

[答案] AC

[解析] 根据《行政处罚法》第 18 条的规定，国家在城市管理、市场监管、生态环境、文化市场、交通运输、应急管理、农业等领域推行建立综合行政执法制度，相对集中行政处罚权。国务院或者省、自治区、直辖市人民政府可以决定一个行政机关行使有关行政机关的行政处罚权。限制人身自由的行政处罚权只能由公安机关和法律规定的其他机关行使。故 A 选项说法正确。一个行政机关行使有关行政机关的行政处罚权既可以由国务院决定，也可以由省、自治区、直辖市人民政府决定。故 B 选项说法错误，C 选项说法正确。限制人身自由的行政处罚权除了公安机关能行使之外，国家安全机关根据相关法律规定也能行使限制人身自由的行政处罚权。故 D 选项说法错误。

56. [考点] 行政处罚管辖

[答案] ABCD

[解析] 根据《行政处罚法》第 22 条的规定，行政处罚由违法行为发生地的行政机关管辖。法律、行政法规、部门规章另有规定的，从其规定。可知，行政处罚一般由违法行为发生地的行政机关管辖，法律、行政法规、部门规章另有规定的除外，而不是法律、法规、规章另有规定的除外。故 A 选项说法不正确，当选。

根据《行政处罚法》第23条的规定，行政处罚由县级以上地方人民政府具有行政处罚权的行政机关管辖。法律、行政法规另有规定的，从其规定。可知，行政处罚一般由县级以上地方人民政府具有行政处罚权的行政机关管辖，法律、行政法规另有规定的除外，而不是法律、法规、规章另有规定的除外。故 B 选项说法不正确，当选。

根据《行政处罚法》第24条第1款的规定，省、自治区、直辖市根据当地实际情况，可以决定将基层管理迫切需要的县级人民政府部门的行政处罚权交由能够有效承接的乡镇人民政府、街道办事处行使，并定期组织评估。决定应当公布。可知，省、自治区、直辖市可以决定将县级人民政府部门的行政处罚权交由乡镇人民政府、街道办事处行使，不是把县级人民政府的行政处罚权交由乡镇人民政府、街道办事处行使。故 C 选项说法不正确，当选。

根据《行政处罚法》第25条的规定，两个以上行政机关都有管辖权的，由最先立案的行政机关管辖。对管辖发生争议的，应当协商解决，协商不成的，报请共同的上一级行政机关指定管辖；也可以直接由共同的上一级行政机关指定管辖。可知，两个以上行政机关都有管辖权的，首先是由最先立案的行政机关管辖，当发生管辖争议时，协商不成的，由共同的上一级行政机关指定管辖。故 D 选项说法不正确，当选。

57. [考 点] 行政处罚适用

[答 案] D

[解 析] 根据《行政处罚法》第32条第1、2项的规定，当事人有下列情形之一，应当从轻或者减轻行政处罚：①主动消除或者减轻违法行为危害后果的；②受他人胁迫或者诱骗实施违法行为的；……可知，主动消除违法行为危害后果和受他人胁迫实施违法行为，应当从轻或者减轻行政处罚，而不是不予行政处罚。故 AB 选项说法不正确。

根据《行政处罚法》第33条第1、2款的规定，违法行为轻微并及时改正，没有造成危害后果的，不予行政处罚。初次违法且危害后果轻微并及时改正的，可以不予行政处罚。当事人有证据足以证明没有主观过错的，不予行政处罚。法律、行政法规另有规定的，从其规定。可知，初次违法且危害后果轻微并且及时改正的，可以不予处罚。故 C 选项说法不正确。当事人有证据足以证明没有主观过错的，一般是不予行政处罚，除非法律、行政法规有特别规定。故 D 选项说法正确。

58. 考点 行政处罚时效

答案 D

解析 根据《行政处罚法》第36条的规定，违法行为在2年内未被发现的，不再给予行政处罚；涉及公民生命健康安全、金融安全且有危害后果的，上述期限延长至5年。法律另有规定的除外。前款规定的期限，从违法行为发生之日起计算；违法行为有连续或者继续状态的，从行为终了之日起计算。可知，原则上一般违法行为的行政处罚时效是2年，涉及公民生命健康安全、金融安全且有危害后果的违法行为的行政处罚时效是5年。故AB选项说法正确，不当选。行政处罚时效一般是违法行为发生之日起计算，但违法行为有连续或者继续状态的，行政处罚时效应当从违法行为终了之日起计算。非法占用土地的违法行为，在未恢复原状之前，应当视为具有继续状态，其行政处罚时效应从违法行为终了之日起计算。故D选项说法不正确，当选。

根据《治安管理处罚法》第22条第1款的规定，违反治安管理行为在6个月内没有被公安机关发现的，不再处罚。《治安管理处罚法》关于治安处罚时效6个月的规定就属于"法律另有规定的除外"。故C选项说法正确，不当选。

59. 考点 行政处罚无效

答案 AB

解析 根据《行政处罚法》第38条的规定，行政处罚没有依据或者实施主体不具有行政主体资格的，行政处罚无效。违反法定程序构成重大且明显违法的，行政处罚无效。可知，行政处罚无效是重大明显的违法，只有三种情形：①行政处罚没有依据；②行政处罚实施主体不具有行政主体资格；③行政处罚违反法定程序构成重大且明显违法。故AB选项说法正确。C选项中"实施主体超越法定权限"属于一般违法，不属于行政处罚无效。故C选项说法不正确。D选项中"违反法定程序"属于一般违法，只有"违反法定程序构成重大且明显违法"才属于行政处罚无效。故D选项说法不正确。

60. 考点 行政处罚证据

答案 ACD

解析 根据《行政处罚法》第41条的规定，行政机关依照法律、行政法规规定利用电子技术监控设备收集、固定违法事实的，应当经过法制和技术审核，确保电子技术监控设备符合标准、设置合理、标志明显，设置地点应当向社会公布。电子技术监控设备记录违法事实应当真实、清晰、完整、准确。行政机关应当审核记录内容是否符合要求；未经审核或者经审核不符合要求的，不得作为行政处罚的证据。行政机关应当及时告知当事人违法事实，并采取信息化手段或者其他措施，为当事人查询、陈述和申辩提供便利。不得限制或者变相限制当事人享有的陈述权、申辩权。由此可知，行政机关利用电子技术监控设备收集证据，电子技术监控设备设置地点应当向社会公布。故 A 选项说法正确。行政机关利用电子技术监控设备收集证据，收集的证据应当进行法制审核和技术审核。故 B 选项说法不正确。行政机关利用电子技术监控设备收集证据，收集的证据未经审核的，不得作为行政处罚的证据。故 C 选项说法正确。行政机关利用电子技术监控设备收集证据，应当及时告知当事人违法事实，采取信息化手段或者其他措施，方便当事人查询、陈述和申辩。故 D 选项说法正确。

61. [考点] 行政处罚程序

[答案] ABD

[解析] 根据《行政处罚法》第 42 条第 1 款的规定，行政处罚应当由具有行政执法资格的执法人员实施。执法人员不得少于 2 人，法律另有规定的除外。因此，市教育局调查案件的执法人员应当具有行政执法资格并且不得少于 2 人。故 A 选项说法正确。

根据《行政处罚法》第 63 条第 1 款第 3 项的规定，行政机关拟作出下列行政处罚决定，应当告知当事人有要求听证的权利，当事人要求听证的，行政机关应当组织听证：……③降低资质等级、吊销许可证件；……由此可知，市教育局作出《决定》属于吊销许可证件的行政处罚，市教育局作出《决定》前，应当告知该中等职业技术学校有要求举行听证的权利，该中等职业技术学校要求听证的，市教育局应当组织听证。故 B 选项说法正确。

根据《行政处罚法》第 47 条的规定，行政机关应当依法以文字、音像等形式，对行政处罚的启动、调查取证、审核、决定、送达、执行等进行全过程记录，归档保存。由此可知，市教育局对案件的启动、调查取证、审核、决定、送达、执行等进行全过程记录，可以文字、音像等形式进行记录，并非只能采取音像形式进行记录。故 C 选项说法不正确。

根据《行政处罚法》第60条的规定，行政机关应当自行政处罚案件立案之日起90日内作出行政处罚决定。法律、法规、规章另有规定的，从其规定。因此，法律、法规、规章对吊销办学许可证的办案期限没有特别规定，市教育局应当自立案之日起90日内作出《决定》。故D选项说法正确。

62. **[考点]** 行政处罚程序

[答案] A

[解析] 根据《行政处罚法》第55条第1款的规定，执法人员在调查或者进行检查时，应当主动向当事人或者有关人员出示执法证件。当事人或者有关人员有权要求执法人员出示执法证件。执法人员不出示执法证件的，当事人或者有关人员有权拒绝接受调查或者检查。由此可知，区生态环境局执法人员现场执法检查时应当出示执法证件。故A选项说法正确。

根据《行政处罚法》第56条的规定，行政机关在收集证据时，可以采取抽样取证的方法；在证据可能灭失或者以后难以取得的情况下，经行政机关负责人批准，可以先行登记保存，并应当在7日内及时作出处理决定，在此期间，当事人或者有关人员不得销毁或者转移证据。由此可知，执法人员现场检查时，在证据以后难以取得的情况下，要经区生态环境局负责人批准，才可以先行登记保存，不能直接先行登记保存。故B选项说法错误。

根据《行政处罚法》第51条的规定，违法事实确凿并有法定依据，对公民处以200元以下、对法人或者其他组织处以3000元以下罚款或者警告的行政处罚的，可以当场作出行政处罚决定。法律另有规定的，从其规定。可知，对法人处以3000元以下罚款才可以当场作出行政处罚决定，题目中对某药业有限责任公司罚款2万元，是不可以当场作出行政处罚决定的。故C选项说法错误。

根据《行政处罚法》第61条第2款的规定，当事人同意并签订确认书的，行政机关可以采用传真、电子邮件等方式，将行政处罚决定书等送达当事人。由此可知，区生态环境局采用传真、电子邮件等方式将作出的罚款决定书送达某药业有限责任公司，需要某药业有限责任公司同意并签订确认书。故D选项说法错误。

63. **[考点]** 行政处罚程序

[答案] BC

解析 罚款属于财产罚，是行政机关对行政违法行为人强制收取一定数量金钱，剥夺一定财产权利的制裁。禁入措施属于行为罚或者能力罚、资格罚，是行政机关强制命令行政违法行为人暂时或永久地停止某种活动的制裁。故A选项说法错误。

中国证监会是中国证券业监督管理委员会的简称，属于国务院的直属事业单位，不属于行政机关。《证券法》第7条第1款规定，国务院证券监督管理机构依法对全国证券市场实行集中统一监督管理。中国证监会依照法律、法规和国务院授权，统一监督管理全国证券期货市场，维护证券期货市场秩序，保障其合法运行。根据《行政处罚法》第19条的规定，法律、法规授权的具有管理公共事务职能的组织可以在法定授权范围内实施行政处罚。由此可知，虽然中国证监会属于事业单位，但经法律授权具有处罚资格。故B选项说法正确。

根据《行政处罚法》第63条第1款第1、4项的规定，行政机关拟作出下列行政处罚决定，应当告知当事人有要求听证的权利，当事人要求听证的，行政机关应当组织听证：①较大数额罚款；……④责令停产停业、责令关闭、限制从业；……30万元的罚款属于较大数额罚款，5年证券市场禁入措施属于限制从业的行政处罚，中国证监会作出决定前，应当告知赵某有要求举行听证的权利，赵某有权申请听证。故C选项说法正确。

根据《行诉解释》第1条第2款第10项的规定，下列行为不属于人民法院行政诉讼的受案范围：……⑩对公民、法人或者其他组织权利义务不产生实际影响的行为。《行政处罚及市场禁入事先告知书》只是中国证监会作出的处罚建议，不是行政处罚决定。《行政处罚及市场禁入事先告知书》还没有对赵某权利义务产生实际影响，因此《行政处罚及市场禁入事先告知书》不属于行政诉讼受案范围。故D选项说法错误。

64. 考点 行政处罚程序

答案 CD

解析 根据《行政处罚法》第51条的规定，违法事实确凿并有法定依据，对公民处以200元以下、对法人或者其他组织处以3000元以下罚款或者警告的行政处罚的，可以当场作出行政处罚决定。法律另有规定的，从其规定。可知，违法事实确凿并有法定依据，可以当场对公民作出200元以下的罚款，而不是50元以下的罚款。故A选项说法不正确。注意：可以当场对公民作出 50 元以下罚款是 2021 年 1 月修订前《行政处罚法》的规定，2021 年 1 月修订后的《行政处罚法》规定可以当场对公民作出 200 元以下罚款。

根据《行政处罚法》第 68 条第 1 项的规定，依照本法第 51 条的规定当场作出行政处罚决定，有下列情形之一，执法人员可以当场收缴罚款：①依法给予 100 元以下罚款的；……可知，执法人员可以当场作出行政处罚决定，当场收缴 100 元以下的罚款。故 B 选项说法不正确。注意：执法人员可以当场收缴 20 元以下罚款是 2021 年 1 月修订前《行政处罚法》的规定，2021 年 1 月修订后的《行政处罚法》规定执法人员可以当场收缴 100 元以下罚款。

根据《行政处罚法》第 70 条的规定，行政机关及其执法人员当场收缴罚款的，必须向当事人出具国务院财政部门或者省、自治区、直辖市人民政府财政部门统一制发的专用票据；不出具财政部门统一制发的专用票据的，当事人有权拒绝缴纳罚款。可知，执法人员当场收缴罚款时必须向当事人出具专用票据，不出具专用票据的，当事人有权拒绝缴纳罚款。故 C 选项说法正确。

根据《行政处罚法》第 72 条第 1 款第 1 项的规定，当事人逾期不履行行政处罚决定的，作出行政处罚决定的行政机关可以采取下列措施：①到期不缴纳罚款的，每日按罚款数额的 3%加处罚款，加处罚款的数额不得超出罚款的数额；……可知，当事人到期不缴纳罚款的，行政机关可以每日按罚款数额的 3%加处罚款，但加处罚款的数额不得超出罚款的数额。故 D 选项说法正确。

65. 考点 治安管理处罚的调查程序

答案 AB

解析 根据《治安管理处罚法》第 85 条第 1 款的规定，人民警察询问被侵害人或者其他证人，可以到其所在单位或者住处进行；必要时，也可以通知其到公安机关提供证言。周某作为被侵害人，必要时可以通知其到公安机关提供证言，而非传唤其到公安机关提供证言，传唤适用于违反治安管理行为人。故 A 选项说法错误，当选。

根据《治安管理处罚法》第 82 条第 1 款的规定，需要传唤违反治安管理行为人接受调查的，经公安机关办案部门负责人批准，使用传唤证传唤。对现场发现的违反治安管理行为人，人民警察经出示工作证件，可以口头传唤，但应当在询问笔录中注明。由此可知，传唤违反治安管理行为人接受调查，原则上应书面传唤，只有现场发现的违反治安管理行为人才可以口头传唤，郑某并不是现场发现的违反治安管理行为人，所以公安机关应当书面传唤郑某。故 B 选项说法错误，当选。另外，公安机关书面传唤郑某，须经公安机关办案部门负责人批准。故 C 选项说法正确，不当选。

郑某作为被传唤人，公安机关应当及时将传唤的原因和处所通知其家属。故 D 选项说法正确，不当选。

66. [考 点] 治安管理处罚的决定

[答 案] BCD

[解 析] 根据《治安管理处罚法》第 22 条的规定，违反治安管理行为在 6 个月内没有被公安机关发现的，不再处罚。前款规定的期限，从违反治安管理行为发生之日起计算；违反治安管理行为有连续或者继续状态的，从行为终了之日起计算。郑某违反治安管理行为从 2017 年 9 月持续至 2018 年 1 月，违反治安管理行为有连续或者继续状态的，从行为终了之日起计算，所以公安机关对郑某的治安处罚期限应从 2018 年 1 月起算。故 A 选项说法错误。

根据《治安管理处罚法》第 107 条的规定，被处罚人不服行政拘留处罚决定，申请行政复议、提起行政诉讼的，可以向公安机关提出暂缓执行行政拘留的申请。由此可知，郑某不服拘留处罚决定提起行政诉讼的，是可以申请暂缓执行拘留的。故 B 选项说法正确。

根据《治安管理处罚法》第 99 条第 1 款的规定，公安机关办理治安案件的期限，自受理之日起不得超过 30 日；案情重大、复杂的，经上一级公安机关批准，可以延长 30 日。题目中的治安案件不存在案情重大、复杂的情况，所以公安机关办理治安案件的期限，自受理周某报警之日起不得超过 30 日。故 C 选项说法正确。

根据《治安管理处罚法》第 97 条的规定，公安机关应当向被处罚人宣告治安管理处罚决定书，并当场交付被处罚人；无法当场向被处罚人宣告的，应当在 2 日内送达被处罚人。决定给予行政拘留处罚的，应当及时通知被处罚人的家属。有被侵害人的，公安机关应当将决定书副本抄送被侵害人。由此可知，治安案件中有被侵害人的，公安机关应当将决定书副本抄送被侵害人，题中周某属于案件的被侵害人，所以公安机关应当将此决定书副本抄送周某。故 D 选项说法正确。

67. 考点 治安管理处罚的传唤

答案 C

解析 根据《治安管理处罚法》第 83 条第 1 款的规定，对违反治安管理行为人，公安机关传唤后应当及时询问查证，询问查证的时间不得超过 8 小时；情况复杂，依照本法规定可能适用行政拘留处罚的，询问查证的时间不得超过 24 小时。由此可知，公安机关传唤后询问查证的时间一般不得超过 8 小时，可能适用行政拘留处罚的特殊情况，询问查证的时间不得超过 24 小时。题目中，公安机关对张某处以治安拘留处罚，公安机关对张某传唤后询问查证不得超过 24 小时。故 C 选项说法正确。

68. 考点 治安管理处罚的适用与决定

答案 CD

解析 根据《治安管理处罚法》第 26 条的规定，有下列行为之一的，处 5 日以上 10 日以下拘留，可以并处 500 元以下罚款；情节较重的，处 10 日以上 15 日以下拘留，可以并处 1000 元以下罚款：①结伙斗殴的；②追逐、拦截他人的；③强拿硬要或者任意损毁、占用公私财物的；④其他寻衅滋事行为。孟某某的行为是寻衅滋事行为，属于扰乱公共秩序的行为。故 A 选项说法错误。

根据《治安管理处罚法》第 98 条的规定，公安机关作出吊销许可证以及处 2000 元以上罚款的治安管理处罚决定前，应当告知违反治安管理行为人有权要求举行听证；违反治安管理行为人要求听证的，公安机关应当及时依法举行听证。由此可知，对于吊销许可证以及处 2000 元以上罚款，公安机关应当告知当事人有权要求举行听证，而公安机关对孟某某作出的是行政拘留决定，所以公安机关无须告知孟某某有权申请听证。故 B 选项说法错误。

根据《治安管理处罚法》第 20 条第 4 项的规定，6 个月内曾受过治安管理处罚的，从重处罚。因此，孟某某在 2018 年 2 月 22 日受到过治安管理处罚，3 月 3 日又有违反治安管理行为，属于 6 个月内曾受过治安管理处罚的情形，应当从重处罚。故 C 选项说法正确。

根据《治安管理处罚法》第 97 条第 1 款的规定，公安机关应当向被处罚人宣告治安管理处罚决定书，并当场交付被处罚人；无法当场向被处罚人宣告的，应当在 2 日内送达被处罚人。决定给予行政拘留处罚的，应当及时通知被处罚人的家属。由此可知,公安机关决定给予孟某某行政拘留处罚,应当及时通知孟某某的家属。故 D 选项说法正确。

69. [考点] 治安管理处罚的主体与程序

[答案] A

[解析] 根据《治安管理处罚法》第 91 条的规定,治安管理处罚由县级以上人民政府公安机关决定;其中警告、500 元以下的罚款可以由公安派出所决定。由此可知,300 元罚款的处罚决定可以由公安派出所决定。故 A 选项说法正确。

根据《治安管理处罚法》第 100 条的规定,违反治安管理行为事实清楚,证据确凿,处警告或者 200 元以下罚款的,可以当场作出治安管理处罚决定。由此可知,300 元罚款的处罚决定是不能当场作出的。故 B 选项说法错误。

根据《治安管理处罚法》第 104 条的规定,受到罚款处罚的人应当自收到处罚决定书之日起 15 日内,到指定的银行缴纳罚款。但是,有下列情形之一的,人民警察可以当场收缴罚款:①被处 50 元以下罚款,被处罚人对罚款无异议的;②在边远、水上、交通不便地区,公安机关及其人民警察依照本法的规定作出罚款决定后,被处罚人向指定的银行缴纳罚款确有困难,经被处罚人提出的;③被处罚人在当地没有固定住所,不当场收缴事后难以执行的。由此可知,300 元的罚款不属于警察当场收缴的范围。故 C 选项说法错误。

某公安派出所作为公安局的派出机构,《治安管理处罚法》授权公安派出所决定 500 元以下的罚款,某快递公司不服处罚决定向法院起诉,应当以该公安派出所为被告,而不是以该派出所所属的公安局为被告。故 D 选项说法错误。

70. [考点] 公民住所的检查程序

[答案] ABCD

[解析] 根据《治安管理处罚法》第 87 条第 1 款的规定,公安机关对与违反治安管理行为有关的场所、物品、人身可以进行检查。检查时,人民警察不得少于 2 人,并应当出示工作证件和县级以上人民政府公安机关开具的检查证明文件。对确有必要立即进行检查的,人民警察经出示工作证件,可以当

场检查，但检查公民住所应当出示县级以上人民政府公安机关开具的检查证明文件。由此可知，执行检查公民住所的人民警察不得少于2人。故A选项说法正确。

执行检查公民住所的人民警察应当出示工作证件。故B选项说法正确。

执行检查公民住所的人民警察应当出示县级以上政府公安机关开具的检查证明文件。故C选项说法正确。

根据《治安管理处罚法》第88条的规定，检查的情况应当制作检查笔录，由检查人、被检查人和见证人签名或者盖章；被检查人拒绝签名的，人民警察应当在笔录上注明。由此可知，执行检查公民住所的人民警察应当制作检查笔录。故D选项说法正确。

71. 〔考 点〕治安管理处罚程序

〔答 案〕ABD

〔解 析〕根据《治安管理处罚法》第91条的规定，治安管理处罚由县级以上人民政府公安机关决定；其中警告、500元以下的罚款可以由公安派出所决定。同法第100条规定，违反治安管理行为事实清楚、证据确凿，处警告或者200元以下罚款的，可以当场作出治安管理处罚决定。因此，公安派出所有权作出警告处罚，也能当场作出警告处罚的决定。故A选项说法错误，当选。

根据《治安管理处罚法》第98条的规定，公安机关作出吊销许可证以及处2000元以上罚款的治安管理处罚决定前，应当告知违反治安管理行为人有权要求举行听证；违反治安管理行为人要求听证的，公安机关应当及时依法举行听证。由于警告不属于应当举行听证的法定情形，所以警告决定作出前熊某无权申请听证，机场公安派出所没有义务为熊某组织听证。故B选项说法错误，当选。

根据《治安管理处罚法》第83条第1款的规定，对违反治安管理行为人，公安机关传唤后应当及时询问查证，询问查证的时间不得超过8小时；情况复杂、依照本法规定可能适用行政拘留处罚的，询问查证的时间不得超过24小时。因此，警告决定作出前机场公安派出所对熊某的询问查证时间不得超过8小时。故C选项说法正确，不当选。

根据《治安管理处罚法》第91条的规定，治安管理处罚由县级以上人民政府公安机关决定；其中警告、500元以下的罚款可以由公安派出所决定。

根据《行政复议法实施条例》第 14 条的规定，行政机关设立的派出机构、内设机构或者其他组织，未经法律、法规授权，对外以自己名义作出具体行政行为的，该行政机关为被申请人。因此，熊某对拘留决定申请复议，机场公安派出所是被申请人。根据《行政复议法》第 15 条第 1 款第 2 项的规定，对本法第 12 条、第 13 条、第 14 条规定以外的其他行政机关、组织的具体行政行为不服的，按照下列规定申请行政复议：对政府工作部门依法设立的派出机构依照法律、法规或者规章规定，以自己的名义作出的具体行政行为不服的，向设立该派出机构的部门或者该部门的本级地方人民政府申请行政复议。因此，熊某对警告决定可以向机场公安派出所所属的公安局或者该公安局的本级政府申请复议，但不能向机场公安派出所所属公安局的上一级公安机关申请行政复议。故 D 选项说法错误，当选。

72. [考点] 治安拘留的暂缓执行

[答案] ABD

[解析] 根据《治安管理处罚法》第 109 条第 1 款的规定，担保人应当保证被担保人不逃避行政拘留处罚的执行。因此，暂缓执行拘留的担保人应当保证李某某不逃避拘留处罚的执行。故 A 选项说法正确。

根据《治安管理处罚法》第 107 条的规定，被处罚人不服行政拘留处罚决定，申请行政复议、提起行政诉讼的，可以向公安机关提出暂缓执行行政拘留的申请。公安机关认为暂缓执行行政拘留不致发生社会危险的，由被处罚人或者其近亲属提出符合《治安管理处罚法》第 108 条规定条件的担保人，或者按每日行政拘留 200 元的标准交纳保证金，行政拘留的处罚决定暂缓执行。由此可知，行政拘留暂缓执行是每日按照 200 元的标准交纳保证金，治安拘留 5 日，应当交纳 1000 元保证金。故 B 选项说法正确。

根据《治安管理处罚法》第 109 条第 2 款的规定，担保人不履行担保义务，致使被担保人逃避行政拘留处罚的执行的，由公安机关对其处 3000 元以下罚款。由此可知，担保人不履行担保义务，公安机关对担保人只能罚款，不能执行拘留。故 C 选项说法错误。

根据《治安管理处罚法》第 110 条的规定，被决定给予行政拘留处罚的人交纳保证金，暂缓行政拘留后，逃避行政拘留处罚的执行的，保证金予以没收并上缴国库，已经作出的行政拘留决定仍应执行。由此可知，李某某逃避拘留处罚执行的，对其交纳的保证金应予以没收。故 D 选项说法正确。

73. [考 点] 治安管理处罚的程序

[答 案] BCD

[解 析] 根据《治安管理处罚法》第 97 条的规定，公安机关应当向被处罚人宣告治安管理处罚决定书，并当场交付被处罚人；无法当场向被处罚人宣告的，应当在 2 日内送达被处罚人。决定给予行政拘留处罚的，应当及时通知被处罚人的家属。有被侵害人的，公安机关应当将决定书副本抄送被侵害人。由此可知，县公安局无法当场向唐某宣告处罚决定的，行政拘留处罚决定书应当在 2 日内送达唐某。故 A 选项说法错误。本案中，马某属于被侵害人，县公安局应将处罚决定书副本抄送马某。故 B 选项说法正确。本案属于行政拘留处罚，县公安局应当将拘留处罚决定及时通知唐某家属。故 C 选项说法正确。

根据《行政诉讼法》第 25 条第 1 款的规定，行政行为的相对人以及其他与行政行为有利害关系的公民、法人或者其他组织，有权提起诉讼。《行诉解释》第 12 条第 3 项规定，有下列情形之一的，属于"与行政行为有利害关系"：……③要求行政机关依法追究加害人法律责任的；……马某在本案中与行政拘留处罚决定有利害关系，马某有权对县公安局的行政拘留处罚决定提起行政诉讼。故 D 选项说法正确。

第7章 行政许可

第**8**讲 行政许可行为

74. 下列哪些行为适用《行政许可法》？（　　　）（多选）

　　A. 根据某公司申请，人社局对其员工闫某死亡作出工伤认定

　　B. 根据李某申请，市场监管局对其加工厂进行公司登记

　　C. 根据某建设单位申请，市公安消防支队对其设置的消防栓作出《建设工程消防验收备案结果通知》

　　D. 根据某高校教师申请，省公安厅对其出国护照进行审批

　　[考点] 行政许可的概念

75. 关于行政许可的设定，下列哪一说法是错误的？（　　　）（单选）

　　A. 行政机关采用事后监督方式能够解决的事项，可以不设行政许可

　　B. 必要时，国务院可以采用发布决定的方式设定行政许可，但国务院应当在1年内提请全国人民代表大会及其常务委员会制定法律，或者自行制定行政法规

　　C. 部门规章一律不得设定行政许可

　　D. 地方政府规章可以在上位法设定的行政许可事项范围内，对实施该行政许可作出具体规定

　　[考点] 行政许可的设定

76. 关于行政许可的设定权限，下列说法不正确的有：（　　　）（多选）

　　A. 必要时某自治区首府所在地的市政府制定的规章可以设定行政许可

　　B. 必要时某省会所在地的市人大制定的地方性法规可以设定行政许可

　　C. 必要时某自治区政府规章可设定企业的设立登记及其前置性的行政许可

　　D. 设区的市政府报国务院批准后可在本区域停止实施行政法规设定的有关经济

事务的行政许可

[考点] 行政许可的设定

77. 关于设定临时性行政许可，下列哪一说法是正确的？（　　）（单选）
   A. 必要时国务院组成部门可以采用发布决定的方式设定临时性许可
   B. 必要时某直辖市政府制定的规章可以设定临时性许可
   C. 必要时某设区的市政府制定的规章可以设定临时性许可
   D. 设定的临时性许可有效期最长为 2 年
   [考点] 临时性行政许可的设定

78. 根据《城乡规划法》的规定，在乡、村庄规划区内进行乡镇企业、乡村公共设施和公益事业建设的，建设单位或者个人应当向乡、镇人民政府提出申请，由乡、镇人民政府报城市、县人民政府城乡规划主管部门核发乡村建设规划许可证。某村村民宋某准备修建乡村公共体育设施，向乡政府提出申请，乡政府初步审核后报县建设规划局审批。下列哪些说法是正确的？（　　）（多选）
   A. 村民宋某可以委托代理人提出行政许可申请
   B. 乡政府应当在受理宋某申请之日起 20 日内审查完毕
   C. 乡村建设工程规划许可作出前应当举行听证
   D. 县建设规划局应当自作出准予许可决定之日起 10 日内向村民宋某颁发、送达建设工程规划许可证
   [考点] 行政许可的程序

79. 刘某向卫生局申请在小区设立个体诊所，卫生局受理申请。小区居民陈某等人提出，诊所的医疗废物会造成环境污染，要求卫生局不予批准。对此，下列哪些选项符合《行政许可法》的规定？（　　）（多选）
   A. 对刘某提交的申请材料审查时，可以听取陈某等人的意见
   B. 若卫生局不受理刘某的申请，应当向其出具加盖本机关专用印章和注明日期的书面凭证
   C. 若陈某等人提出听证要求，卫生局同意听证的，陈某等人不承担组织听证的费用
   D. 若卫生局依法举行听证的，卫生局应当根据听证笔录作出许可决定
   [考点] 行政许可的程序

80. 关于行政许可的实施和延续，下列哪些说法是正确的？（   ）（多选）

A. 行政许可需要行政机关内设的多个机构办理的，该机关应当确定一个机构统一受理许可申请，统一送达许可决定

B. 行政机关不受理行政许可申请，应当向申请人出具加盖本机关印章和注明日期的书面凭证

C. 行政机关审查行政许可申请时发现许可事项直接关系他人重大利益的，应当告知该利害关系人

D. 被许可人需要延续行政许可的，都应在许可有效期届满 30 日前申请延续

考 点 行政许可的程序与延续

81. 某医疗专科门诊部 2015 年取得了由某区卫生局颁发的《医疗机构执业许可证》，有效期至 2018 年 6 月 30 日。当有效期届满时，某医疗专科门诊部申请延续《医疗机构执业许可证》有效期。下列哪些说法是错误的？（   ）（多选）

A. 某医疗专科门诊部应当在 2018 年 6 月 30 日前向区卫生局提出延续有效期申请

B. 区卫生局应当在 2018 年 6 月 30 日前作出是否准予延续有效期的决定

C. 区卫生局在 2018 年 6 月 30 日前未作出是否准予延续决定的，视为拒绝延续

D. 区卫生局应当在 2018 年 6 月 30 日对《医疗机构执业许可证》予以注销

考 点 行政许可的延续

82. 某省甲、乙、丙三名律师决定出资合伙成立"新华夏律师事务所"，向该省司法厅提出申请。省司法厅告知，根据该省政府规章的相关规定，设立合伙制律师事务所必须有 1 名以上律师具有硕士以上学位。乙为法学博士，于是三人补充相关材料后提出申请，填写省司法厅提供的申请表并交纳了 5 元工本费。省司法厅经审查作出了准予设立律师事务所的决定并颁发了《律师事务所执业证书》。3 个月后，省司法厅发现相关申请材料系伪造，遂撤销准予设立律师事务所的决定。此间，甲乙丙三人已付办公场所租金 5 万元，装修费 3 万元。下列说法正确的是：（   ）（任选）

A. 省政府规章有权规定设立合伙制律师事务所必须有 1 名以上律师具有硕士以上学位

B. 省司法厅收取许可申请表 5 元工本费不合法

C. 省司法厅应赔偿甲乙丙三人支付的办公场所租金和装修费

D. 省司法厅应当对《律师事务所执业证书》予以注销

考点 行政许可的规定、费用、撤销与注销

83. 根据《行政许可法》的规定，下列哪一说法是正确的？（   ）（单选）

A. 为了公共利益的需要，行政机关可以依法变更或者撤回已经生效的行政许可，由此给公民、法人或者其他组织造成财产损失的，行政机关应当依法给予赔偿

B. 被许可人以贿赂手段取得许可的，应当撤销许可，但撤销许可对公共利益造成重大损害的，不予撤销

C. 许可申请人隐瞒有关情况或提供虚假材料申请许可的，许可申请属于直接关系公共安全、人身健康、生命财产安全事项的，禁止申请人在3年内申请该许可

D. 有效期届满的行政许可应当一律注销

考点 行政许可的监督管理

84. 根据2020年2月24日通过的《全国人民代表大会常务委员会关于全面禁止非法野生动物交易、革除滥食野生动物陋习、切实保障人民群众生命健康安全的决定》，禁止以食用为目的从事陆生野生动物人工繁育养殖。对于相关部门已经给养殖户核发的人工繁育养殖许可，下列说法正确的是：（   ）（任选）

A. 相关部门撤销许可

B. 相关部门撤回许可

C. 给养殖户造成的损失予以赔偿

D. 给养殖户造成的损失予以补偿

考点 行政许可的撤回

85. 关于行政处罚与行政许可的听证，下列说法正确的是：（   ）（任选）

A. 听证都应当依申请举行

B. 当事人要求听证的，都应当在行政机关告知后5日内提出

C. 行政机关都应当提前7日通知听证的时间、地点

D. 听证结束后，行政机关都应当根据听证笔录作出决定

考点 行政处罚和行政许可的听证

答案及解析

74. [考 点] 行政许可的概念

[答 案] BD

[解 析] 行政确认是指行政主体依法对行政相对人的法律地位、法律关系或有关法律事实进行甄别，给予确定、认定、证明并予以宣告的具体行政行为。市人社局闫某死亡的工伤认定属于行政确认，不适用《行政许可法》。故 A 选项不当选。

根据《公司法》第 6 条的规定，公司的设立登记的法律效力是使公司取得法人资格，进而取得从事经营活动的合法身份。根据《行政许可法》第 2、12 条的规定，公司的设立登记是符合《行政许可法》规定的行政许可——"行政机关根据公民、法人或者其他组织的申请，经依法审查，准予其从事特定活动"。市场监管局对李某的加工厂进行公司登记属于行政许可，适用《行政许可法》。故 B 选项当选。

消防验收备案是公安机关消防机构对需要进行消防设计的建设工程进行抽查后认定是否合格的行政行为，一旦消防设施被消防机构评定为合格，那就视为消防机构在事实上确认了消防工程质量合格。市公安消防支队对某建设单位设置的消防栓作出《建设工程消防验收备案结果通知》，是对消防工程竣工验收是否合格的评定，属于行政确认，不适用《行政许可法》。故 C 选项不当选。

根据《行政许可法》第 3 条第 2 款的规定，有关行政机关对其他机关或者对其直接管理的事业单位的人事、财务、外事等事项的审批，不适用本法。因此，某省公安厅对某高校教师出国护照的审批不属于有关行政机关对其他机关或者对其直接管理的事业单位的人事、财务、外事等事项的审批，应当适用《行政许可法》。故 D 选项当选。

75. [考 点] 行政许可的设定

[答 案] B

[解 析] 根据《行政许可法》第 13 条的规定，《行政许可法》第 12 条所列事项，通过下列方式能够予以规范的，可以不设行政许可：①公民、法人或者其他组织能够自主决定的；②市场竞争机制能够有效调节的；③行业组织或

者中介机构能够自律管理的；④行政机关采用事后监督等其他行政管理方式能够解决的。故 A 选项说法正确，不当选。

根据《行政许可法》第 14 条第 2 款的规定，必要时，国务院可以采用发布决定的方式设定行政许可。实施后，除临时性行政许可事项外，国务院应当及时提请全国人民代表大会及其常务委员会制定法律，或者自行制定行政法规。同法第 15 条第 1 款规定，《行政许可法》第 12 条所列事项，尚未制定法律、行政法规的，地方性法规可以设定行政许可；尚未制定法律、行政法规和地方性法规的，因行政管理的需要，确需立即实施行政许可的，省、自治区、直辖市人民政府规章可以设定临时性的行政许可。临时性的行政许可实施满 1 年需要继续实施的，应当提请本级人民代表大会及其常务委员会制定地方性法规。由此可知，省、自治区、直辖市人民政府规章设定的临时性行政许可只有 1 年有效期，而国务院以发布决定的方式设定行政许可没有规定 1 年有效期。故 B 选项说法错误，当选。

根据《行政许可法》第 14 条的规定，《行政许可法》第 12 条所列事项，法律可以设定行政许可。尚未制定法律的，行政法规可以设定行政许可。必要时，国务院可以采用发布决定的方式设定行政许可。实施后，除临时性行政许可事项外，国务院应当及时提请全国人民代表大会及其常务委员会制定法律，或者自行制定行政法规。同法第 15 条第 1 款规定，《行政许可法》第 12 条所列事项，尚未制定法律、行政法规的，地方性法规可以设定行政许可；尚未制定法律、行政法规和地方性法规的，因行政管理的需要，确需立即实施行政许可的，省、自治区、直辖市人民政府规章可以设定临时性的行政许可。临时性的行政许可实施满 1 年需要继续实施的，应当提请本级人民代表大会及其常务委员会制定地方性法规。同法第 17 条规定，除《行政许可法》第 14 条、第 15 条规定的外，其他规范性文件一律不得设定行政许可。由此可知，能设定行政许可的规范有法律、行政法规、国务院决定、地方性法规以及省、自治区、直辖市人民政府规章，除此之外的其他规范性文件（包括部门规章在内）一律不得设定行政许可。故 C 选项说法正确，不当选。

根据《行政许可法》第 16 条第 3 款的规定，规章可以在上位法设定的行政许可事项范围内，对实施该行政许可作出具体规定。因此，地方政府规章作为规章，是可以在上位法设定的行政许可事项范围内，对实施该行政许可作出具体规定的。故 D 选项说法正确，不当选。

76. [考点] 行政许可的设定

[答案] ACD

[解析] 根据《行政许可法》第 14 条的规定，《行政许可法》第 12 条所列事项，法律可以设定行政许可。尚未制定法律的，行政法规可以设定行政许可。必要时，国务院可以采用发布决定的方式设定行政许可。实施后，除临时性行政许可事项外，国务院应当及时提请全国人民代表大会及其常务委员会制定法律，或者自行制定行政法规。同法第 15 条第 1 款规定，《行政许可法》第 12 条所列事项，尚未制定法律、行政法规的，地方性法规可以设定行政许可；尚未制定法律、行政法规和地方性法规的，因行政管理的需要，确需立即实施行政许可的，省、自治区、直辖市人民政府规章可以设定临时性的行政许可。临时性的行政许可实施满 1 年需要继续实施的，应当提请本级人民代表大会及其常务委员会制定地方性法规。同法第 17 条规定，除《行政许可法》第 14 条、第 15 条规定的外，其他规范性文件一律不得设定行政许可。因此，法律、行政法规、国务院决定、地方性法规、省级地方政府规章可以设定行政许可，某自治区首府所在地的市政府制定的规章不得设定行政许可。故 A 选项说法不正确，当选。

根据《行政许可法》第 15 条第 1 款的规定，《行政许可法》第 12 条所列事项，尚未制定法律、行政法规的，地方性法规可以设定行政许可；尚未制定法律、行政法规和地方性法规的，因行政管理的需要，确需立即实施行政许可的，省、自治区、直辖市人民政府规章可以设定临时性的行政许可。临时性的行政许可实施满 1 年需要继续实施的，应当提请本级人民代表大会及其常务委员会制定地方性法规。由此可知，某省会所在地的市人大制定的地方性法规可以在尚未制定法律、行政法规时，设定行政许可。故 B 选项说法正确，不当选。

根据《行政许可法》第 15 条第 2 款的规定，地方性法规和省、自治区、直辖市人民政府规章，不得设定应当由国家统一确定的公民、法人或者其他组织的资格、资质的行政许可；不得设定企业或者其他组织的设立登记及其前置性行政许可。其设定的行政许可，不得限制其他地区的个人或者企业到本地区从事生产经营和提供服务，不得限制其他地区的商品进入本地区市场。由此可知，某自治区政府规章不得设定企业的设立登记及其前置性的行政许可。故 C 选项说法不正确，当选。

根据《行政许可法》第 21 条的规定，省、自治区、直辖市人民政府对行政法规设定的有关经济事务的行政许可，根据本行政区域经济和社会发展情况，认为通过《行政许可法》第 13 条所列方式能够解决的，报国务院批准后，可以在本行政区域内停止实施该行政许可。由此可知，省级政府报国务院批准后可在本区域停止实施行政法规设定的有关经济事务的行政许可，而不是设区的市政府报国务院批准。故 D 选项说法不正确，当选。

77. [考点] 临时性行政许可的设定

[答案] B

[解析] 根据《行政许可法》第 14 条第 2 款的规定，必要时，国务院可以采用发布决定的方式设定行政许可。实施后，除临时性行政许可事项外，国务院应当及时提请全国人民代表大会及其常务委员会制定法律，或者自行制定行政法规。由此可知，必要时国务院可以采用发布决定的方式设定临时性行政许可，而非国务院组成部门采用发布决定的方式设定临时性许可。故 A 选项说法错误。

根据《行政许可法》第 15 条第 1 款的规定，《行政许可法》第 12 条所列事项，尚未制定法律、行政法规的，地方性法规可以设定行政许可；尚未制定法律、行政法规和地方性法规的，因行政管理的需要，确需立即实施行政许可的，省、自治区、直辖市人民政府规章可以设定临时性的行政许可。临时性的行政许可实施满 1 年需要继续实施的，应当提请本级人民代表大会及其常务委员会制定地方性法规。由此可知，必要时省级地方政府可以以规章形式设定临时性许可，所以某直辖市政府制定的规章是可以设定临时性许可的，但是设区的市政府制定的规章不可以设定临时性许可。故 B 选项说法正确，C 选项说法错误。

省级地方政府以规章形式设定临时性许可的有效期最长为 1 年。故 D 选项说法错误。

78. [考点] 行政许可的程序

[答案] ABCD

[解析] 根据《行政许可法》第 29 条第 2 款的规定，申请人可以委托代理人提出行政许可申请。但是，依法应当由申请人到行政机关办公场所提出行政许可申请的除外。建设工程规划许可证并非是应当由申请人到行政机关办公场所提出申请的行政许可，村民宋某可以委托代理人提出行政许可申请。故

A 选项说法正确。

根据《行政许可法》第 43 条的规定，依法应当先经下级行政机关审查后报上级行政机关决定的行政许可，下级行政机关应当自其受理行政许可申请之日起 20 日内审查完毕。但是，法律、法规另有规定的，依照其规定。由此可知，乡政府作为下级机关应当在受理宋某申请之日起 20 日内审查完毕。故 B 选项说法正确。

根据《行政许可法》第 46 条的规定，法律、法规、规章规定实施行政许可应当听证的事项，或者行政机关认为需要听证的其他涉及公共利益的重大行政许可事项，行政机关应当向社会公告，并举行听证。由此可知，行政机关向社会公告并举行听证的事项包括两类：①法律、法规、规章规定实施行政许可应当听证的事项；②行政机关认为需要听证的其他涉及公共利益的重大行政许可事项。乡村建设工程规划许可属于涉及公共利益的重大行政许可事项，乡村建设工程规划许可作出前应当举行听证。故 C 选项说法正确。

根据《行政许可法》第 44 条的规定，行政机关作出准予行政许可的决定，应当自作出决定之日起 10 日内向申请人颁发、送达行政许可证件，或者加贴标签、加盖检验、检测、检疫印章。由此可知，县建设规划局作出准予建设工程规划许可的决定，应当自作出决定之日起 10 日内向村民宋某颁发、送达建设工程规划许可证。故 D 选项说法正确。

79. [考点] 行政许可的程序

[答案] BCD

[解析] 根据《行政许可法》第 36 条的规定，行政机关对行政许可申请进行审查时，发现行政许可事项直接关系他人重大利益的，应当告知该利害关系人。申请人、利害关系人有权进行陈述和申辩。行政机关应当听取申请人、利害关系人的意见。卫生局对小区设立个体诊所的行政许可直接关系小区居民陈某等人的重大利益，卫生局应当听取小区居民陈某等人的意见，而不是可以听取。故 A 选项不当选。

根据《行政许可法》第 32 条第 2 款的规定，行政机关受理或者不予受理行政许可申请，应当出具加盖本行政机关专用印章和注明日期的书面凭证。因此，卫生局不受理刘某的申请，应当向其出具加盖本机关专用印章和注明日期的书面凭证。故 B 选项当选。

根据《行政许可法》第 47 条第 2 款的规定，申请人、利害关系人不承

担行政机关组织听证的费用。因此，陈某等人不承担组织听证的费用。故 C
选项当选。

根据《行政许可法》第 48 条第 2 款的规定，行政机关应当根据听证笔
录，作出行政许可决定。因此，卫生局依法举行听证的，卫生局应当根据听
证笔录作出许可决定。故 D 选项当选。

80. [考 点] 行政许可的程序与延续

[答 案] ABC

[解 析] 根据《行政许可法》第 26 条第 1 款的规定，行政许可需要行政机关
内设的多个机构办理的，该行政机关应当确定一个机构统一受理行政许可申
请，统一送达行政许可决定。因此，为了便民，行政机关应当确定一个内设
机构统一受理许可申请，统一送达许可决定。故 A 选项说法正确。

根据《行政许可法》第 32 条第 2 款的规定，行政机关受理或者不予受
理行政许可申请，应当出具加盖本行政机关专用印章和注明日期的书面凭
证。因此，行政机关不受理许可申请的，应当向申请人出具加盖本机关印章
和注明日期的书面凭证。故 B 选项说法正确。

根据《行政许可法》第 36 条的规定，行政机关对行政许可申请进行审
查时，发现行政许可事项直接关系他人重大利益的，应当告知该利害关系
人。申请人、利害关系人有权进行陈述和申辩。行政机关应当听取申请人、
利害关系人的意见。因此，为了保护行政许可利害关系人利益，行政机关在
行政许可审查过程中发现许可事项直接关系他人重大利益的，应当告知该利
害关系人。故 C 选项说法正确。

根据《行政许可法》第 50 条第 1 款的规定，被许可人需要延续依法取
得的行政许可的有效期的，应当在该行政许可有效期届满 30 日前向作出行
政许可决定的行政机关提出申请。但是，法律、法规、规章另有规定的，依
照其规定。由此可知，被许可人需要延续行政许可的并不是都应在许可有效
期届满 30 日前申请延续，法律、法规、规章另有规定的除外。故 D 选项说
法错误。

81. [考 点] 行政许可的延续

[答 案] ACD

[解 析] 根据《行政许可法》第 50 条的规定，被许可人需要延续依法取得的

行政许可的有效期的，应当在该行政许可有效期届满 30 日前向作出行政许可决定的行政机关提出申请。但是，法律、法规、规章另有规定的，依照其规定。行政机关应当根据被许可人的申请，在该行政许可有效期届满前作出是否准予延续的决定；逾期未作决定的，视为准予延续。由题干可知，某医疗专科门诊部取得的《医疗机构执业许可证》有效期至 2018 年 6 月 30 日，需要延续许可的有效期的，应当在该行政许可有效期届满 30 日前向区卫生局提出延续申请。故 A 选项说法错误，当选。区卫生局应当根据某医疗专科门诊部的申请，在行政许可有效期届满前——2018 年 6 月 30 日前作出是否准予延续的决定。故 B 选项说法正确，不当选。区卫生局在 2018 年 6 月 30 日前未作出是否准予延续的决定的，视为准予延续。故 C 选项说法错误，当选。

根据《行政许可法》第 70 条第 1 项的规定，行政许可有效期届满未延续的，行政机关应当依法办理有关行政许可的注销手续。由此可知，行政许可有效期届满并且被许可人未申请延续才予以注销。题目中某医疗专科门诊部申请延续《医疗机构执业许可证》有效期，区卫生局在 2018 年 6 月 30 日——有效期届满时就对某医疗专科门诊部的《医疗机构执业许可证》予以注销，是不符合法律规定的。故 D 选项说法错误，当选。

82. [考点] 行政许可的规定、费用、撤销与注销

[答案] BD

[解析] 根据《行政许可法》第 16 条第 3、4 款的规定，规章可以在上位法设定的行政许可事项范围内，对实施该行政许可作出具体规定。法规、规章对实施上位法设定的行政许可作出的具体规定，不得增设行政许可；对行政许可条件作出的具体规定，不得增设违反上位法的其他条件。《律师事务所执业证书》是上位法设定的行政许可，省政府规章可以对实施该行政许可作出具体规定，但不得增设违反上位法的其他条件，所以省政府规章增设 1 名以上律师具有硕士以上学位的条件是违反《行政许可法》的。故 A 选项说法错误。

根据《行政许可法》第 58 条第 2 款的规定，行政机关提供行政许可申请书格式文本，不得收费。所以省司法厅提供的申请书格式文本是不得收费的。故 B 选项说法正确。

根据《行政许可法》第 69 条第 2、4 款的规定，被许可人以欺骗、贿赂等不正当手段取得行政许可的，应当予以撤销。……依照本条第 2 款的规定

撤销行政许可的，被许可人基于行政许可取得的利益不受保护。题目中，甲乙丙三人以欺骗手段取得的《律师事务所执业证书》，应当予以撤销，给甲乙丙三人造成利益损失是由于其提供的申请材料系伪造的，所以省司法厅无需赔偿甲乙丙三人支付的办公场所租金和装修费。故 C 选项说法错误。

根据《行政许可法》第 70 条第 4 项的规定，行政许可依法被撤销、撤回，或者行政许可证件依法被吊销的，行政机关应当依法办理有关行政许可的注销手续。因此，省司法厅撤销准予设立律师事务所决定后，应当依法办理《律师事务所执业证书》的注销手续。故 D 选项说法正确。

83. [考点] 行政许可的监督管理

[答案] B

[解析] 根据《行政许可法》第 8 条第 2 款的规定，行政许可所依据的法律、法规、规章修改或者废止，或者准予行政许可所依据的客观情况发生重大变化的，为了公共利益的需要，行政机关可以依法变更或者撤回已经生效的行政许可。由此给公民、法人或者其他组织造成财产损失的，行政机关应当依法给予补偿。由此可知，行政机关为了公共利益的需要依法变更或者撤回已经生效的行政许可，应当依法给予补偿而不是赔偿。故 A 选项说法错误。

根据《行政许可法》第 69 条第 2 款的规定，被许可人以欺骗、贿赂等不正当手段取得行政许可的，应当予以撤销。根据本条第 3 款的规定，依照前两款的规定撤销行政许可，可能对公共利益造成重大损害的，不予撤销。因此，被许可人以贿赂手段取得行政许可的，应当撤销行政许可，但撤销行政许可对公共利益造成重大损害的，不予撤销。故 B 选项说法正确。

根据《行政许可法》第 78 条的规定，行政许可申请人隐瞒有关情况或者提供虚假材料申请行政许可的，行政机关不予受理或者不予行政许可，并给予警告；行政许可申请属于直接关系公共安全、人身健康、生命财产安全事项的，申请人在 1 年内不得再次申请该行政许可。根据同法第 79 条的规定，被许可人以欺骗、贿赂等不正当手段取得行政许可的，行政机关应当依法给予行政处罚；取得的行政许可属于直接关系公共安全、人身健康、生命财产安全事项的，申请人在 3 年内不得再次申请该行政许可；构成犯罪的，依法追究刑事责任。由此可知，许可申请人隐瞒有关情况或提供虚假材料申请许可的，许可申请属于直接关系公共安全、人身健康、生命财产安全事项的，是禁止申请人在 1 年内再次申请该许可，而不是禁止申请人在 3 年内再次申请该许可。故 C 选项说法错误。

　　根据《行政许可法》第 50 条第 1 款的规定，被许可人需要延续依法取得的行政许可的有效期的，应当在该行政许可有效期届满 30 日前向作出行政许可决定的行政机关提出申请。但是，法律、法规、规章另有规定的，依照其规定。根据同法第 70 条第 1 项的规定，行政许可有效期届满未延续的，行政机关应当依法办理有关行政许可的注销手续。由此可知，行政许可有效期届满且未申请延续的，应当注销，而不是有效期届满的，应当一律注销。故 D 选项说法错误。

84. 考点 行政许可的撤回

答案 BD

解析 根据《行政许可法》第 8 条第 2 款的规定，行政许可所依据的法律、法规、规章修改或者废止，或者准予行政许可所依据的客观情况发生重大变化的，为了公共利益的需要，行政机关可以依法变更或者撤回已经生效的行政许可。由此给公民、法人或者其他组织造成财产损失的，行政机关应当依法给予补偿。由此可知，行政许可撤回的条件：①行政许可所依据的法律、法规、规章修改或者废止，或者准予行政许可所依据的客观情况发生重大变化的；②为了公共利益的需要。行政许可撤回的后果：给公民、法人或者其他组织造成财产损失的，行政机关应当给予补偿。因此，相关部门已经给养殖户核发人工繁育养殖许可的，相关部门是撤回许可，而不是撤销许可；给养殖户造成的损失应予以补偿，而不是赔偿。故 AC 选项说法错误，BD 选项说法正确。

85. 考点 行政处罚和行政许可的听证

答案 BCD

解析 根据《行政处罚法》第 63 条第 1 款的规定，行政机关拟作出下列行政处罚决定，应当告知当事人有要求听证的权利，当事人要求听证的，行政机关应当组织听证：……由此可知，行政处罚属于依申请听证。《行政许可法》第 46 条规定，法律、法规、规章规定实施行政许可应当听证的事项，或者行政机关认为需要听证的其他涉及公共利益的重大行政许可事项，行政机关应当向社会公告，并举行听证。这属于依职权听证情形。《行政许可法》

第 47 条第 1 款规定，行政许可直接涉及申请人与他人之间重大利益关系的，行政机关在作出行政许可决定前，应当告知申请人、利害关系人享有要求听证的权利；申请人、利害关系人在被告知听证权利之日起 5 日内提出听证申请的，行政机关应当在 20 日内组织听证。由此可知，行政许可既有依职权听证又有依申请听证。故 A 选项说法错误。

根据《行政处罚法》第 64 条第 1 项的规定，听证应当依照以下程序组织：①当事人要求听证的，应当在行政机关告知后 5 日内提出；……根据《行政许可法》第 47 条第 1 款的规定，行政许可直接涉及申请人与他人之间重大利益关系的，行政机关在作出行政许可决定前，应当告知申请人、利害关系人享有要求听证的权利；申请人、利害关系人在被告知听证权利之日起 5 日内提出听证申请的，行政机关应当在 20 日内组织听证。由此可知，不管是行政处罚听证还是行政许可听证，当事人要求听证的，都应当在行政机关告知后 5 日内提出。故 B 选项说法正确。

根据《行政许可法》第 48 条第 1 款第 1 项的规定，行政机关应当于举行听证的 7 日前将举行听证的时间、地点通知申请人、利害关系人，必要时予以公告。《行政处罚法》第 64 条第 2 项规定，听证应当依照以下程序组织：……②行政机关应当在举行听证的 7 日前，通知当事人及有关人员听证的时间、地点；……由此可知，行政处罚与行政许可的听证都应当提前 7 日通知听证的时间、地点。故 C 选项说法正确。

根据《行政许可法》第 48 条第 2 款的规定，行政机关应当根据听证笔录，作出行政许可决定。根据《行政处罚法》第 65 条的规定，听证结束后，行政机关应当根据听证笔录，依照本法第 57 条的规定，作出决定。由此可知，不管是行政处罚听证还是行政许可听证，听证结束后，行政机关都应当根据听证笔录作出决定。故 D 选项说法正确。

第8章 行政强制

第**9**讲 行政强制行为

86. 新冠肺炎疫情期间，对于传染病病人、疑似传染病病人拒绝隔离治疗或者隔离期未满擅自脱离隔离治疗的，可以由公安机关协助医疗机构采取强制隔离治疗。强制隔离治疗属于：（　　）（单选）

A. 行政处罚 　　　　　　　　　　B. 行政强制措施

C. 行政强制执行 　　　　　　　　D. 司法强制措施

考点 行政强制措施的概念

87. 某文化艺术会展商务有限公司负责某村土地施工建设，县住房和城乡建设局接到举报，经现场勘察和调查，认定该公司未取得《建设工程规划许可证》即进行施工，属违法建设行为，向该公司下发了《责令停止违法行为通知书》和《拆除通知书》，同时作出《限期拆除通知书》，限该公司在7日内自行拆除违法建筑，逾期不拆除，将按有关规定予以强制拆除。关于《责令停止违法行为通知书》《拆除通知书》《限期拆除通知书》的行为性质，下列说法正确的是：（　　）（任选）

A.《责令停止违法行为通知书》属于行政处罚

B.《责令停止违法行为通知书》属于行政强制措施

C.《拆除通知书》属于行政处罚

D.《限期拆除通知书》属于行政强制措施

考点 行政强制措施和行政处罚的概念

88. 关于行政强制的设定，下列哪些说法是正确的？（　　）（多选）

A. 限制公民人身自由的行政强制措施只能由法律设定

B. 冻结存款、汇款的行政强制措施只能由法律设定

C. 扣押财物的行政强制措施只能由法律设定

D. 行政强制执行只能由法律设定

[考 点] 行政强制的设定

89. 有关行政处罚、行政许可和行政强制的设定，下列哪些说法是错误的？（   ）（多选）

A. 行政拘留和限制公民人身自由的行政强制措施只能由法律设定

B. 必要时国务院可以采用发布决定的方式设定行政处罚、行政许可和行政强制措施

C. 必要时地方政府规章和部门规章都可以设定一定数额罚款和临时性许可

D. 行政处罚、行政许可和行政强制的设定机关应当定期对其设定的行政处罚、行政许可和行政强制进行评价

[考 点] 行政处罚、行政许可和行政强制的设定

90. 根据《行政许可法》《行政处罚法》《行政强制法》的规定，下列哪些说法是正确的？（   ）（多选）

A. 经有权的省级政府决定，一个行政机关可集中行使有关机关的许可权和处罚权

B. 法律、法规授权的具有管理公共事务职能的组织可以在法定授权范围内实施行政许可、行政处罚和行政强制措施

C. 有权的行政机关都可以委托管理公共事务职能的组织实施行政许可、行政处罚和行政强制措施

D. 行使相对集中行政处罚权的行政机关，可以实施法律、法规规定的与行政处罚权有关的行政强制措施

[考 点] 行政处罚、行政许可和行政强制的实施主体

91. 某区公安分局以非经许可销售烟花爆竹为由，当场扣押孙某杂货店的烟花爆竹100件，一并扣押了运输烟花爆竹的车辆。关于扣押，下列哪一说法是错误的？（   ）（单选）

A. 应由区公安分局2名以上行政执法人员实施扣押

B. 当场告知孙某扣押的理由和依据

C. 运输烟花爆竹的车辆不得扣押

D. 对扣押物品发生的合理检测费用，由孙某承担

[考 点] 扣押程序

92. 某区市监分局接举报称肖某超范围经营，经现场调查取证初步认定举报属实，遂扣押与其经营相关的物品，制作扣押财物决定书及财物清单。关于扣押程序，下列哪些说法是正确的？（　　　）（多选）

A. 行政执法人员实施扣押前须向行政机关负责人报告并经批准

B. 实施扣押时应制作现场笔录

C. 扣押物品时应当听取肖某的陈述和申辩

D. 区市监分局可以委托街道办事处实施扣押

[考 点] 扣押程序

93. 某装饰工程有限责任公司购买 782 箱瓷砖进行加工处理，市质量技术监督局接到举报，声称该装饰工程有限责任公司假冒某品牌陶瓷的产品。质监局执法人员以该批瓷砖涉嫌存在"质量嫌疑"问题，依据《产品质量法》第 18 条之规定，对该批瓷砖进行了扣押，扣押期限为 3 个月。下列哪一说法是错误的？（　　　）（单选）

A. 质监局执法人员现场检查应出示执法身份证件

B. 质监局扣押瓷砖应通知某装饰工程有限责任公司相关人员到场

C. 扣押涉案瓷砖清单一式二份，由某装饰工程有限责任公司和质监局分别保存

D. 扣押期限 3 个月违法

[考 点] 扣押程序

94. 史某在县城关镇上新街丁字路口摆摊卖水果，县住房和城乡建设局所属城建监察大队将史某的水果进行了扣押，并责令史某次日到城建监察大队接受处理。次日，史某来到城建监察大队，但不接受处罚。后城建监察大队未解除扣押亦未将所扣押水果作变卖处理，致使被扣押水果全部损毁。下列哪些说法是正确的？（　　　）（多选）

A. 扣押应由县住房和城乡建设局具备资格的行政执法人员实施

B. 城建监察大队应当场告知史某扣押的理由、依据

C. 扣押水果的保管费用由史某承担

D. 县住房和城乡建设局对扣押水果全部损毁应给予史某补偿

[考 点] 扣押程序

95. 某县市场监督管理局在对某企业的违法行为进行执法检查时，依法扣押了该企业的货物，并决定罚款1000元，某企业向某县政府申请复议，县政府作出行政复议维持决定，但该企业既不缴纳罚款也没有提起诉讼。则市场监督管理局可以采取下列哪些措施？（   ）（多选）

A. 市场监督管理局可以按每日罚款数额的3%加处罚款

B. 市场监督管理局可以拍卖该企业的货物抵缴罚款

C. 市场监督管理局可以通知银行划拨该企业的存款抵缴罚款

D. 市场监督管理局可以申请法院强制执行

[考点] 行政强制执行主体

96. 某渔业养殖公司使用海域进行水产养殖。区综合行政执法局经调查后作出《行政决定书》，决定某渔业养殖公司自行清理所属海域内的渔业养殖设施，退还非法占用的海域，恢复海域原状。某渔业养殖公司未履行该决定，其渔业养殖设施给跨海大桥的交通安全造成严重危害。区综合行政执法局作出代履行决定书。下列说法正确的是：（   ）（任选）

A. 区综合行政执法局代履行前应向某渔业养殖公司送达代履行决定书

B. 区综合行政执法局代履行3日前，应催告某渔业养殖公司履行义务

C. 代履行的费用由区综合行政执法局承担

D. 区综合行政执法局可以委托没有利害关系的第三人代履行

[考点] 代履行

97. 2013年9月，某市卫计委以刘某、赵某2人于2010年7月违法超生第二胎，作出要求其缴纳社会抚养费12万元的决定。2人拒不缴纳，也不申请复议和提起行政诉讼。某市卫计委强制执行。下列哪些说法是正确的？（   ）（多选）

A. 某市卫计委加处的滞纳金数额不得超出12万元

B. 刘某、赵某2人履行行政决定确有困难的，某市卫计委应终结执行

C. 一旦实施强制执行，某市卫计委不得与刘某、赵某2人达成执行协议

D. 某市卫计委申请人民法院强制执行前，应当催告刘某、赵某2人履行义务

[考点] 行政强制执行的实施

98. 某能源公司在未取得燃气经营许可证的情况下，从事燃气经营活动。城市管理行政执法局根据《城镇燃气管理条例》第15条和第45条第1款的规定，责令该公司立即停止违法行为，决定罚款5万元。某能源公司没有缴纳罚

款，在法定期限内既未申请行政复议，也未提起行政诉讼。城管执法局向法院申请强制执行。下列哪些说法是正确的？（　　）（多选）

A. 城市管理行政执法局申请法院强制执行前，应当催告某能源公司履行义务

B. 城市管理行政执法局应当向其所在地的基层法院申请强制执行

C. 城市管理行政执法局应当自某能源公司的法定起诉期限届满之日起 3 个月内申请法院强制执行

D. 法院受理城市管理行政执法局申请执行后，应当在 30 日内作出是否准予执行的裁定

[考点] 行政机关申请法院强制执行程序

99. 关于行政执法人员，下列哪些说法是正确的？（　　）（多选）

A. 实施行政处罚的执法人员不得少于 2 人

B. 对公民住所进行治安检查的人民警察不得少于 2 人

C. 对行政许可申请材料受理审查的工作人员不得少于 2 人

D. 当场采取扣押行政强制措施的执法人员不得少于 2 人

[考点] 行政执法人员

100. 关于行政管理中的费用，下列说法正确的是：（　　）（任选）

A. 行政听证中的当事人不承担组织听证的费用

B. 查封的当事人不承担因查封发生的保管费用

C. 行政机关申请法院强制执行的被执行人不承担强制执行的费用

D. 代履行的当事人不承担代履行的费用

[考点] 行政费用的承担

答案及解析

86. [考点] 行政强制措施的概念

[答案] B

[解析] 根据《行政强制法》第 2 条第 2 款的规定，行政强制措施，是指行政机关在行政管理过程中，为制止违法行为、防止证据损毁、避免危害发生、控制危险扩大等情形，依法对公民的人身自由实施暂时性限制，或者对公民、法人或者其他组织的财物实施暂时性控制的行为。同法第 9 条第 1 项规

定，行政强制措施的种类包括限制公民人身自由。行政强制措施是对人身自由或者财产的暂时性限制或者控制，强制隔离治疗行为属于限制公民人身自由的行政强制措施。故 B 选项当选。

87. 考点 行政强制措施和行政处罚的概念

答案 BC

解析 根据《行政强制法》第 2 条第 2 款的规定，行政强制措施，是指行政机关在行政管理过程中，为制止违法行为、防止证据损毁、避免危害发生、控制危险扩大等情形，依法对公民的人身自由实施暂时性限制，或者对公民、法人或者其他组织的财物实施暂时性控制的行为。因此行政强制措施是对人身自由或者财产的暂时性限制或者控制，《责令停止违法行为通知书》是为了制止违法行为而采取的暂时性控制的行为，属于行政强制措施。故 A 选项说法错误，B 选项说法正确。

根据《行政处罚法》第 2 条的规定，行政处罚是指行政机关依法对违反行政管理秩序的公民、法人或者其他组织，以减损权益或者增加义务的方式予以惩戒的行为。《拆除通知书》旨在制裁公司的违法行为，并予以纠正，而行政处罚具有制裁性，因此该通知为行政处罚行为。故 C 选项说法正确。

根据《行政强制法》第 35 条的规定，行政机关作出强制执行决定前，应当事先催告当事人履行义务。《限期拆除通知书》为行政强制执行中的催告行为，目的在于督促当事人自动履行义务，不属于行政强制措施。故 D 选项说法错误。

88. 考点 行政强制的设定

答案 ABD

解析 根据《行政强制法》第 9 条的规定，行政强制措施的种类：①限制公民人身自由；②查封场所、设施或者财物；③扣押财物；④冻结存款、汇款；⑤其他行政强制措施。同法第 10 条规定，行政强制措施由法律设定。尚未制定法律，且属于国务院行政管理职权事项的，行政法规可以设定除《行政强制法》第 9 条第 1 项、第 4 项和应当由法律规定的行政强制措施以外的其他行政强制措施。尚未制定法律、行政法规，且属于地方性事务的，地方性法规可以设定《行政强制法》第 9 条第 2 项、第 3 项的行政强制措施。法律、法规以外的其他规范性文件不得设定行政强制措施。由此可知，限制公民人身自由和冻结存款、汇款的行政强制措施只能由法律设定。尚未制定法律，且属于国务院行政管理职权事项的，行政法规可以设定扣押财物的行政强制措施。尚未制定法律、行政法规，且属于地方性事务的，地方性法规可以设定扣押财物的行政强制措施。所以限制公民人身自由和冻结存款、汇款的行政强制措施只能由法律设定，扣押财物的行政强制措施可以由法律、行政法规、地方性法规设定。故 AB 选项说法正确，C 选项说法错误。

根据《行政强制法》第 13 条的规定，行政强制执行由法律设定。法律没有规定行政机关强制执行的，作出行政决定的行政机关应当申请人民法院强制执行。因此，行政强制执行只能由法律设定，行政法规、地方性法规等都不得设定行政强制执行。故 D 选项说法正确。

89. [考点] 行政处罚、行政许可和行政强制的设定

[答案] BCD

[解析] 根据《行政处罚法》第 10 条第 2 款的规定，限制人身自由的行政处罚，只能由法律设定。《行政强制法》第 10 条第 1 款规定，行政强制措施由法律设定。限制公民人身自由的行政强制措施只能由法律设定。因此，行政拘留和限制公民人身自由的行政强制措施只能由法律设定。故 A 选项说法正确，不当选。

根据《行政处罚法》第 11 条第 1 款的规定，行政法规可以设定除限制人身自由以外的行政处罚。由此可知，国务院可以以行政法规设定一定的行政处罚，而不能以决定的形式设定行政处罚。《行政许可法》第 14 条规定，《行政许可法》第 12 条所列事项，法律可以设定行政许可。尚未制定法律的，行政法规可以设定行政许可。必要时，国务院可以采用发布决定的方式设定行政许可。由此可知，必要时国务院决定可以设定行政许可。根据《行政强制法》第 10 条第 2 款的规定，尚未制定法律，且属于国务院行政管理职权事项的，行政法规可以设定除限制公民人身自由、冻结存款、汇款和应当由法律规定的行政强制措施以外的其他行政强制措施。由此可知，国务院可以采用发布决定的方式设定行政许可，而不能采用发布决定的方式设定行政处罚和行政强制措施。故 B 选项说法错误，当选。

根据《行政处罚法》第 13 条第 2 款的规定，尚未制定法律、行政法规的，国务院部门规章对违反行政管理秩序的行为，可以设定警告、通报批评

或者一定数额罚款的行政处罚。罚款的限额由国务院规定。《行政处罚法》第14条第2款规定，尚未制定法律、法规的，地方政府规章对违反行政管理秩序的行为，可以设定警告、通报批评或者一定数额罚款的行政处罚。罚款的限额由省、自治区、直辖市人民代表大会常务委员会规定。由此可知，必要时地方政府规章和部门规章都可以设定一定数额罚款。根据《行政许可法》第15条第1款的规定，《行政许可法》第12条所列事项，尚未制定法律、行政法规的，地方性法规可以设定行政许可；尚未制定法律、行政法规和地方性法规的，因行政管理的需要，确需立即实施行政许可的，省、自治区、直辖市人民政府规章可以设定临时性的行政许可。临时性的行政许可实施满1年需要继续实施的，应当提请本级人民代表大会及其常务委员会制定地方性法规。由此可知，必要时省级地方政府规章可以设定临时性许可，而市级地方政府规章和部门规章不能设定行政许可。故C选项说法错误，当选。

根据《行政许可法》第20条的规定，行政许可的设定机关应当定期对其设定的行政许可进行评价；对已设定的行政许可，认为通过《行政许可法》第13条所列方式能够解决的，应当对设定该行政许可的规定及时予以修改或者废止。根据《行政强制法》第15条第1款的规定，行政强制的设定机关应当定期对其设定的行政强制进行评价，并对不适当的行政强制及时予以修改或者废止。由此可知，行政许可和行政强制的设定机关应当定期评价设定的行政许可和行政强制，虽然《行政处罚法》第15条规定，国务院部门和省、自治区、直辖市人民政府及其有关部门应当定期组织评估行政处罚的实施情况和必要性，对不适当的行政处罚事项及种类、罚款数额等，应当提出修改或者废止的建议。但《行政处罚法》没有规定行政处罚的设定机关要定期评价设定的行政处罚。故D选项说法错误，当选。

90. [考点]行政处罚、行政许可和行政强制的实施主体

[答案]AD

[解析]根据《行政许可法》第25条的规定，经国务院批准，省、自治区、直辖市人民政府根据精简、统一、效能的原则，可以决定一个行政机关行使有关行政机关的行政许可权。《行政处罚法》第18条第2款规定，国务院或者省、自治区、直辖市人民政府可以决定一个行政机关行使有关行政机关的行政处罚权。因此，经有权的省级政府决定，一个行政机关可集中行使有关机关的行政许可权和行政处罚权。故A选项说法正确。

　　根据《行政许可法》第 23 条的规定，法律、法规授权的具有管理公共事务职能的组织，在法定授权范围内，以自己的名义实施行政许可。被授权的组织适用本法有关行政机关的规定。《行政处罚法》第 19 条规定，法律、法规授权的具有管理公共事务职能的组织可以在法定授权范围内实施行政处罚。《行政强制法》第 70 条规定，法律、行政法规授权的具有管理公共事务职能的组织在法定授权范围内，以自己的名义实施行政强制，适用本法有关行政机关的规定。由此可知，法律、法规授权的具有管理公共事务职能的组织可以在法定授权范围内实施行政许可和行政处罚，而法律、行政法规授权的具有管理公共事务职能的组织可以在法定授权范围内实施行政强制措施。故 B 选项说法错误。

　　根据《行政处罚法》第 20 条第 1 款的规定，行政机关依照法律、法规、规章的规定，可以在其法定权限内委托符合《行政处罚法》第 21 条规定条件的组织实施行政处罚。行政机关不得委托其他组织或者个人实施行政处罚。《行政处罚法》第 21 条第 1 项规定，受委托组织必须符合以下条件：①依法成立并具有管理公共事务职能；……《行政许可法》第 24 条第 1 款规定，行政机关在其法定职权范围内，依照法律、法规、规章的规定，可以委托其他行政机关实施行政许可。委托机关应当将受委托行政机关和受委托实施行政许可的内容予以公告。《行政强制法》第 17 条第 1 款规定，行政强制措施由法律、法规规定的行政机关在法定职权范围内实施。行政强制措施权不得委托。由此可知，有权的行政机关都可以委托管理公共事务职能的组织实施行政处罚，有权的行政机关都可以委托其他行政机关实施行政许可，而行政强制措施不得委托实施。故 C 选项说法错误。

　　根据《行政强制法》第 17 条第 2 款的规定，依据《行政处罚法》的规定行使相对集中行政处罚权的行政机关，可以实施法律、法规规定的与行政处罚权有关的行政强制措施。由此可知，为了确保相对集中行政处罚权的行使，行政机关可以实施法律、法规规定的与行政处罚权有关的行政强制措施权。故 D 选项说法正确。

91. [考　点] 扣押程序

[答　案] D

[解　析] 根据《行政强制法》第 18 条第 2 项的规定，行政机关实施行政强制措施应当遵守：由 2 名以上行政执法人员实施。因此，应由区公安分局 2 名

以上行政执法人员实施扣押。故 A 选项说法正确，不当选。

根据《行政强制法》第 18 条第 5 项的规定，行政机关实施行政强制措施应当遵守：当场告知当事人采取行政强制措施的理由、依据以及当事人依法享有的权利、救济途径。根据《行政强制法》第 24 条第 1 款和第 2 款第 2 项的规定，行政机关决定实施查封、扣押的，应当履行《行政强制法》第 18 条规定的程序，制作并当场交付查封、扣押决定书和清单。查封、扣押决定书应当载明下列事项：查封、扣押的理由、依据和期限。因此，当场扣押应当场告知扣押的理由和依据。故 B 选项说法正确，不当选。

根据《行政强制法》第 23 条第 1 款的规定，查封、扣押限于涉案的场所、设施或者财物，不得查封、扣押与违法行为无关的场所、设施或者财物；不得查封、扣押公民个人及其所扶养家属的生活必需品。因此，由于运输烟花爆竹的车辆属于与违法行为无关的财物，所以不得扣押。故 C 选项说法正确，不当选。

根据《行政强制法》第 25 条第 3 款的规定，检测、检验、检疫或者技术鉴定的费用由行政机关承担。因此，对扣押物品发生的检测费用由区公安分局承担，并非由孙某承担。故 D 选项说法错误，当选。

92. 考点 扣押程序

答案 ABC

解析 根据《行政强制法》第 18 条第 1 项的规定，行政机关实施行政强制措施应当遵守：实施前须向行政机关负责人报告并经批准。根据《行政强制法》第 19 条的规定，情况紧急，需要当场实施行政强制措施的，行政执法人员应当在 24 小时内向行政机关负责人报告，并补办批准手续。本题中的情况不属于需要当场实施行政强制措施的情形，因此行政执法人员实施扣押前须向行政机关负责人报告并经批准。故 A 选项说法正确。

根据《行政强制法》第 18 条第 7 项的规定，行政机关实施行政强制措施应当遵守：制作现场笔录。因此，实施扣押时应当制作现场笔录。故 B 选项说法正确。

根据《行政强制法》第 18 条第 6 项的规定，行政机关实施行政强制措施应当遵守：听取当事人的陈述和申辩。因此，区市监分局扣押物品时应当听取肖某的陈述和申辩。故 C 选项说法正确。

根据《行政强制法》第 17 条第 1 款的规定，行政强制措施由法律、法规规定的行政机关在法定职权范围内实施。行政强制措施权不得委托。因此，区市监分局不能委托街道办事处实施扣押。故 D 选项说法错误。

93. [考 点] 扣押程序

[答 案] D

[解 析] 根据《行政强制法》第 18 条第 3 项的规定，行政机关实施行政强制措施应当遵守：出示执法身份证件。因此，质监局执法人员现场检查应出示执法身份证件。故 A 选项说法正确，不当选。

根据《行政强制法》第 18 条第 4 项的规定，行政机关实施行政强制措施应当遵守：通知当事人到场。因此，质监局扣押瓷砖应通知某装饰工程有限责任公司相关人员到场。故 B 选项说法正确，不当选。

根据《行政强制法》第 24 条第 3 款的规定，查封、扣押清单一式二份，由当事人和行政机关分别保存。因此，扣押涉案物品清单一式二份，由某装饰工程有限责任公司和质监局分别保存。故 C 选项说法正确，不当选。

根据《行政强制法》第 25 条第 1 款的规定，查封、扣押的期限不得超过 30 日；情况复杂的，经行政机关负责人批准，可以延长，但是延长期限不得超过 30 日。法律、行政法规另有规定的除外。因此原则上，扣押的期限不得超过 30 日；情况复杂的，可以延长，但是延长期限不得超过 30 日。法律、行政法规另有规定的除外。根据《关于实施〈中华人民共和国产品质量法〉若干问题的意见》的规定，扣押期限为 3 个月，就属于法律另有规定的情形，所以扣押期限 3 个月合法。故 D 选项说法错误，当选。

94. [考 点] 扣押程序

[答 案] AB

[解 析] 根据《行政强制法》第 17 条第 3 款的规定，行政强制措施应当由行政机关具备资格的行政执法人员实施，其他人员不得实施。因此，扣押水果应由县住房和城乡建设局具备资格的行政执法人员实施。故 A 选项说法正确。

根据《行政强制法》第 18 条第 5 项的规定，行政机关实施行政强制措施应当遵守：当场告知当事人采取行政强制措施的理由、依据以及当事人依法享有的权利、救济途径。因此，城建监察大队应当场告知史某采取行政强制措施的理由、依据。故 B 选项说法正确。

根据《行政强制法》第26条第3款的规定，因查封、扣押发生的保管费用由行政机关承担。因此，所扣押水果的保管费用应由县住房和城乡建设局承担，而非由史某承担。故 C 选项说法错误。

根据《行政强制法》第26条第1款的规定，对查封、扣押的场所、设施或者财物，行政机关应当妥善保管，不得使用或者损毁；造成损失的，应当承担赔偿责任。水果属于不易保管的财物，应当及时拍卖或者变卖，城建监察大队未解除扣押亦未将所扣押水果作变卖处理，致使被扣押水果全部损毁，应当承担赔偿责任，而非补偿责任。故 D 选项说法错误。

95. [考点] 行政强制执行主体

[答案] **ABD**

[解析] 根据《行政处罚法》第72条第1款的规定，当事人逾期不履行行政处罚决定的，作出行政处罚决定的行政机关可以采取下列措施：①到期不缴纳罚款的，每日按罚款数额的3%加处罚款，加处罚款的数额不得超出罚款的数额；②根据法律规定，将查封、扣押的财物拍卖、依法处理或者将冻结的存款、汇款划拨抵缴罚款；③根据法律规定，采取其他行政强制执行方式；④依照《行政强制法》的规定申请人民法院强制执行。由此可知，市场监督管理局可以按每日罚款数额的3%加处罚款。故 A 选项当选。市场监督管理局可以申请法院强制执行。故 D 选项当选。法律规定的行政机关能将冻结的存款划拨抵缴罚款，但法律没有规定市场监督管理局有划拨执行权。故 C 选项不当选。

根据《行政强制法》第46条第3款的规定，没有行政强制执行权的行政机关应当申请人民法院强制执行。但是，当事人在法定期限内不申请行政复议或者提起行政诉讼，经催告仍不履行的，在实施行政管理过程中已经采取查封、扣押措施的行政机关，可以将查封、扣押的财物依法拍卖抵缴罚款。县市场监督管理局对某企业的违法行为进行执法检查时已经依法扣押该企业的货物，故可以将查封、扣押的财物依法拍卖抵缴罚款。故 B 选项当选。

96. [考点] 代履行

[答案] **ABD**

[解析] 根据《行政强制法》第51条第1款第1项的规定，代履行前送达决定书，代履行决定书应当载明当事人的姓名或者名称、地址，代履行的理由和

依据、方式和时间、标的、费用预算以及代履行人。因此，区综合行政执法局代履行前应向某渔业养殖公司送达代履行决定书。故 A 选项说法正确。

根据《行政强制法》第 51 条第 1 款第 2 项的规定，代履行 3 日前，催告当事人履行，当事人履行的，停止代履行。因此，区综合行政执法局代履行 3 日前，应催告某渔业养殖公司履行义务。故 B 选项说法正确。

根据《行政强制法》第 51 条第 2 款的规定，代履行的费用按照成本合理确定，由当事人承担。但是，法律另有规定的除外。由此可知，代履行的费用一般由当事人承担。故 C 选项说法错误。

根据《行政强制法》第 50 条的规定，行政机关依法作出要求当事人履行排除妨碍、恢复原状等义务的行政决定，当事人逾期不履行，经催告仍不履行，其后果已经或者将危害交通安全、造成环境污染或者破坏自然资源的，行政机关可以代履行，或者委托没有利害关系的第三人代履行。因此，区综合行政执法局可以委托没有利害关系的第三人代履行。故 D 选项说法正确。

97. 考点 行政强制执行的实施

答案 AD

解析 根据《行政强制法》第 45 条第 2 款的规定，加处罚款或者滞纳金的数额不得超出金钱给付义务的数额。由此可知，某市卫计委加处的滞纳金数额不得超过社会抚养费 12 万元。故 A 选项说法正确。

根据《行政强制法》第 39 条第 1 款第 1 项的规定，当事人履行行政决定确有困难或者暂无履行能力的，中止执行。该条第 2 款规定，中止执行的情形消失后，行政机关应当恢复执行。对没有明显社会危害，当事人确无能力履行，中止执行满 3 年未恢复执行的，行政机关不再执行。由此可知，刘某、赵某 2 人履行行政决定确有困难的，某市卫计委应中止执行，而不是终结执行。故 B 选项说法错误。

根据《行政强制法》第 42 条第 1 款的规定，实施行政强制执行，行政机关可以在不损害公共利益和他人合法权益的情况下，与当事人达成执行协议。执行协议可以约定分阶段履行；当事人采取补救措施的，可以减免加处的罚款或者滞纳金。由此可知，在行政强制执行中，某市卫计委是可以与刘某、赵某 2 人达成执行协议的。故 C 选项说法错误。

根据《行政强制法》第 54 条的规定，行政机关申请人民法院强制执行前，应当催告当事人履行义务。催告书送达 10 日后当事人仍未履行义务的，行政机关可以向所在地有管辖权的人民法院申请强制执行；执行对象是不动产的，向不动产所在地有管辖权的人民法院申请强制执行。因此，某市卫计委申请人民法院强制执行前，应当催告刘某、赵某 2 人履行义务。故 D 选项说法正确。

98. [考点] 行政机关申请法院强制执行程序

[答案] ABC

[解析] 根据《行政强制法》第 54 条的规定，行政机关申请人民法院强制执行前，应当催告当事人履行义务。催告书送达 10 日后当事人仍未履行义务的，行政机关可以向所在地有管辖权的人民法院申请强制执行；执行对象是不动产的，向不动产所在地有管辖权的人民法院申请强制执行。《行诉解释》第 157 条第 1 款规定，行政机关申请人民法院强制执行其行政行为的，由申请人所在地的基层人民法院受理；执行对象为不动产的，由不动产所在地的基层人民法院受理。因此，城市管理行政执法局申请法院强制执行前，应当催告某能源公司履行义务，应当向其所在地的基层法院申请强制执行。故 AB 选项说法正确。

根据《行政强制法》第 53 条的规定，当事人在法定期限内不申请行政复议或者提起行政诉讼，又不履行行政决定的，没有行政强制执行权的行政机关可以自期限届满之日起 3 个月内，依照本章规定申请人民法院强制执行。《行诉解释》第 156 条规定，没有强制执行权的行政机关申请人民法院强制执行其行政行为，应当自被执行人的法定起诉期限届满之日起 3 个月内提出。逾期申请的，除有正当理由外，人民法院不予受理。因此，城市管理行政执法局应当自某能源公司的法定起诉期限届满之日起 3 个月内申请强制执行。故 C 选项说法正确。

根据《行政强制法》第 57 条的规定，人民法院对行政机关强制执行的申请进行书面审查，对符合申请强制执行材料，且行政决定具备法定执行效力的，除明显违法的情形外，人民法院应当自受理之日起 7 日内作出执行裁定。《行政强制法》第 58 条第 1、2 款规定，人民法院发现有下列情形之一的，在作出裁定前可以听取被执行人和行政机关的意见：①明显缺乏事实根据的；②明显缺乏法律、法规依据的；③其他明显违法并损害被执行人合法权益的。人民法院应当自受理之日起 30 日内作出是否执行的裁定。裁定不予执行的，应当说明理由，并在 5 日内将不予执行的裁定送达行政机关。由此可知，一般情况下法院应当自受理之日起 7 日内作出执行裁定，只有法院发现行政决定明显重大违法的情形时，应当自受理之日起 30 日内作出是否执行的裁定。在本案中，法院并没有发现城市管理行政执法局的行政决定明显重大违法，应当在受理城市管理行政执法局申请后的 7 日内作出是否准予执行的裁定。故 D 选项说法错误。

99. [考 点] 行政执法人员

[答 案] ABD

[解 析] 根据《行政处罚法》第 42 条第 1 款的规定，行政处罚应当由具有行政执法资格的执法人员实施。执法人员不得少于 2 人，法律另有规定的除外。因此，实施行政处罚的执法人员不得少于 2 人。故 A 选项说法正确。注意：2021 年 1 月修订前的《行政处罚法》规定，当场实施处罚的简易程序中执法人员可以是 1 人，但 2021 年 1 月修订后的《行政处罚法》要求不管是普通程序还是简易程序，执法人员都不得少于 2 人。

根据《治安管理处罚法》第 87 条第 1 款的规定，公安机关对与违反治安管理行为有关的场所、物品、人身可以进行检查。检查时，人民警察不得少于 2 人，并应当出示工作证件和县级以上人民政府公安机关开具的检查证明文件。对确有必要立即进行检查的，人民警察经出示工作证件，可以当场检查，但检查公民住所应当出示县级以上人民政府公安机关开具的检查证明文件。因此，对公民住所进行治安检查的人民警察不得少于 2 人。故 B 选项说法正确。

根据《行政许可法》第 34 条第 3 款的规定，根据法定条件和程序，需要对申请材料的实质内容进行核实的，行政机关应当指派 2 名以上工作人员进行核查。但对行政许可申请材料的受理审查属于形式审查，《行政许可法》没有要求审查的工作人员不得少于 2 人。故 C 选项说法不正确。

根据《行政强制法》第 18 条第 2 项的规定，行政机关实施行政强制措施应当遵守：由 2 名以上行政执法人员实施。因此，当场采取扣押行政强制措施的执法人员不得少于 2 人。故 D 选项说法正确。

100. [考 点] 行政费用的承担

[答 案] AB

解 析 根据《行政许可法》第 47 条第 2 款的规定，申请人、利害关系人不承担行政机关组织听证的费用。根据《行政处罚法》第 63 条第 2 款的规定，当事人不承担行政机关组织听证的费用。因此，行政许可听证和行政处罚听证中的当事人都不承担组织听证的费用。故 A 选项说法正确。

根据《行政强制法》第 26 条第 3 款的规定，因查封、扣押发生的保管费用由行政机关承担。因此，查封的当事人不承担因查封发生的保管费用。故 B 选项说法正确。

根据《行政强制法》第 60 条第 1 款的规定，行政机关申请人民法院强制执行，不缴纳申请费。强制执行的费用由被执行人承担。因此，行政机关申请法院强制执行的，被执行人应承担强制执行的费用。故 C 选项说法错误。

根据《行政强制法》第 51 条第 2 款的规定，代履行的费用按照成本合理确定，由当事人承担。但是，法律另有规定的除外。因此，原则上由当事人承担代履行的费用，除非法律另有规定。故 D 选项说法错误。

第9章 行政公开

第⑩讲 政府信息公开

101. 关于公民申请公开政府信息，下列哪些说法是正确的？（　　）（多选）

A. 公民申请获取政府信息可以数据电文方式提出

B. 公民申请获取政府信息应当向行政机关的政府信息公开工作机构提出

C. 公民认为行政机关未按照要求主动公开政府信息的，可以向监察机关举报

D. 公民认为行政机关在政府信息公开工作中侵犯其合法权益的，可以申请行政复议

[考 点] 公民申请公开政府信息与救济

102. 2020 年 3 月 2 日，北京市政府召开新闻发布会向社会通报在湖北监狱刑满释放人员黄某离开武汉进入北京的细节。由于涉及黄某的个人隐私，根据《政府信息公开条例》的规定，下列哪一项说法是正确的？（　　）（单选）

A. 不得公开　　　　　　　　　　B. 黄某不同意公开的不予公开

C. 予以公开　　　　　　　　　　D. 只有经黄某同意后才能公开

[考 点] 政府信息公开的范围

103. 刘某系某集体企业职工，该企业经区政府批准后并入另一家集体企业。刘某向区政府申请公开该企业合并的全部档案。区政府作出拒绝公开的答复，理由是企业合并的档案涉及第三方，且已口头征询其意见，其答复是该文件涉及商业秘密，不同意公开。下列说法错误的有：（　　）（多选）

A. 刘某不得口头申请公开

B. 刘某应当证明其申请公开的信息与其自身有利害关系

    C. 区政府拒绝公开该企业合并档案的行为合法

    D. 区政府可以向刘某收取必要的信息公开成本费用

[考点] 公民申请公开政府信息

104. 因一高压线路经过某居民小区，该小区居民李某向某市规划局申请公开高压线路图。某市规划局拒绝公开。下列哪一说法是正确的？（   ）（单选）

    A. 李某通过邮寄方式提交申请的，以李某提交之日为某市规划局收到申请之日

    B. 李某申请公开信息时应当提供身份证明文件

    C. 因李某不具有申请人资格，某市规划局拒绝公开合法

    D. 某市规划局作出不予公开决定的，可以不说明理由

[考点] 公民申请公开政府信息

105. 2016年9月，李某向某市民政局提出口头申请，要求公开参战人员补贴的相关文件，某市民政局当场告知李某该文件属于机密文件。同年10月10日，李某向某市民政局邮寄相同内容的信息公开申请书，某市民政局于同年11月3日作出答复："关于参战退役人员身份认定等有关具体问题的处理意见，是国家民政部于2007年以机密文件下发，发放权限到地级市，按有关规定，机密件不对外公开。"下列哪些说法是不正确的？（   ）（多选）

    A. 李某只能书面提出信息公开申请

    B. 市民政局可以要求李某说明理由

    C. 市民政局应当在收到李某申请之日起15个工作日内作出答复

    D. 市民政局拒绝公开是合法的

[考点] 依申请公开政府信息程序

106. 某环保公益组织以一企业造成环境污染为由提起环境公益诉讼，后因诉讼需要，向县生态环境局申请公开该企业的环境影响评价报告、排污许可证信息，申请公开的政府信息涉及企业的商业秘密。县生态环境局向该企业征求意见。下列哪些说法是不正确的？（   ）（多选）

    A. 县生态环境局可以口头方式征求该企业的意见

    B. 该企业应当在15个工作日内提出意见

    C. 该企业不同意公开的，县生态环境局即不予公开

    D. 若县生态环境局决定予以公开的，应当将决定公开的理由书面告知该企业

[考点] 组织申请公开政府信息

107. 关于政府信息公开中对行政机关的要求，下列哪一种说法不符合《政府信息公开条例》？（　　）（单选）

A. 行政机关公开政府信息不得危及国家安全、公共安全、经济安全和社会稳定

B. 行政机关获取的其他行政机关的政府信息，由保存该政府信息的行政机关负责公开

C. 属于主动公开范围的政府信息，行政机关一般应当自该政府信息形成之日起 20 个工作日内予以公开

D. 行政机关应当主动公开涉及公众利益调整的政府信息

[考 点] 行政机关公开政府信息

108. 在政府信息公开中，申请人申请公开政府信息的数量、频次明显超过合理范围的，行政机关可以采取哪些措施？（　　）（多选）

A. 行政机关可以要求申请人说明理由

B. 行政机关可以直接告知申请人不予处理

C. 行政机关可以收取信息处理费

D. 公安机关可以对申请人予以治安处罚

[考 点] 滥用信息公开申请权的规制

109. 田某认为区人社局记载有关他的社会保障信息有误，要求更正。下列说法正确的有：（　　）（任选）

A. 田某应当提供有关他的社会保障信息有误的证据

B. 区人社局有权更正的，应当予以更正并告知田某

C. 不属于区人社局职能范围的，区人社局告知田某不予受理

D. 不属于区人社局职能范围的，区人社局告知田某不予更正

[考 点] 政府信息更正

110. 下列哪些说法不符合《政府信息公开条例》？（　　）（多选）

A. 2 个以上行政机关共同制作的政府信息，由共同制作的行政机关负责公开

B. 行政机关的内部事务信息、行政机关在履行行政管理职能过程中形成的过程性信息以及行政执法案卷信息，不得公开

C. 申请人所申请公开信息不属于本行政机关负责公开的，告知申请人不予处理

D. 行政机关依申请公开政府信息，应当根据申请人的要求确定提供政府信息的具体形式

[考点] 政府信息公开的机关、范围与程序

答案及解析

101. [考点] 公民申请公开政府信息与救济

[答案] ABD

[解析] 根据《政府信息公开条例》第 29 条第 1 款的规定，公民、法人或者其他组织申请获取政府信息的，应当向行政机关的政府信息公开工作机构提出，并采用包括信件、数据电文在内的书面形式；采用书面形式确有困难的，申请人可以口头提出，由受理该申请的政府信息公开工作机构代为填写政府信息公开申请。公民申请获取政府信息应当采用书面形式，书面形式包括数据电文。故 A 选项说法正确。公民申请获取政府信息的，应当向行政机关的政府信息公开工作机构提出。故 B 选项说法也正确。

根据《政府信息公开条例》第 47 条第 2 款的规定，公民、法人或者其他组织认为行政机关未按照要求主动公开政府信息或者对政府信息公开申请不依法答复处理的，可以向政府信息公开工作主管部门提出。政府信息公开工作主管部门查证属实的，应当予以督促整改或者通报批评。同法第 51 条规定，公民、法人或者其他组织认为行政机关在政府信息公开工作中侵犯其合法权益的，可以向上一级行政机关或者政府信息公开工作主管部门投诉、举报，也可以依法申请行政复议或者提起行政诉讼。由此可知，公民认为行政机关未按照要求主动公开政府信息的，可以向政府信息公开工作主管部门提出，由政府信息公开工作主管部门予以督促整改或者通报批评，而不是向监察机关举报。故 C 选项说法不正确。公民认为行政机关在政府信息公开工作中侵犯其合法权益的，可以申请行政复议。故 D 选项说法正确。

102. [考点] 政府信息公开的范围

[答案] C

[解析] 根据《政府信息公开条例》第 15 条的规定，涉及商业秘密、个人隐私等公开会对第三方合法权益造成损害的政府信息，行政机关不得公开。但是，第三方同意公开或者行政机关认为不公开会对公共利益造成重大影

响的，予以公开。由于刑满释放人员黄某离开武汉进入北京的细节涉及疫情防控的重大公共利益，不公开会对公共利益造成重大影响。因此，对黄某的个人隐私信息予以公开。故 C 选项说法正确。

103. [考点]公民申请公开政府信息

[答案]ABCD

[解析]根据《政府信息公开条例》第 29 条第 1 款的规定，公民、法人或者其他组织申请获取政府信息的，应当向行政机关的政府信息公开工作机构提出，并采用包括信件、数据电文在内的书面形式；采用书面形式确有困难的，申请人可以口头提出，由受理该申请的政府信息公开工作机构代为填写政府信息公开申请。由此可知，申请人采用书面形式确有困难的，可以口头提出。故 A 选项说法错误，当选。

公民申请获取政府信息是公民行使知情权，无须与申请的政府信息存在利害关系。因此，《政府信息公开条例》没有要求申请人与申请公开的政府信息具有利害关系。故 B 选项说法错误，当选。

根据《政府信息公开条例》第 32 条的规定，依申请公开的政府信息公开会损害第三方合法权益的，行政机关应当书面征求第三方的意见。第三方应当自收到征求意见书之日起 15 个工作日内提出意见。第三方逾期未提出意见的，由行政机关依照本条例的规定决定是否公开。第三方不同意公开且有合理理由的，行政机关不予公开。行政机关认为不公开可能对公共利益造成重大影响的，可以决定予以公开，并将决定公开的政府信息内容和理由书面告知第三方。由此可知，行政机关应当书面征求而不是口头征询第三方的意见，第三方不同意公开且有合理理由的，行政机关不予公开。故 C 选项说法错误，当选。

根据《政府信息公开条例》第 42 条第 1 款的规定，行政机关依申请提供政府信息，不收取费用。但是，申请人申请公开政府信息的数量、频次明显超过合理范围的，行政机关可以收取信息处理费。因此，行政机关依申请提供政府信息的，不再收取费用，包括信息公开的成本费用，所以区政府不得向刘某收取信息公开的成本费用。故 D 选项说法错误，当选。

104. [考点]公民申请公开政府信息

[答案]B

解 析 根据《政府信息公开条例》第31条第2项的规定，行政机关收到政府信息公开申请的时间，按照下列规定确定：申请人以邮寄方式提交政府信息公开申请的，以行政机关签收之日为收到申请之日；以平常信函等无需签收的邮寄方式提交政府信息公开申请的，政府信息公开工作机构应当于收到申请的当日与申请人确认，确认之日为收到申请之日。因此，李某通过邮寄方式提交申请的，以行政机关签收之日为某市规划局收到申请之日，而不是以李某提交之日为某市规划局收到申请之日。故A选项说法错误。

根据《政府信息公开条例》第29条第2款的规定，政府信息公开申请应当包括下列内容：①申请人的姓名或者名称、身份证明、联系方式；②申请公开的政府信息的名称、文号或者便于行政机关查询的其他特征性描述；③申请公开的政府信息的形式要求，包括获取信息的方式、途径。因此李某申请公开信息时需要提供身份证明文件。故B选项说法正确。

根据《政府信息公开条例》第27条的规定，除行政机关主动公开的政府信息外，公民、法人或者其他组织可以向地方各级人民政府、对外以自己名义履行行政管理职能的县级以上人民政府部门（含本条例第10条第2款规定的派出机构、内设机构）申请获取相关政府信息。由此可知，《政府信息公开条例》对政府信息公开申请人是没有资格限制的，某市规划局以李某不具有申请人资格拒绝公开不合法。故C选项说法错误。

根据《政府信息公开条例》第36条第3项的规定，对政府信息公开申请，行政机关依据本条例的规定决定不予公开的，告知申请人不予公开并说明理由。因此，市规划局作出不予公开决定的，应当说明理由。故D选项说法错误。

105. [考点] 依申请公开政府信息程序

[答案] ABC

[解析] 根据《政府信息公开条例》第29条第1款的规定，公民、法人或者其他组织申请获取政府信息的，应当向行政机关的政府信息公开工作机构提出，并采用包括信件、数据电文在内的书面形式；采用书面形式确有困难的，申请人可以口头提出，由受理该申请的政府信息公开工作机构代为填写政府信息公开申请。由此可知，李某可以口头提出申请。故A选项说法错误，当选。

根据《政府信息公开条例》第35条的规定，申请人申请公开政府信息的数量、频次明显超过合理范围，行政机关可以要求申请人说明理由。行政机关认为申请理由不合理的，告知申请人不予处理；行政机关认为申请理由合理，但是无法在本条例第33条规定的期限内答复申请人的，可以确定延迟答复的合理期限并告知申请人。由此可知，只有在申请人申请公开政府信息的数量、频次明显超过合理范围时，行政机关才可以要求申请人说明理由。因此，市民政局不能要求李某说明理由。故 B 选项说法错误，当选。

根据《政府信息公开条例》第33条第1、2款的规定，行政机关收到政府信息公开申请，能够当场答复的，应当当场予以答复。行政机关不能当场答复的，应当自收到申请之日起20个工作日内予以答复；需要延长答复期限的，应当经政府信息公开工作机构负责人同意并告知申请人，延长的期限最长不得超过20个工作日。因此，市民政局收到李某申请，能够当场答复的，应当当场予以答复。不能当场答复的，应当自收到申请之日起20个工作日内予以答复。故 C 选项说法错误，当选。

根据《政府信息公开条例》第14条的规定，依法确定为国家秘密的政府信息，法律、行政法规禁止公开的政府信息，以及公开后可能危及国家安全、公共安全、经济安全、社会稳定的政府信息，不予公开。因此，李某申请公开的信息为国家秘密的政府信息，市民政局按照规定拒绝公开是合法的。故 D 选项说法正确，不当选。

106. [考点] 组织申请公开政府信息

[答案] AC

[解析] 根据《政府信息公开条例》第32条的规定，依申请公开的政府信息公开会损害第三方合法权益的，行政机关应当书面征求第三方的意见。第三方应当自收到征求意见书之日起15个工作日内提出意见。第三方逾期未提出意见的，由行政机关依照本条例的规定决定是否公开。第三方不同意公开且有合理理由的，行政机关不予公开。行政机关认为不公开可能对公共利益造成重大影响的，可以决定予以公开，并将决定公开的政府信息内容和理由书面告知第三方。因此，申请公开的政府信息涉及企业的商业秘密，县生态环境局应当书面征求该企业的意见，不得以口头方式征求该企业的意见。故 A 选项说法不正确，当选。该企业应当自收到征求意见书之日起15个工作日内提出意见。故 B 选项说法正确，不当选。该企业不同意公开且有合理理由的，县生态环境局不予公开，但是县生态环境局认为不

公开可能对公共利益造成重大影响的，可以决定予以公开。C选项说法过于绝对，故不正确，当选。若县生态环境局决定予以公开的，不仅应当将决定公开的政府信息内容书面告知该企业，还应当将决定公开的理由书面告知该企业。故D选项说法正确，不当选。

107. [考点] 行政机关公开政府信息

[答案] B

[解析] 根据《政府信息公开条例》第14条的规定，依法确定为国家秘密的政府信息，法律、行政法规禁止公开的政府信息，以及公开后可能危及国家安全、公共安全、经济安全、社会稳定的政府信息，不予公开。因此，影响"三安全一稳定"的信息不得公开。故A选项说法符合《政府信息公开条例》，不当选。

根据《政府信息公开条例》第10条第1款的规定，行政机关制作的政府信息，由制作该政府信息的行政机关负责公开。行政机关从公民、法人和其他组织获取的政府信息，由保存该政府信息的行政机关负责公开；行政机关获取的其他行政机关的政府信息，由制作或者最初获取该政府信息的行政机关负责公开。法律、法规对政府信息公开的权限另有规定的，从其规定。由此可知，行政机关获取的政府信息有两类，行政机关从公民、法人和其他组织获取的政府信息，由保存该政府信息的行政机关负责公开；行政机关获取的其他行政机关的政府信息，由制作或者最初获取该政府信息的行政机关负责公开。故B选项说法不符合《政府信息公开条例》，当选。

根据《政府信息公开条例》第26条的规定，属于主动公开范围的政府信息，应当自该政府信息形成或者变更之日起20个工作日内及时公开。法律、法规对政府信息公开的期限另有规定的，从其规定。因此，行政机关一般应当自政府信息形成之日起20个工作日内主动公开。故C选项说法符合《政府信息公开条例》，不当选。

根据《政府信息公开条例》第19条的规定，对涉及公众利益调整、需要公众广泛知晓或者需要公众参与决策的政府信息，行政机关应当主动公开。故D选项说法符合《政府信息公开条例》，不当选。

108. [考点] 滥用信息公开申请权的规制

[答案] AC

解析 根据《政府信息公开条例》第35条的规定，申请人申请公开政府信息的数量、频次明显超过合理范围，行政机关可以要求申请人说明理由。行政机关认为申请理由不合理的，告知申请人不予处理；行政机关认为申请理由合理，但是无法在本条例第33条规定的期限内答复申请人的，可以确定延迟答复的合理期限并告知申请人。由此可知，行政机关可以要求申请人说明理由。故 A 选项当选。行政机关认为申请理由不合理的，告知申请人不予处理。故 B 选项中行政机关直接告知申请人不予处理的说法错误，不当选。

根据《政府信息公开条例》第42条第1款的规定，行政机关依申请提供政府信息，不收取费用。但是，申请人申请公开政府信息的数量、频次明显超过合理范围的，行政机关可以收取信息处理费。因此，行政机关可以向申请人收取信息处理费。故 C 选项当选。

《政府信息公开条例》和《治安管理处罚法》没有规定对申请人申请公开政府信息的数量、频次明显超过合理范围予以处罚，根据"法无授权不可为"，公安机关无权对申请人予以治安处罚。故 D 选项不当选。

109. [考点] 政府信息更正

[答案] A

解析 根据《政府信息公开条例》第41条的规定，公民、法人或者其他组织有证据证明行政机关提供的与其自身相关的政府信息记录不准确的，可以要求行政机关更正。有权更正的行政机关审核属实的，应当予以更正并告知申请人；不属于本行政机关职能范围的，行政机关可以转送有权更正的行政机关处理并告知申请人，或者告知申请人向有权更正的行政机关提出。田某认为区人社局记载有关他的社会保障信息有误，应当提供信息有误的证据。故 A 选项正确。区人社局有权更正并审核属实的，区人社局应当予以更正并告知田某。故 B 选项不正确。不属于区人社局职能范围的，区人社局可以转送有权更正的行政机关处理并告知田某，或者告知田某向有权更正的行政机关提出。故 CD 选项不正确。

110. [考点] 政府信息公开的机关、范围与程序

[答案] ABCD

解析 根据《政府信息公开条例》第10条第3款的规定，2个以上行政机

关共同制作的政府信息，由牵头制作的行政机关负责公开。由此可知，2个以上行政机关共同制作的政府信息，由牵头制作的行政机关负责公开，不是由共同制作的行政机关负责公开。故 A 选项说法不符合《政府信息公开条例》，当选。

根据《政府信息公开条例》第 16 条的规定，行政机关的内部事务信息，包括人事管理、后勤管理、内部工作流程等方面的信息，可以不予公开。行政机关在履行行政管理职能过程中形成的讨论记录、过程稿、磋商信函、请示报告等过程性信息以及行政执法案卷信息，可以不予公开。法律、法规、规章规定上述信息应当公开的，从其规定。由此可知，行政机关的内部事务信息、行政机关在履行行政管理职能过程中形成的过程性信息以及行政执法案卷信息，是"可以不予公开"，不是"不得公开"。故 B 选项说法不符合《政府信息公开条例》，当选。

根据《政府信息公开条例》第 36 条第 5 项的规定，对政府信息公开申请，行政机关根据下列情况分别作出答复：所申请公开信息不属于本行政机关负责公开的，告知申请人并说明理由；能够确定负责公开该政府信息的行政机关的，告知申请人该行政机关的名称、联系方式。由此可知，申请人所申请公开信息不属于本行政机关负责公开的，告知申请人并说明理由（如果能够确定负责公开该政府信息的行政机关的，告知申请人该行政机关的名称、联系方式），而不是不予处理。故 C 选项说法不符合《政府信息公开条例》，当选。

根据《政府信息公开条例》第 40 条的规定，行政机关依申请公开政府信息，应当根据申请人的要求及行政机关保存政府信息的实际情况，确定提供政府信息的具体形式；按照申请人要求的形式提供政府信息，可能危及政府信息载体安全或者公开成本过高的，可以通过电子数据以及其他适当形式提供，或者安排申请人查阅、抄录相关政府信息。由此可知，行政机关依申请公开政府信息是根据申请人的要求及行政机关保存政府信息的实际情况来确定提供政府信息的具体形式。故 D 选项说法不符合《政府信息公开条例》，当选。

第10章 行政复议

第11讲 行政复议制度

111. 下列选项属于行政复议范围的是：（　　）（任选）

A. 甲村对县政府作出的关于确认集体土地所有权的决定不服申请行政复议

B. 生态环境局干部熊某对定期考核被定为不称职不服申请行政复议

C. 牛某殴打马某致其轻微伤，在公安分局主持下达成牛某向马某赔偿500元协议，牛某拒不履行协议，马某申请行政复议

D. 县政府发布全县征地补偿安置标准的文件，村民杨某以文件确定的补偿标准过低为由申请行政复议

[考点] 行政复议范围

112. 毛某等26人不服某区政府对区自然资源局报批的征地补偿安置方案所作出的《批复》，向市政府申请行政复议，市政府受理复议申请后以该批复属行政机关内部程序性行为不对外产生法律效力、不属于行政复议范围为由，作出复议决定，驳回毛某等26人的复议申请。毛某等26人不服复议决定，向人民法院提起行政诉讼。下列哪些说法是不正确的？（　　）（多选）

A. 区政府对区自然资源局报批的征地补偿安置方案所作出的《批复》属于行政复议范围

B. 毛某等26人申请行政复议应推选2至5名代表

C. 毛某等26人应当以区自然资源局为被申请人申请行政复议

D. 毛某等26人可以在收到复议决定之日起6个月内向人民法院提起行政诉讼

[考点] 行政复议范围、申请人、被申请人，行政诉讼起诉期限

113. 位于某省甲市的某海关以某企业偷税为由，决定予以罚款 2 万元。某企业不服，申请行政复议。有关本案的复议机关，下列哪一选项是正确的？
（ ）（单选）

A. 复议机关为某海关

B. 复议机关为甲市政府

C. 复议机关为某省政府

D. 复议机关为某海关的上一级海关

[考 点] 行政复议机关

114. 某市的区公安分局派出所突击检查黄某经营的洗浴城，黄某向正在卖淫嫖娼的人员通风报信，使得派出所突击检查一无所获。派出所工作人员将黄某带回调查，黄某因受到逼供而说出实情。派出所据此决定对黄某罚款 500 元，黄某不服申请行政复议。下列哪些选项是正确的？（ ）（多选）

A. 区公安分局派出所是被申请人

B. 区公安分局是被申请人

C. 区公安分局是复议机关

D. 区政府是复议机关

[考 点] 行政复议被申请人与行政复议机关

115. 关于行政复议的管辖，下列说法错误的有：（ ）（多选）

A. 对国家市场监管总局作出的行政处罚决定不服的，当事人可以向国务院申请复议

B. 对某市人民银行作出的行政处罚决定不服的，当事人可以向某市人民政府申请复议

C. 对某省政府作出的行政处罚决定不服的，当事人可以向某省政府申请复议

D. 对某省国家安全厅作出的行政处罚决定不服的，当事人可以向某省政府申请复议

[考 点] 行政复议管辖

116. 关于行政复议申请人，下列说法正确的是：（ ）（任选）

A. 合伙企业申请行政复议的，应当以核准登记的企业为申请人

B. 对行政机关作出的具体行政行为侵犯股份制企业合法权益申请行政复议的，股份制企业的股东大会可以自己名义申请复议

C. 有权申请行政复议的公民死亡的，其父母可以其名义申请行政复议

D. 同一行政复议案件申请人超过 5 人的，应推选 2 至 5 名代表参加行政复议

[考点] 行政复议申请人

117. 某县生态环境局以某公司的排污行为违反《环境保护法》为由，作出处罚决定。该公司不服，申请行政复议。关于此案，下列哪些说法是正确的？（　　）（多选）

A. 申请复议期限为 30 日

B. 该公司可以采取邮寄方式提出复议申请

C. 复议机关只对处罚决定进行合法性审查

D. 在复议过程中县生态环境局不得自行向该公司收集证据

[考点] 行政复议程序

118.《集会游行示威法》第 13 条规定："集会、游行、示威的负责人对主管机关不许可的决定不服的，可以自接到决定通知之日起 3 日内，向同级人民政府申请复议，人民政府应当自接到申请复议书之日起 3 日内作出决定。"2015 年 7 月初，张某向县公安局申请集会许可，县公安局经审查后决定不予许可。张某准备向县政府申请复议。下列说法正确的有：（　　）（多选）

A. 若张某申请复议，申请复议的期限应为 3 日

B. 若张某申请复议，申请复议的期限应为 60 日

C. 若县政府受理复议申请，复议审查期限应为 3 日

D. 若县政府受理复议申请，复议审查期限应为 60 日

[考点] 行政复议申请期限与审查期限

119. 某市市场监督管理局对美誉公司未取得出版物经营许可证销售电子出版物 100 套的行为，作出罚款 6000 元的决定。该公司向市政府申请复议。下列哪些说法是不正确的？（　　）（多选）

A. 应当由 2 名以上行政复议人员参加行政复议案件的审理

B. 市场监督管理局提出采取听证方式审理要求的，应采取听证方式审理

C. 行政复议期间市场监督管理局不得改变罚款决定

D. 如处罚决定认定事实不清、证据不足，市政府不能作出变更决定

[考点] 行政复议审理与决定

120. 某市县食药局认定某公司用超保质期的食品原料生产食品，根据《食品安全法》没收违法生产的食品和违法所得，并处 5 万元罚款。公司不服向县政府申请行政复议。下列哪些说法是不正确的？（　　）（多选）

　　A. 县政府应采取开庭审理方式审查此案

　　B. 行政复议期间公司申请停止执行罚款决定，县政府认为其要求合理，可以决定停止执行

　　C. 县政府不能进行调解

　　D. 公司如在复议决定作出前撤回申请，行政复议中止

　　[考 点] 行政复议程序

　　根据《治安管理处罚法》第 64 条第 1 项的规定，偷开他人机动车的，处 500 元以上 1000 元以下罚款；情节严重的，处 10 日以上 15 日以下拘留，并处 500 元以上 1000 元以下罚款。王某因偷开陶某的轿车被县公安局处以行政拘留 12 日，并处罚款 800 元。王某承认自己确实偷开陶某的轿车，但认为县公安局的处罚太重而向市公安局申请复议。请作答第 121、122 题。

121. 下列关于行政复议的说法，哪些是正确的？（　　）（多选）

　　A. 行政复议机构可以是市公安局

　　B. 县公安局应当自收到王某复议申请书副本之日起 10 日内提交行政拘留和罚款的证据

　　C. 在行政复议过程中，县公安局不得自行向王某收集证据

　　D. 行政复议中若需要对盗窃的财物进行价值鉴定的，王某可以自行委托鉴定机构进行鉴定

　　[考 点] 行政复议机构与行政复议证据

122. 关于行政复议的审理，下列哪些做法是不正确的？（　　）（多选）

　　A. 若县公安局将处罚内容变更为罚款 500 元，行政复议程序终止

　　B. 若县公安局和王某达成书面和解协议，须由陶某签字同意

　　C. 若县公安局和王某达成书面和解协议，须经市公安局局长批准

　　D. 若王某申请市公安局调解，而县公安局认为自己的处罚合法、适当，不愿接受调解，市公安局认为县公安局作为自己的下级机关，要求其接受调解

　　[考 点] 行政复议审理

123. 某省会市市场监督管理局对违法占道经营的商家甲依据市政府规章和市市场监督管理局的规定作出了暂扣营业执照和罚款的处罚，甲不服，向省市场监督管理局申请复议，并申请审查市市场监督管理局的规定。省市场监督管理局在审查的过程中，发现不仅市市场监督管理局的规定不合法，而且市政府的规章也有某些规定可能不合法。下列哪些说法是正确的？（　　）（多选）

A. 省市场监督管理局应在 30 日内对市市场监督管理局规定进行处理

B. 省市场监督管理局应在 30 日内对市政府规章进行处理

C. 省市场监督管理局应在 7 日内将市政府规章按程序转送有权机关处理

D. 有权机关应在接到转送后 60 日内对市政府规章进行处理

考点 行政复议中抽象行政行为的处理

124. 某县政府依田某申请作出复议决定，撤销某县公安局对田某车辆的错误登记，责令在 30 日内重新登记，但某县公安局拒绝进行重新登记。田某可以采取下列哪一项措施？（　　）（单选）

A. 申请法院强制执行

B. 对县公安局的拒绝行为再次申请行政复议

C. 对县公安局的拒绝行为向法院提起行政诉讼

D. 请求县政府责令县公安局登记

考点 行政复议决定的执行

答案及解析

111. 考点 行政复议范围

答案 A

解析 根据《行政复议法》第 6 条第 4 项的规定，对行政机关作出的关于确认土地、矿藏、水流、森林、山岭、草原、荒地、滩涂、海域等自然资源的所有权或者使用权的决定不服的，公民、法人或者其他组织可以依照本法申请行政复议。因此，甲村对县政府作出的关于确认集体土地所有权决定不服，可以申请行政复议。故 A 选项当选。

根据《行政复议法》第 8 条第 1 款的规定，不服行政机关作出的行政处分或者其他人事处理决定的，依照有关法律、行政法规的规定提出申诉。

生态环境局干部熊某定期考核被定为不称职，属于行政机关作出的人事处理决定，属于内部行政行为，不属于行政复议范围。故 B 选项不当选。

根据《行政复议法》第 8 条第 2 款的规定，不服行政机关对民事纠纷作出的调解或者其他处理，依法申请仲裁或者向人民法院提起诉讼。在公安分局主持下达成的牛某向马某赔偿 500 元的协议属于行政调解，不属于行政复议范围。故 C 选项不当选。

根据《行政复议法》第 7 条第 1 款的规定，公民、法人或者其他组织认为行政机关的具体行政行为所依据的下列规定不合法，在对具体行政行为申请行政复议时，可以一并向行政复议机关提出对该规定的审查申请：①国务院部门的规定；②县级以上地方各级人民政府及其工作部门的规定；③乡、镇人民政府的规定。县政府发布全县征地补偿安置标准的文件属于规定（规章以下的规范性文件），可以申请附带审查，但不属于行政复议范围。故 D 选项不当选。

112. [考点] 行政复议范围、申请人、被申请人，行政诉讼起诉期限

[答案] BCD

[解析] 根据《行政复议法》第 6 条第 11 项的规定，认为行政机关的其他具体行政行为侵犯其合法权益的，公民、法人或者其他组织可以依照本法申请行政复议。区政府对区自然资源局报批的征地补偿安置方案所作出的《批复》作为具体行政行为，应当属于行政复议范围。故 A 选项正确，不当选。

根据《行政复议法实施条例》第 8 条的规定，同一行政复议案件申请人超过 5 人的，推选 1 至 5 名代表参加行政复议。毛某等 26 人作为申请人，超过了 5 人，应推选 1 至 5 名代表参加行政复议。故 B 选项不正确，当选。

根据《行政复议法实施条例》第 13 条的规定，下级行政机关依照法律、法规、规章规定，经上级行政机关批准作出具体行政行为的，批准机关为被申请人。区自然资源局报批的征地补偿安置方案经区政府批准，毛某等 26 人应当以批准机关——区政府为被申请人申请行政复议。故 C 选项不正确，当选。

根据《行政复议法》第 19 条的规定，法律、法规规定应当先向行政复议机关申请行政复议、对行政复议决定不服再向人民法院提起行政诉讼的，行政复议机关决定不予受理或者受理后超过行政复议期限不作答复的，公

民、法人或者其他组织可以自收到不予受理决定书之日起或者行政复议期
满之日起 15 日内，依法向人民法院提起行政诉讼。由此可知，毛某等 26 人
可以在收到复议决定之日起 15 日内向人民法院提起行政诉讼。故 D 选项不
正确，当选。

113. [考点] 行政复议机关

[答案] D

[解析] 根据《行政复议法》第 10 条第 4 款的规定，公民、法人或者其他组
织对行政机关的具体行政行为不服申请行政复议的，作出具体行政行为的
行政机关是被申请人。同法第 12 条第 2 款规定，对海关、金融、国税、外
汇管理等实行垂直领导的行政机关和国家安全机关的具体行政行为不服的，
向上一级主管部门申请行政复议。某海关对某企业决定予以罚款 2 万元，
某海关为被申请人，属于垂直领导的行政机关，复议机关为某海关的上一
级海关。故 ABC 选项错误，D 选项正确。

114. [考点] 行政复议被申请人与行政复议机关

[答案] ACD

[解析] 根据《治安管理处罚法》第 91 条的规定，治安管理处罚由县级以上
人民政府公安机关决定；其中警告、500 元以下的罚款可以由公安派出所决
定。区公安分局的派出所经法律授权对黄某罚款 500 元，黄某不服申请行
政复议，被申请人应为区公安分局的派出所。故 A 选项正确，B 选项错误。

　　根据《行政复议法》第 15 条第 1 款第 2 项的规定，对《行政复议法》
第 12 条、第 13 条、第 14 条规定以外的其他行政机关、组织的具体行政行
为不服的，按照下列规定申请行政复议：对政府工作部门依法设立的派出
机构依照法律、法规或者规章规定，以自己的名义作出的具体行政行为不
服的，向设立该派出机构的部门或者该部门的本级地方人民政府申请行政
复议。区公安分局是区政府的工作部门，黄某既可以向区公安分局申请行
政复议，也可以向区政府申请行政复议。故 CD 选项正确。

115. [考点] 行政复议管辖

[答案] ABD

[解析] 根据《行政复议法》第 14 条的规定，对国务院部门或者省、自治

区、直辖市人民政府的具体行政行为不服的，向作出该具体行政行为的国务院部门或者省、自治区、直辖市人民政府申请行政复议。对行政复议决定不服的，可以向人民法院提起行政诉讼；也可以向国务院申请裁决，国务院依照本法的规定作出最终裁决。这里的国务院部门包括国务院组成部门、直属机构和被授权的直属事业单位。国家市场监管总局作为国务院直属机构，对其作出的行政处罚决定不服的，当事人可以向国家市场监管总局申请复议而不能直接向国务院申请复议。对国家市场监管总局作出的复议决定不服的，可以向国务院申请裁决。故 A 选项说法错误，当选。对某省政府作出的行政处罚决定不服的，当事人可以向某省政府申请复议。故 C 选项说法正确，不当选。

根据《行政复议法》第12条第2款的规定，对海关、金融、国税、外汇管理等实行垂直领导的行政机关和国家安全机关的具体行政行为不服的，向上一级主管部门申请行政复议。人民银行属于垂直领导机关，所以当事人应向上一级主管部门申请行政复议，不能向某市人民政府申请复议。故 B 选项说法错误，当选。

根据《行政复议法》第12条第2款的规定，对海关、金融、国税、外汇管理等实行垂直领导的行政机关和国家安全机关的具体行政行为不服的，向上一级主管部门申请行政复议。对某省国家安全厅作出的行政处罚决定不服的，当事人可以向省国家安全厅的上一级主管部门——国家安全部申请复议，而不能向某省政府申请复议。故 D 选项说法错误，当选。

116. 考点 行政复议申请人

答案 A

解析 根据《行政复议法实施条例》第 6 条第 1 款的规定，合伙企业申请行政复议的，应当以核准登记的企业为申请人，由执行合伙事务的合伙人代表该企业参加行政复议；其他合伙组织申请行政复议的，由合伙人共同申请行政复议。因此，合伙企业申请行政复议的，应当以核准登记的企业为申请人。故 A 选项说法正确。

根据《行政复议法实施条例》第 7 条的规定，股份制企业的股东大会、股东代表大会、董事会认为行政机关作出的具体行政行为侵犯企业合法权益的，可以以企业的名义申请行政复议。由此可知，股份制企业的股东大会可以以企业名义申请复议而不是以自己名义申请复议。故 B 选项说法错误。

根据《行政复议法》第10条第2款的规定，有权申请行政复议的公民死亡的，其近亲属可以申请行政复议。由此可知，有权申请行政复议的公民死亡的，其近亲属可以以自己的名义申请行政复议，而不是以该公民的名义。故 C 选项说法错误。

根据《行政复议法实施条例》第8条的规定，同一行政复议案件申请人超过5人的，推选1至5名代表参加行政复议。由此可知，行政复议申请人超过5人的，应推选1至5名代表参加行政复议。故 D 选项说法错误。

117. [考 点] 行政复议程序

[答 案] BD

[解 析] 根据《行政复议法》第9条第1款的规定，公民、法人或者其他组织认为具体行政行为侵犯其合法权益的，可以自知道该具体行政行为之日起60日内提出行政复议申请；但是法律规定的申请期限超过60日的除外。因此，凡是申请复议期限少于60日的说法均为错误。故 A 选项说法错误。

根据《行政复议法实施条例》第18条第1款的规定，申请人书面申请行政复议的，可以采取当面递交、邮寄或者传真等方式提出行政复议申请。因此，公司可以采取邮寄方式提出复议申请。故 B 选项说法正确。

根据《行政复议法》第3条第1款第3项的规定，依照本法履行行政复议职责的行政机关是行政复议机关。行政复议机关负责法制工作的机构具体办理行政复议事项，履行下列职责：审查申请行政复议的具体行政行为是否合法与适当，拟订行政复议决定。由此可知，行政复议是对被申请的具体行政行为进行合法性与适当性审查，因此复议机关对处罚决定既能进行合法性审查，也能进行适当性审查。故 C 选项说法错误。

根据《行政复议法》第24条的规定，在行政复议过程中，被申请人不得自行向申请人和其他有关组织或者个人收集证据。因此，在复议过程中被申请人——县生态环境局不得自行向申请人——该公司收集证据。故 D 选项说法正确。

118. [考 点] 行政复议申请期限与审查期限

[答 案] BC

[解 析] 根据《行政复议法》第9条第1款的规定，公民、法人或者其他组织认为具体行政行为侵犯其合法权益的，可以自知道该具体行政行为之日

起 60 日内提出行政复议申请；但是法律规定的申请期限超过 60 日的除外。《集会游行示威法》没有对申请行政复议期限作出超过 60 日的特别规定，故应依照《行政复议法》规定的 60 日申请期限。因此，张某申请复议期限为 60 日。故 A 选项说法错误，B 选项说法正确。

根据《行政复议法》第 31 条第 1 款的规定，行政复议机关应当自受理申请之日起 60 日内作出行政复议决定；但是法律规定的行政复议期限少于 60 日的除外。情况复杂，不能在规定期限内作出行政复议决定的，经行政复议机关的负责人批准，可以适当延长，并告知申请人和被申请人；但是延长期限最多不超过 30 日。《集会游行示威法》规定的审查期限少于 60 日，因此，应依照《集会游行示威法》规定的审查期限 3 日。故 C 选项说法正确，D 选项说法错误。

119. [考点] 行政复议审理与决定

[答案] BCD

[解析] 根据《行政复议法实施条例》第 32 条的规定，行政复议机构审理行政复议案件，应当由 2 名以上行政复议人员参加。因此，应当由 2 名以上行政复议人员参加行政复议案件的审理。故 A 选项说法正确，不当选。

根据《行政复议法实施条例》第 33 条的规定，行政复议机构认为必要时，可以实地调查核实证据；对重大、复杂的案件，申请人提出要求或者行政复议机构认为必要时，可以采取听证的方式审理。由此可知，申请人美誉公司提出要求时，可以采取听证的方式审理，而不是被申请人市场监督管理局提出采取听证方式审理要求。故 B 选项说法不正确，当选。

根据《行政复议法实施条例》第 39 条的规定，行政复议期间被申请人改变原具体行政行为的，不影响行政复议案件的审理。但是，申请人依法撤回行政复议申请的除外。由此可知，行政复议期间被申请人是可以改变原具体行政行为的。故 C 选项说法不正确，当选。

根据《行政复议法》第 28 条第 1 款第 3 项的规定，行政复议机关负责法制工作的机构应当对被申请人作出的具体行政行为进行审查，提出意见，经行政复议机关的负责人同意或者集体讨论通过后，按照下列规定作出行政复议决定：具体行政行为有下列情形之一的，决定撤销、变更或者确认该具体行政行为违法；决定撤销或者确认该具体行政行为违法的，可以责令被申请人在一定期限内重新作出具体行政行为：a. 主要事实不清、证据不足的；……由此可知，处罚决定认定事实不清、证据不足的，市政府可以作出变更决定。故D选项说法不正确，当选。

120. [考 点] 行政复议程序

[答 案] ACD

[解 析] 根据《行政复议法》第22条的规定，行政复议原则上采取书面审查的办法，但是申请人提出要求或者行政复议机关负责法制工作的机构认为有必要时，可以向有关组织和人员调查情况，听取申请人、被申请人和第三人的意见。因此，公司不服向县政府申请行政复议，原则上采取书面审查的方式，也就是不开庭审理。故A选项说法不正确，当选。

根据《行政复议法》第21条第3项的规定，行政复议期间具体行政行为不停止执行；但是，申请人申请停止执行，行政复议机关认为其要求合理，决定停止执行的，可以停止执行。因此，公司申请停止执行罚款决定，县政府认为其要求合理，可以停止执行罚款决定。故B选项说法正确，不当选。

根据《行政复议法实施条例》第50条第1款第1项的规定，公民、法人或者其他组织对行政机关行使法律、法规规定的自由裁量权作出的具体行政行为不服申请行政复议的，行政复议机关可以按照自愿、合法的原则进行调解。由于罚款5万元的决定属于行政机关行使法律、法规规定的自由裁量权作出的具体行政行为，因此县政府能进行调解。故C选项说法不正确，当选。

根据《行政复议法》第25条的规定，行政复议决定作出前，申请人要求撤回行政复议申请的，经说明理由，可以撤回；撤回行政复议申请的，行政复议终止。因此，公司如在复议决定作出前撤回申请，行政复议终止，而不是中止。故D选项说法不正确，当选。

121. [考 点] 行政复议机构与行政复议证据

[答 案] BCD

[解 析] 根据《行政复议法实施条例》第2条的规定，各级行政复议机关应当认真履行行政复议职责，领导并支持本机关负责法制工作的机构（以下简称行政复议机构）依法办理行政复议事项，并依照有关规定配备、充实、调剂专职行政复议人员，保证行政复议机构的办案能力与工作任务相适应。

由此可知，复议机构不同于复议机关，复议机构是在行政复议机关设立的负责法制工作的机构。因此，市公安局作为行政复议机关，行政复议机构可以是市公安局的负责法制工作的机构。故 A 选项说法错误。

根据《行政复议法》第 23 条第 1 款的规定，行政复议机关负责法制工作的机构应当自行政复议申请受理之日起 7 日内，将行政复议申请书副本或者行政复议申请笔录复印件发送被申请人。被申请人应当自收到申请书副本或者申请笔录复印件之日起 10 日内，提出书面答复，并提交当初作出具体行政行为的证据、依据和其他有关材料。因此，被申请人县公安局应当自收到王某复议申请书副本之日起 10 日内提交行政拘留和罚款的证据。故 B 选项说法正确。

根据《行政复议法》第 24 条的规定，在行政复议过程中，被申请人不得自行向申请人和其他有关组织或者个人收集证据。因此，在行政复议过程中，被申请人县公安局不得自行向王某收集证据。故 C 选项说法正确。

根据《行政复议法实施条例》第 37 条的规定，行政复议期间涉及专门事项需要鉴定的，当事人可以自行委托鉴定机构进行鉴定，也可以申请行政复议机构委托鉴定机构进行鉴定。鉴定费用由当事人承担。鉴定所用时间不计入行政复议审理期限。因此，行政复议中若需要对盗窃的财物进行价值鉴定的，王某可以自行委托鉴定机构进行鉴定，也可以申请行政复议机构委托鉴定机构进行鉴定。故 D 选项说法正确。

122. [考点] 行政复议审理

[答案] ABCD

[解析] 根据《行政复议法实施条例》第 39 条的规定，行政复议期间被申请人改变原具体行政行为的，不影响行政复议案件的审理。但是，申请人依法撤回行政复议申请的除外。因此，县公安局将处罚内容变更为罚款 500 元，不影响行政复议案件的审理。故 A 选项说法不正确，当选。

根据《行政复议法实施条例》第 40 条的规定，公民、法人或者其他组织对行政机关行使法律、法规规定的自由裁量权作出的具体行政行为不服申请行政复议，申请人与被申请人在行政复议决定作出前自愿达成和解的，应当向行政复议机构提交书面和解协议；和解内容不损害社会公共利益和他人合法权益的，行政复议机构应当准许。因此，若县公安局和王某达成和解，只须在不损害社会公共利益和陶某的合法权益的情况下向市公安局提交书面和解协议即可，无须由陶某签字同意，也无须经市公安局局长批准，市公安局应当准许。故 BC 选项说法不正确，当选。

根据《行政复议法实施条例》第 50 条第 1 款第 1 项的规定，公民、法人或者其他组织对行政机关行使法律、法规规定的自由裁量权作出的具体行政行为不服申请行政复议的，行政复议机关可以按照自愿、合法的原则进行调解。因此，行政复议的调解必须自愿，行政复议机关不得违背被申请人意愿要求其接受调解。故 D 选项说法不正确，当选。

123. [考 点] 行政复议中抽象行政行为的处理

[答 案] AC

[解 析] 根据《行政复议法》第 7 条第 1 款第 2 项的规定，公民、法人或者其他组织认为行政机关的具体行政行为所依据的下列规定不合法，在对具体行政行为申请行政复议时，可以一并向行政复议机关提出对该规定的审查申请：……②县级以上地方各级人民政府及其工作部门的规定；……同法第 26 条规定，申请人在申请行政复议时，一并提出对《行政复议法》第 7 条所列有关规定的审查申请的，行政复议机关对该规定有权处理的，应当在 30 日内依法处理；无权处理的，应当在 7 日内按照法定程序转送有权处理的行政机关依法处理，有权处理的行政机关应当在 60 日内依法处理。处理期间，中止对具体行政行为的审查。由此可知，甲可以在对暂扣营业执照和罚款的处罚申请复议的同时，提出对市市场监督管理局规定一并审查的申请。省市场监督管理局是市市场监督管理局的上一级主管机关，对市市场监督管理局的规定有权处理，应当在 30 日内依法处理。故 A 选项说法正确。

根据《行政复议法》第 27 条的规定，行政复议机关在对被申请人作出的具体行政行为进行审查时，认为其依据不合法，本机关有权处理的，应当在 30 日内依法处理；无权处理的，应当在 7 日内按照法定程序转送有权处理的国家机关依法处理。处理期间，中止对具体行政行为的审查。由此可知，甲在对暂扣营业执照和罚款的处罚申请复议的同时，不能提出对市政府规章审查的申请。题目中，省市场监督管理局是依职权发现具体行政行为的依据——市政府的规章不合法的，省市场监督管理局并非市政府的上级机关，无权对市政府的规章进行处理，应当在 7 日内按照法定程序转送有权处理的国家机关依法处理，对于接到转送的国家机关须在多长时间内处理，法律并无规定。故 BD 选项说法错误，C 选项说法正确。

124. [考 点] 行政复议决定的执行

[答 案] D

[解 析] 根据《行政复议法》第 32 条的规定，被申请人应当履行行政复议决定。被申请人不履行或者无正当理由拖延履行行政复议决定的，行政复议机关或者有关上级行政机关应当责令其限期履行。因此，县公安局拒绝进行重新登记属于县公安局不履行行政复议决定，县政府应当责令县公安局限期履行，田某可以请求县政府责令县公安局登记。故 D 选项当选，ABC 选项不当选。

第11章 行政诉讼

125. 根据国家移民管理局部署要求，新冠肺炎疫情防控期间，继续为外国人提供签证延期和停留居留证件办理服务。若公安机关出入境管理机构对某外国人作出不予办理普通签证延期的决定，下列哪一说法是正确的？（　　）（单选）

A. 某外国人可以直接申请行政复议也可以直接提起行政诉讼

B. 某外国人经过行政复议后可以提起行政诉讼

C. 某外国人可以申请行政复议但不能提起行政诉讼

D. 某外国人既不能申请行政复议也不能提起行政诉讼

考点 行政复议与行政诉讼受案范围

126. 下列选项不属于行政诉讼受案范围的是：（　　）（任选）

A. 方某汽车被盗后向市公安局报案要求立案侦查，公安局拒绝立案的行为

B. 市土地登记机构执行法院生效判决时，扩大裁判确定土地范围进行登记的行为

C. 市信访局向该市公安局转送信访事项的行为

D. 市政府责令财政局局长王某辞职的行为

考点 行政诉讼受案范围

127. 下列选项属于行政诉讼受案范围的是：（　　）（任选）

A. 市规划局向申请规划许可证的王某通知补正申请材料，王某认为通知内容违法而起诉

B. 高某要求市统计局为其制作、搜集政府信息，遭拒绝后向法院起诉

C. 化工厂附近居民李某要求市生态环境局提供对该厂排污许可证监督检查记

录，遭到拒绝后起诉

D．潘某认为市卫计委公开的政府信息侵犯其个人隐私向法院起诉

[考 点] 行政诉讼受案范围

128． 某市市场监督管理局于 2014 年 7 月发出通知，全市所有商店即日起停止销售某品牌饮料。该饮料系外省某饮料公司独家生产，且为该公司的支柱性产品。某饮料公司认为某市市场监督管理局的通知侵犯了其合法权益，对市场监督管理局的通知提起行政诉讼。下列哪一说法是正确的？（　　）（单选）

A．某市市场监督管理局的通知系抽象行政行为，不具有可诉性

B．某市市场监督管理局的通知是具体行政行为，饮料公司可以对此提起诉讼

C．对于某市市场监督管理局的通知，该饮料公司可以在行政诉讼中附带申请审查

D．对于某市市场监督管理局的通知，该饮料公司只能申请行政复议而不能提起行政诉讼

[考 点] 行政诉讼受案范围

129． 下列哪些案件不属于行政诉讼受案范围？（　　）（多选）

A．李某对劳动争议仲裁裁决不服，向法院起诉

B．李某不服房屋征收部门对其作出的补偿决定，向法院起诉

C．房屋征收部门以李某不履行房屋征收补偿协议为由向法院起诉

D．李某不服市政府发布的征收土地补偿费标准，直接向法院起诉

[考 点] 行政诉讼受案范围

130． 关于行政诉讼的管辖，下列说法正确的是：（　　）（任选）

A．对某机场海关罚款决定不服的案件，由机场海关所在地的中级法院管辖

B．对某县政府强制拆除决定不服的案件，应由县政府所在地的基层法院管辖

C．对国家发改委作出的处罚决定不服的，应由国家发改委所在地的中级法院管辖

D．对某县公安局的罚款决定申请复议，市公安局作出复议改变决定，对复议改变不服的案件，应由市公安局所在地的基层法院管辖

[考 点] 行政诉讼管辖

131． 李某家住某市 A 区，酒后驾车后闯入某汽车站，造成车站秩序混乱。车站

所在地某市 B 区公安分局以酒后驾车为由对李某采取限制人身自由的强制措施，并对李某驾驶的车辆予以扣押。李某不服申请复议，位于某市 C 区的市公安局以李某扰乱公共秩序为由，维持 B 区公安分局的强制措施决定。李某不服提起诉讼，则其可向哪些法院提起？（　　）（多选）

A. 某市 A 区人民法院　　　　　　B. 某市 B 区人民法院
C. 某市 C 区人民法院　　　　　　D. 某市中级人民法院

[考点] 行政诉讼管辖

132. 甲区建设委员会以该区某公司的房屋占压输油、输气管道线为由，决定没收该房屋，要求某公司自收到决定之日起 10 日内搬出该房屋。该公司不服，向市建设委员会（位于乙区）申请复议。市建设委员会决定撤销区建委的没收决定，责令该公司自行拆除。该公司仍不服，遂提起行政诉讼。下列选项正确的是：（　　）（任选）

A. 该公司对市建委的决定仍不服的，还可申请行政复议
B. 本案甲区人民法院有管辖权
C. 本案乙区人民法院有管辖权
D. 区建设委员会和市建设委员会为共同被告

[考点] 行政诉讼管辖

133. 2015 年 2 月，甲市张某去乙地海关提取一批从国外进口的香料。在此过程中，张某被乙地海关根据《海关法》以"涉嫌走私犯罪"为由扣留。扣留后，乙地海关又认定：张某行为不构成走私犯罪，但存在违反海关监管规定的行为，决定免予处罚，故将张某释放。下列哪些选项是正确的？（　　）（多选）

A. 海关的行为有《刑事诉讼法》明确授权，依法不属于行政诉讼的受案范围
B. 张某可以向甲市中级人民法院提起行政诉讼
C. 张某可以向乙地海关所在地的市人民政府申请行政复议
D. 张某可以向乙地海关的上一级海关申请行政复议

[考点] 行政诉讼受案范围、管辖和行政复议机关

第⑬讲　行政诉讼之二：当事人

134. 某市市场监督管理局对某股份有限公司作出停业整顿的决定，则下列说法

正确的是：（   ）（任选）

A. 某公司的股东大会可以自己的名义起诉

B. 某公司的董事会可以自己的名义起诉

C. 某公司的股东大会可以某公司的名义起诉

D. 某公司的董事会可以某公司的名义起诉

考 点 行政诉讼原告

135. 某市税务局以某合伙企业偷税为由对该企业处以 1 万元罚款，该合伙企业的合伙人甲与乙不服处罚向法院提起行政诉讼。下列哪一选项是正确的？
（   ）（单选）

A. 甲为原告

B. 乙为原告

C. 甲与乙为共同原告

D. 合伙企业登记的字号为原告

考 点 行政诉讼原告

136. 肖某提出农村宅基地用地申请，乡政府初步审核后报县政府审批。肖某收到县政府的批件后，不满批件所核定的面积而提起行政诉讼。下列哪一选项是正确的？（   ）（单选）

A. 乡政府为被告

B. 县政府为被告

C. 可以选择乡政府或县政府为被告

D. 乡政府与县政府为共同被告

考 点 行政诉讼被告

137. 齐某向某省交通运输厅道路运输局邮寄申请，认为某客运公司侵占其运营路线，要求依法予以查处，并吊销营运人道路运输经营许可证。某省交通运输厅道路运输局一直未作出答复。齐某提起行政诉讼，省交通运输厅道路运输局答辩称，根据《道路交通安全法》及某省的相关规定，对违反规定线路行驶行为的执法权，属于省内各级交通稽查机构，该局不予答复并无不当。下列说法正确的有：（   ）（多选）

A. 齐某具有原告资格

B. 某客运公司为本案第三人

C. 齐某委托诉讼代理人，应当向法院提交授权委托书

D. 某省交通运输厅道路运输局只委托律师出庭应诉

考 点 行政诉讼原告、被告、第三人、诉讼代理人

138. 某区公安分局下辖青云街道派出所接到举报，称居民罗某私设赌场，遂前往查处，并以罗某违反《治安管理处罚法》为由，对其罚款1000元。罗某不服，如何寻求救济？（　　）（任选）

A. 以区公安分局为被告直接提起行政诉讼

B. 以青云派出所为被告直接提起行政诉讼

C. 以市公安局为复议机关直接申请行政复议

D. 以区政府为复议机关直接申请行政复议

考点 行政诉讼被告和行政复议机关

139. A市李某驾车送人前往B市，在B市甲区与乙区居民范某的车相撞，并将范某打伤。B市甲区公安分局决定扣留李某的汽车，对李某罚款300元，随后发现李某"毒驾"并对其强制戒毒。范某认为对李某处罚过轻，要求行政机关依法追究其责任。下列哪一说法是正确的？（　　）（单选）

A. B市乙区公安分局可以对李某进行行政处罚

B. 李某只能向B市公安局申请行政复议

C. 李某只能向B市甲区人民法院提起行政诉讼

D. 范某可以向B市甲区人民法院提起行政诉讼

考点 行政诉讼管辖、原告资格

140. 王某与曹某曾为夫妻，在运河经济开发区内居住。二人婚后生育一女孩，在不符合二胎生育条件的情况下，曹某又生育一女孩后，王某与曹某登记离婚。运河经济开发区管理委员会社会事务管理局（以下简称"运河管委会社管局"）以王某为被征收人作出社会抚养费征收决定书。王某不服该决定，向法院提起行政诉讼。法院受理案件后查明：运河经济开发区是经省政府批准成立的省级开发区。下列说法正确的是：（　　）（任选）

A. 法院应追加曹某为共同原告

B. 法院应追加曹某为第三人

C. 运河管委会为被告

D. 运河管委会社管局为被告

考点 行政诉讼的原告、被告、第三人

141. 2016年1月，李某和张某偷走王某的汽车用做走私工具。3月，两人在走私烟草时被县烟草专卖局和县公安局查获。县烟草专卖局和县公安局共同对两人罚款 5 万元，并没收汽车。李某以县烟草专卖局为被告起诉，张某不愿起诉，但又不愿放弃实体权利。下列说法正确的是：（　　）（任选）

A. 法院应当追加张某为共同原告

B. 法院应当通知王某作为第三人参加诉讼

C. 法院应当告知李某追加县公安局为共同被告，若李某不同意追加，县公安局为第三人

D. 法院应当告知李某追加县公安局为共同被告，若李某不同意追加，法院应当裁定驳回起诉

[考点] 行政诉讼第三人

142. 甲、乙、丙三人为邻居。甲通过关系取得在原地基扩大的基础上增加建筑面积的建房许可证，由于其院落扩大，阻碍了乙、丙两家的正常通行，乙在与甲协商未果的情况下，就房地产管理局的行为向人民法院提起行政诉讼。丙乐于坐享其成，没有提起行政诉讼。下列说法正确的是：（　　）（任选）

A. 丙虽然是利害关系人，但由于其没有提起行政诉讼，所以不能参加诉讼

B. 丙是利害关系人之一，人民法院应当通知其作为共同原告参加诉讼

C. 丙是利害关系人之一，人民法院应当通知其作为第三人参加诉讼

D. 丙即使参加诉讼，若对人民法院的一审判决不服，也不能提起上诉

[考点] 行政诉讼第三人

143. 某房地产开发公司于 2016 年 1 月 1 日向甲县建设局申请建设工程规划行政许可，2016 年 1 月 11 日，甲县建设局作出了准予行政许可的决定。2018 年 1 月，该房地产开发有限公司向甲县建设局申请变更行政许可，变更原来批准的建设地点，要把建筑西移 21 米。该开发有限公司通过贿赂甲县建设局工作人员王某，使得甲县建设局作出了准许变更行政许可的决定。建筑西移以后严重影响相邻住宅小区 20 户居民正常的室内采光和通风。20 户居民向甲县法院提起行政诉讼。下列说法正确的是：（　　）（任选）

A. 20 户居民应当先申请行政复议再提起行政诉讼

B. 20 户居民应当推选 1~5 名代表人，指定期限内未选定，法院可依职权指定

C. 若 20 户居民又提出民事赔偿请求，法院可以合并审理

D. 某房地产开发公司为行政诉讼第三人

[考点] 行政诉讼附带民事诉讼和诉讼代表人、第三人

第⑭讲 行政诉讼之三：程序

144. 下列哪些情形下当事人必须先申请行政复议，对复议决定不服的才能提起
行政诉讼？（　　　）（任选）

　　A. 公安机关对外国人普朗特实施遣送出境措施，普朗特不服

　　B. 高某因为偷税被某税务机关进行税务处罚并采取税务强制措施，高某不服

　　C. 国务院反垄断机构认为甲乙两企业合并具有排除竞争效果，遂禁止其合并，
甲乙两企业不服

　　D. 刘某对县自然资源局以其非法占地为由作出的行政处罚决定不服

[考　点] 行政复议与行政诉讼的程序关系

145. 2016 年 3 月 15 日，严某向某市房管局递交出让方为郭某（严某之母）、受
让方为严某的房产交易申请表以及相关材料。4 月 20 日，该局向严某核发
房屋所有权证。2017 年 12 月 4 日，因家庭纠纷郭某想出售该房产时发现房
产已不在其名下，随后以该局为被告提起诉讼。下列关于起诉期限，哪种
说法符合法律规定？（　　　）（单选）

　　A. 郭某应当自 2016 年 4 月 20 日起 6 个月内提起行政诉讼

　　B. 郭某应当自 2016 年 4 月 20 日起 1 年内提起行政诉讼

　　C. 郭某应当自 2017 年 12 月 4 日起 6 个月内提起行政诉讼

　　D. 郭某应当自 2017 年 12 月 4 日起 5 年内提起行政诉讼

[考　点] 行政诉讼的起诉期限

146. 某市退休工人林某肢体重度残疾，行走存在严重障碍。2012 年 9 月，林某
向市住房保障和房产管理局（以下简称"市房管局"）提出廉租房实物配
租申请，取得一套廉租房。2015 年 7 月 13 日，市房管局认定其存在取得廉
租房后连续 6 个月未实际居住等情形，遂收回该房。2016 年 4 月，林某将
市房管局诉至法院。法院对于林某的起诉当场不能判定是否符合起诉条件。
下列哪些说法是正确的？（　　　）（多选）

　　A. 法院应当接收林某起诉状，并出具注明收到日期的书面凭证

　　B. 如果林某的起诉状内容有欠缺，法院应给予指导和释明，并一次性告知需要
补正的内容

C. 如果法院不接收起诉状、不出具书面凭证，林某可以向上一级法院上诉

D. 如果法院既不立案，又不作出不予立案裁定，林某可以向上一级法院起诉

[考 点] 行政诉讼的登记立案

147. 2006 年 6 月 13 日，某省人民政府侨务办公室下发《关于发放归国华侨生活困难补助的通知》，自 2006 年 7 月 1 日起施行。孙某多次向某市人民政府外事侨务办公室（以下简称"某市外侨办"）申请发放生活困难补助，某市外侨办经调查核实，于 2015 年 3 月份认定了孙某的归侨身份，并自 2015 年 1 月开始为其补发生活困难补助。2016 年 3 月，孙某向某市外侨办递交书面申请，要求补发 2006 年 7 月至 2014 年 12 月生活困难补助金 15 300 元，后者未予补发。孙某不服，诉至法院，申请法院先予执行。下列哪些说法是正确的？（   ）（多选）

A. 孙某提出先予执行申请时，应提供相应担保

B. 孙某的先予执行申请，属于《行政诉讼法》规定的先予执行范围

C. 如法院作出先予执行裁定，市外侨办不服可以申请复议 1 次

D. 法院应判决市外侨办给付孙某生活困难补助金 15 300 元

[考 点] 行政诉讼的先予执行

148. 某区食品药品监管局以某公司生产经营超过保质期的食品违反《食品安全法》为由，作出行政处罚决定。公司不服，提起行政诉讼。关于此案，下列哪些说法是不正确的？（   ）（多选）

A. 某公司应先申请行政复议再提起行政诉讼

B. 法院不得适用简易程序审理

C. 某公司如在法院裁判作出前撤诉，行政诉讼中止

D. 若案件涉及商业秘密，法院应当不公开审理

[考 点] 行政诉讼程序

149. 2015 年 5 月 9 日，县公安局以甲盗窃为由，向其送达 1000 元罚款的处罚决定书。甲不服，于同月 19 日向市公安局申请行政复议。6 月 8 日，复议机关同意甲撤回复议申请。6 月 20 日，甲就该处罚决定向法院提起行政诉讼。下列说法正确的是：（   ）（任选）

A. 如甲能够证明撤回复议申请违背其真实意思表示，在法定期限内可以同一事实和理由再次对该处罚决定提出复议申请

B. 法院不应当受理甲的起诉

C. 若法院受理甲的起诉后，甲向法院申请撤诉，法院裁定准予撤诉，甲不得以同一事实和理由再次对该处罚决定提起行政诉讼

D. 法院不得进行调解

考 点 行政复议申请撤回和行政诉讼撤诉、调解

150. 公安局以刘某偷拍他人隐私为由处以 500 元罚款，刘某不服起诉。法院适用简易程序审理。下列哪些说法是不正确的？（　　　）（多选）

A. 可以由审判员 1 人独任审理，也可以组成合议庭审理

B. 法院在审理过程中，发现案件不宜适用简易程序的，裁定转为普通程序

C. 法院应当在立案之日起 45 日内审结，有特殊情况需延长的经批准可延长

D. 法院可以用简便方式送达判决书

考 点 行政诉讼简易程序

151. 甲、乙两村因土地使用权发生争议，县政府裁决使用权归甲村。乙村不服向法院起诉撤销县政府的裁决，并请求法院判定使用权归乙村。下列哪些说法是正确的？（　　　）（多选）

A. 若甲乙两村达成和解，县政府书面予以认可，可以视为行政诉讼中被告改变被诉行政行为

B. 若乙村提出土地使用权归属请求，一律在第一审开庭审理前提出

C. 若乙村提出土地使用权归属请求，法院可以一并审理，但应另行组成合议庭审理

D. 若法院审理土地使用权归属纠纷，应适用民事法律规范的相关规定，但法律另有规定的除外

考 点 行政附带民事诉讼

152. 某市某区人民检察院在办理刑事案件过程中，发现该区畜牧业管理局对顾某某擅自改变草原用途没有及时恢复植被的行为，未依法履行监管职责。区人民检察院于是向区畜牧业管理局发出检察建议，建议其依法履行监管职责，责令顾某某停止开垦，恢复植被。该局书面回复区检察院称找不到顾某某，已将该案作为刑事案件移送公安机关，履行了应尽的法定职责。随后区人民检察院以区畜牧业管理局为被告向人民法院提起行政诉讼。下列哪些说法是不正确的？（　　　）（多选）

A. 区检察院可以不发出检察建议直接提起行政诉讼

B. 本案由被破坏的草原植被所在地的基层法院管辖

C. 法院开庭审理此案的，应当在开庭 3 日前向区检察院送达出庭通知书

D. 区检察院在调查收集证据过程中需要提取、封存证据的，可自行采取强制性保全措施

[考点] 行政公益诉讼

153. 2014 年至 2015 年期间，某水利工程有限公司在长江河道内未经许可非法采砂 317 430.1 立方米。区水利局工作人员对该公司的非法采砂行为采取"不予处罚或单处罚款"的方式，帮助该公司规避监管，免予缴纳长江河道砂石资源费。区人民检察院发现区水利局不履行行政管理法定职责后，于 2016 年 10 月 24 日向区水利局发出督促履职令，督促区水利局依法查处某水利工程有限公司非法采砂行为。收到督促履职令后，区水利局一直未依法查处。区人民检察院于 2016 年 12 月 16 日提起行政公益诉讼，请求确认区水利局不及时查处某水利工程有限公司非法采砂的行为违法，并判决责令区水利局依法查处某水利工程有限公司的违法行为。法院受理。下列哪些说法是正确的？（　　）（多选）

A. 由于涉及公共利益，本案由区水利局所在地的中级人民法院管辖

B. 区检察院应当向法院提交其已经履行诉前程序，区水利局仍不依法履行职责的证明材料

C. 若区检察院不服法院判决，可以提起上诉

D. 若法院判决区水利局对某公司非法采砂行为作出处理但区水利局仍不处理的，区检察院申请法院强制执行

[考点] 行政公益诉讼

第⑮讲 行政诉讼之四：证据

154. 李某认为公安机关记载他的户籍信息有误，要求更正，遭到拒绝。李某向法院起诉。下列哪些说法是正确的？（　　）（多选）

A. 李某应当对其起诉符合起诉期限负举证责任

B. 李某应当对其向公安机关提出过更正申请负举证责任

C. 李某应当提供公安机关记载他的户籍信息有误的事实根据

D. 公安机关应对拒绝更正的理由进行举证和说明

[考 点] 行政诉讼举证责任

155. 甲市乙区文化广播影视局在例行检查中发现雾城影院存有大量未经公开发行的音像资料，因而认定这些音像资料是非法出版物，对雾城影院进行了罚款，并没收音像资料。后来，雾城影院提起行政诉讼，提出证据证明音像资料是某工厂委托他们录制的本厂文娱晚会视频资料，并暂时存放在雾城影院。下列说法正确的是：（　　　）（任选）

A. 文化广播影视局在诉讼过程中不得自行收集证据

B. 文化广播影视局经人民法院准许，可以针对雾城影院提出录制某厂文娱晚会视频资料的证据补充相应的证据

C. 文化广播影视局可以申请人民法院调取证明行政行为合法的证据

D. 文化广播影视局可以把雾城影院在诉讼中提出的证据作为证明行政行为合法的依据

[考 点] 行政诉讼被告举证限制、证据效力

156. 关于行政诉讼案件的起诉与审理，下列说法错误的是：（　　　）（任选）

A. 公民向人民法院起诉时，应当提供其与被诉行政行为具有利害关系的材料

B. 被告应在开庭审理前或法院指定的交换证据之日提供被诉行政行为合法性的证据

C. 在政府信息公开行政案件中，被告主张政府信息不存在，原告能够提供该政府信息系由被告制作或者保存的相关线索的，可以申请人民法院调取证据

D. 人民法院审理国际贸易、反倾销、反补贴行政案件时只能参照部门规章，不能参照地方规章

[考 点] 行政诉讼举证责任、举证期限、调取证据和法律适用

157. 张某认为县民政局记载有关他的残疾人登记信息有误，要求更正，该局拒绝。张某向法院起诉。下列哪些说法是正确的？（　　　）（多选）

A. 张某应先申请行政复议再向法院起诉

B. 县民政局应对拒绝更正的理由进行举证和说明

C. 张某应提供县民政局记载有关他的残疾人登记信息有误的事实根据

D. 法院应判决民政局在一定期限内更正

[考 点] 行政诉讼与行政复议关系、行政诉讼举证责任和履行判决

158. 关于行政诉讼的证据，下列说法错误的是：（   ）（任选）

A. 未经庭审质证的证据一律不能作为定案依据

B. 再审对原审认定的证据不再进行质证

C. 涉及国家利益的证据，不得在开庭时公开质证

D. 法院调取的证据由法庭出示并进行说明，听取当事人意见，但无须质证

[考点] 行政诉讼质证

159. 依据《行政诉讼法》的有关规定，下列哪些与案件有关但原告不能自行收集的证据，可以申请人民法院调取？（   ）（多选）

A. 涉及国家利益的证据

B. 涉及国家秘密的证据

C. 涉及个人隐私的证据

D. 涉及他人合法权益的证据

[考点] 行政诉讼调取证据

160. 在某法院受理的一起交通处罚案件中，被告提供了当事人闯红灯的现场笔录。该现场笔录载明了当事人闯红灯的时间、地点和拒绝签名的情况，但没有当事人的签名，也没有其他证人的签名。原告主张当时不在现场，并有一朋友为其提供书面证人证言。下列哪些说法是正确的？（   ）（多选）

A. 被告提供的现场笔录无当事人签名，不具有证据效力

B. 原告对现场笔录的真实性有异议的，可以要求被告相关行政执法人员出庭说明

C. 原告朋友提供的书面证人证言应附有证明其证人身份的文件

D. 法院对原告是否闯红灯无法认定

[考点] 行政诉讼证据要求、证据效力

161. 行政诉讼中的下列证据，可以作为定案依据的是：（   ）（单选）

A. 在甲某诉县政府征收房屋案件中，法院依甲某申请调取的证据没有在法庭上出示质证

B. 在乙某诉某高校不颁发学位证书案件中，某高校提供其在其他生效行政判决书中已被认定的证据

C. 在丙某诉某市国家安全局行政处罚案件中，某市国家安全局提供的涉及国家秘密的证据没有在法庭上质证

D. 在丁某诉某区市场监管局行政强制措施案件中，某区市场监管局无正当理由拒不到庭提供的证据

考点 行政诉讼质证、证据效力

第16讲 行政诉讼之五：判决与执行

162. 甲县 A 公司将 3 辆进口汽车卖给乙县 B 公司，B 公司将汽车运回乙县后被乙县市场监督管理局查处。乙县市场监督管理局以 A 公司无进口汽车证明，B 公司无准运证从事非法运输为由，决定没收 3 辆汽车。B 公司不服该决定，向乙县政府申请行政复议，乙县政府作出维持没收 3 辆汽车的复议决定。B 公司提起行政诉讼。下列哪些行为属于法院的审理对象？（   ）（多选）

A. A 公司进口汽车行为

B. B 公司运输汽车行为

C. 乙县市场监督管理局没收汽车行为

D. 乙县政府维持没收汽车行为

考点 行政诉讼审理对象

163. 某城市综合执法局以某居民搭建的户外遮阳棚未取得建设规划许可证为由责令限期拆除。该居民逾期不拆除，城市综合执法局现场向其送达强拆通知书，组织人员拆除了遮阳棚。该居民向法院起诉要求撤销强拆行为。如一审法院审理认为强拆行为违反法定程序，可作出的判决有：（   ）（任选）

A. 撤销判决   B. 确认违法判决

C. 履行判决   D. 变更判决

考点 行政诉讼判决

164. 张某向县公安局报警称，邻居梁某酒后将他家的门、窗等物品砸坏。县公安局接警后，电话告知其与梁某自行协商解决。张某向法院起诉县公安局。下列哪些说法是正确的？（   ）（多选）

A. 张某起诉期限为 6 个月

B. 张某应当提供其向县公安局报警的证据

C. 县公安局应对其行为合法性负举证责任

D. 法院应当判决县公安局履行职责

考点 行政诉讼起诉期限、举证责任、判决

165. 甲公司将承建的建筑工程承包给无特种作业操作资格证书的邓某，邓某在操作时引发事故。某省建设厅作出暂扣甲公司安全生产许可证3个月的决定。甲公司不服，向法院起诉，法院受理。下列哪些说法是不正确的？（　　）（多选）

　　A. 暂扣安全生产许可证3个月的决定属于行政强制措施

　　B. 本案由省建设厅所在地的中级法院管辖

　　C. 如在本案庭审过程中，甲公司要求证人邓某出庭作证，法院不予准许

　　D. 若省建设厅的决定明显不当，法院应判决撤销

考点 行政诉讼管辖、证据、判决

166. 甲市民政局出台规定，凡查询社团登记材料的，一次性收取600元查询费用。黄某向甲市乙县民政局查询某社团的登记材料。乙县民政局工作人员向黄某收取了600元查询费。黄某提起行政诉讼，法院受理。下列哪项说法是正确的？（　　）（多选）

　　A. 乙县民政局向黄某收取600元查询费行为违法

　　B. 黄某针对甲市民政局的收费规定可以向法院提起行政诉讼

　　C. 黄某针对乙县民政局的收费行为向法院提起行政诉讼时，可以一并要求法院审查甲市民政局收费规定的合法性

　　D. 甲市民政局申请出庭陈述意见的，法院不予准许

考点 规范性文件附带审查

167. 某律师向某市的区司法局申请公开该区律师注册费收支信息，遭拒后向法院提起诉讼，法院判决区司法局在判决生效后30日内向该律师公开全区律师注册费收支信息。判决生效后，区司法局逾期拒不履行，在社会上造成恶劣影响，某律师申请强制执行。关于法院可采取的执行措施，下列哪些选项是正确的？（　　）（多选）

　　A. 对区司法局按日处100元的罚款

　　B. 对区司法局的主要负责人处以罚款

　　C. 经法院院长批准，对区司法局直接责任人予以司法拘留

　　D. 责令由市司法局对该律师的申请予以处理

考点 行政诉讼执行

第⑰讲 行政诉讼之六：综合性题目

　　某省某市某区税务局认定：某投资基金（在开曼群岛注册成立）仅在避税地或低税率地区注册，不从事制造、经销、管理等实质性经营活动，股权转让价主要取决于关联公司估值，股权受让方对外披露收购的实际标的为关联公司股权，税务机关有较充分的理由认定相关交易不具有合理商业目的，属于以减少我国企业所得税为主要目的的安排。根据《企业所得税法》第47条的规定，企业实施其他不具有合理商业目的的安排而减少其应纳税收入或者所得额的，税务机关有权按照合理方法调整。某市某区税务局于2013年11月作出《税务事项通知书》，要求该投资基金缴纳企业所得税人民币1亿余元。该投资基金不服申请行政复议，在复议机关作出复议维持决定后诉至法院，请求判决撤销《税务事项通知书》，法院受理。请回答第168~170题。

168. 有关某投资基金的起诉，下列说法正确的是：（　　）（任选）

　　A. 某投资基金应当先申请复议，对复议决定不服才能提起行政诉讼

　　B. 某投资基金不必申请复议，可直接提起行政诉讼

　　C. 某投资基金的起诉期限为6个月

　　D. 某投资基金委托代理人起诉时应提交委托代理人的代理权限证明材料

　　考点 行政复议前置和行政诉讼起诉期限、起诉材料

169. 有关本案的管辖，下列说法正确的是：（　　）（任选）

　　A. 由某区人民法院管辖

　　B. 由某市中级人民法院管辖

　　C. 由某省高级人民法院管辖

　　D. 由最高人民法院管辖

　　考点 行政诉讼级别管辖

170. 有关本案审理和判决，下列说法正确的是：（　　）（任选）

　　A. 区税务局负责人出庭应诉的，可另行委托1至2名诉讼代理人

　　B. 涉及某投资基金商业秘密的证据，可以不公开质证

　　C. 复议机关在复议程序中依法收集和补充的证据，可以作为认定《税务事项通

知书》合法的依据

    D. 法院应当判决驳回某投资基金的诉讼请求

[考点] 行政诉讼的审理与判决

某市公安局根据市政府《关于进一步加强社会治安工作的通知》（以下简称《通知》）以李某参与赌博为由对其罚款3000元，李某不服罚款决定向市政府申请行政复议，市政府以李某为赌博提供条件为由，维持市公安局的罚款决定。李某向法院提起行政诉讼，并请求法院对《通知》进行审查。请回答第171~175题。

171. 关于本案的被告和管辖，下列说法正确的是：（   ）（任选）

    A. 市政府为被告

    B. 市公安局与市政府为共同被告

    C. 市公安局所在地法院有管辖权

    D. 市政府所在地法院有管辖权

[考点] 行政诉讼被告与地域管辖

172. 关于本案的管辖与举证责任，下列说法正确的是：（   ）（任选）

    A. 本案由基层法院管辖

    B. 本案由中级法院管辖

    C. 3000元罚款的合法性由市公安局负举证责任

    D. 3000元罚款的合法性由市公安局和市政府共同负举证责任

[考点] 行政诉讼级别管辖与举证责任

173. 关于本案中的《通知》，下列说法正确的是：（   ）（任选）

    A. 法院对该《通知》的审查请求不予受理，因为《通知》属于抽象行政行为，不属于行政诉讼受案范围

    B. 除非有正当理由，李某应当在第一审开庭审理前提出对《通知》进行审查

    C. 若法院认为《通知》不合法，不作为认定罚款决定合法的依据，并在裁判中宣告《通知》无效

    D. 若法院认为《通知》不合法，向市政府提出处理建议

[考点] 行政诉讼中规范性文件审查

174. 若法院经审查认为市公安局罚款决定合法，市政府复议维持决定违法，下

列关于法院判决的说法，正确的是：（   ）（任选）

A. 撤销复议决定，维持市公安局罚款决定

B. 确认复议决定违法，维持市公安局罚款决定

C. 撤销复议决定，驳回李某针对市公安局罚款决定的诉讼请求

D. 确认复议决定违法，驳回李某针对市公安局罚款决定的诉讼请求

[考点] 行政诉讼判决

175. 若市政府在法定期限内不作出复议决定，下列说法正确的是：（   ）（任选）

A. 李某可向法院起诉要求市政府履行复议职责

B. 李某可向法院起诉市公安局罚款决定

C. 李某起诉期限为 6 个月

D. 应由市政府所在地的中级法院管辖

[考点] 行政复议不作为后行政诉讼的被告、起诉期限、管辖法院

176. 国家市场监管总局认定阿里巴巴集团在中国境内网络零售平台服务市场具有支配地位，且自 2015 年以来滥用该市场支配地位推行"二选一"。2021 年 4 月 10 日，根据《反垄断法》的规定，国家市场监管总局决定对阿里巴巴集团处以 182.28 亿元罚款。若阿里巴巴集团对该罚款决定不服提起行政诉讼，下列哪些说法是不正确的？（   ）（多选）

A. 阿里巴巴集团提起行政诉讼前无须申请行政复议

B. 本案由国家市场监管总局所在地中级人民法院管辖

C. 阿里巴巴集团应当自知道或者应当知道起诉期限之日起 6 个月内起诉

D. 国家市场监管总局局长应当出庭应诉

[考点] 行政诉讼程序

答案及解析

125. [考点] 行政复议与行政诉讼的受案范围

[答案] D

[解析] 根据《出境入境管理法》第 36 条的规定，公安机关出入境管理机构作出的不予办理普通签证延期、换发、补发，不予办理外国人停留居留证件、不予延长居留期限的决定为最终决定。因此，公安机关出入境管理机

构对某外国人作出不予办理普通签证延期的决定为最终决定，既不能申请行政复议也不能提起行政诉讼。故 D 选项说法正确，ABC 选项说法错误。

126. 考点 行政诉讼受案范围

答案 ACD

解析 根据《行诉解释》第1条第2款第1项的规定，公安、国家安全等机关依照《刑事诉讼法》的明确授权实施的行为，不属于人民法院行政诉讼的受案范围。汽车被盗案件属于刑事案件，公安局立案侦查应属于公安机关依照《刑事诉讼法》的明确授权实施的行为，因此公安局拒绝立案侦查的行为不属于行政诉讼受案范围。故 A 选项当选。

根据《行诉解释》第1条第2款第7项的规定，行政机关根据人民法院的生效裁判、协助执行通知书作出的执行行为，不属于人民法院行政诉讼的受案范围，但行政机关扩大执行范围或者采取违法方式实施的除外。市土地登记机构执行法院生效判决行为不属于行政诉讼受案范围，但执行判决时扩大裁判确定土地范围的行为属于行政诉讼受案范围。故 B 选项不当选。

根据《行诉解释》第1条第2款第9项的规定，行政机关针对信访事项作出的登记、受理、交办、转送、复查、复核意见等行为，不属于人民法院行政诉讼的受案范围。市信访局向该市公安局转送信访事项的行为对当事人的权利义务不产生实际影响，不属于行政诉讼受案范围。故 C 选项当选。

根据《行政诉讼法》第13条第3项的规定，人民法院不受理公民、法人或者其他组织对下列事项提起的诉讼：……③行政机关对行政机关工作人员的奖惩、任免等决定；……根据《行诉解释》第2条第3款的规定，《行政诉讼法》第13条第3项规定的"对行政机关工作人员的奖惩、任免等决定"，是指行政机关作出的涉及行政机关工作人员公务员权利义务的决定。市政府责令财政局局长王某辞职的行为属于行政机关作出的涉及行政机关工作人员公务员权利义务的决定，不属于行政诉讼受案范围。故 D 选项当选。

127. 考点 行政诉讼受案范围

答案 CD

解析 根据《最高人民法院关于审理行政许可案件若干问题的规定》第3条的规定，公民、法人或者其他组织仅就行政许可过程中的告知补正申请材料、听证等通知行为提起行政诉讼的，人民法院不予受理，但导致许可程序对上述主体事实上终止的除外。由此可知，市规划局给予王某补正申请材料通知对王某的权利义务并不产生实际的影响，不属于行政诉讼的受案范围。故A选项不当选。

根据《最高人民法院关于审理政府信息公开行政案件若干问题的规定》（以下简称《政府信息公开案件规定》）第2条第3项的规定，公民、法人或者其他组织对下列行为不服提起行政诉讼的，人民法院不予受理：……③要求行政机关为其制作、搜集政府信息，或者对若干政府信息进行汇总、分析、加工，行政机关予以拒绝的；……由此可知，市统计局拒绝为高某制作、搜集政府信息不属于行政诉讼的受案范围。故B选项不当选。

根据《政府信息公开条例》第51条的规定，公民、法人或者其他组织认为行政机关在政府信息公开工作中侵犯其合法权益的，可以向上一级行政机关或者政府信息公开工作主管部门投诉、举报，也可以依法申请行政复议或者提起行政诉讼。另外，根据《政府信息公开案件规定》第1条第1款第1、3项的规定，公民、法人或者其他组织认为下列政府信息公开工作中的具体行政行为侵犯其合法权益，依法提起行政诉讼的，人民法院应当受理：①向行政机关申请获取政府信息，行政机关拒绝提供或者逾期不予答复的；……③认为行政机关主动公开或者依他人申请公开政府信息侵犯其商业秘密、个人隐私的；……因此，市生态环境局不向李某提供对该厂排污许可证监督检查记录，市卫计委公开的政府信息侵犯潘某个人隐私，都属于行政诉讼的受案范围。故CD选项当选。

128. [考点] 行政诉讼受案范围

[答案] B

解析 抽象行政行为，是指国家行政机关制定行政法规、规章和有普遍约束力的决定、命令等行政规则的行为。抽象行政行为是一个相对于"具体行政行为"的理论概念，它是一种针对不特定对象制定规则的行为，不同于处理具体行政事务的具体行政行为。具体行政行为，是行政主体依法就特定事项对特定的公民、法人和其他组织权利义务作出的单方行政职权行为。某市市场监督管理局的通知不是制定规则的行为，不属于抽象行政行为，而是对全市内销售某品牌饮料的商店这一特定主体所作的具体行政行为，具有可诉性。故 A 选项说法错误，B 选项说法正确。

根据《行政诉讼法》第 53 条第 1 款的规定，公民、法人或者其他组织认为行政行为所依据的国务院部门和地方人民政府及其部门制定的规范性文件不合法，在对行政行为提起诉讼时，可以一并请求对该规范性文件进行审查。因此，某市市场监督管理局的通知属于具体行政行为而不是抽象的规范性文件，可以对此直接提起诉讼而不是附带申请审查。故 C 选项说法错误。

根据《行政复议法》第 6 条第 11 项的规定，认为行政机关的其他具体行政行为侵犯其合法权益的，公民、法人或者其他组织可以依照本法申请行政复议。《行政诉讼法》第 2 条第 1 款规定，公民、法人或者其他组织认为行政机关和行政机关工作人员的行政行为侵犯其合法权益，有权依照本法向人民法院提起诉讼。因此，对某市市场监督管理局的通知，可以申请行政复议，也可以提起行政诉讼。故 D 选项说法错误。

129. 考点 行政诉讼受案范围

答案 ACD

解析 根据《行诉解释》第 1 条第 2 款第 2 项的规定，下列行为不属于人民法院行政诉讼的受案范围：……②调解行为以及法律规定的仲裁行为；……劳动争议仲裁裁决属于法律规定的仲裁行为，李某对劳动争议仲裁裁决不服向法院起诉的，应当属于民事诉讼的受案范围，不属于行政诉讼的受案范围。故 A 选项当选。

根据《行政诉讼法》第 12 条第 1 款第 5 项的规定，人民法院受理公民、法人或者其他组织提起的下列诉讼：……⑤对征收、征用决定及其补偿决定不服的；……因此，房屋征收补偿决定属于行政诉讼受案范围。故 B 选项不当选。

根据《行政诉讼法》第 12 条第 1 款第 11 项的规定，人民法院受理公民、法人或者其他组织提起的下列诉讼：……⑪认为行政机关不依法履行、未按照约定履行或者违法变更、解除政府特许经营协议、土地房屋征收补偿协议等协议的；……由此可知，若李某以房屋征收部门不履行房屋征收补偿协议为由向法院起诉，属于行政诉讼受案范围；而房屋征收部门以李某不履行房屋征收补偿协议为由向法院起诉，不属于行政诉讼受案范围。

故 C 选项当选。

根据《行政诉讼法》第 13 条第 2 项的规定，人民法院不受理公民、法人或者其他组织对下列事项提起的诉讼：……②行政法规、规章或者行政机关制定、发布的具有普遍约束力的决定、命令；……由此可知，"行政法规、规章或者行政机关制定、发布的具有普遍约束力的决定、命令"就是抽象行政行为，抽象行政行为是被排除在行政诉讼受案范围之外的。市政府发布的征收土地补偿费标准属于抽象行政行为，不属于行政诉讼受案范围。故 D 选项当选。

130. [考 点] 行政诉讼管辖

[答 案] AC

[解 析] 根据《行政诉讼法》第 14 条的规定，基层人民法院管辖第一审行政案件。《行政诉讼法》第 15 条规定，中级人民法院管辖下列第一审行政案件：①对国务院部门或者县级以上地方人民政府所作的行政行为提起诉讼的案件；②海关处理的案件；③本辖区内重大、复杂的案件；④其他法律规定由中级人民法院管辖的案件。A 选项中的被告是机场海关，由机场海关所在地的中级法院管辖。故 A 选项说法正确。B 选项中的被告是某县政府，因此由被告——县政府所在地的中级法院管辖。故 B 选项说法错误。C 选项中的被告是国家发改委，国家发改委属于国务院部门，因此由被告——国家发改委所在地的中级法院管辖。故 C 选项说法正确。

根据《行政诉讼法》第 18 条第 1 款的规定，行政案件由最初作出行政行为的行政机关所在地人民法院管辖。经复议的案件，也可以由复议机关所在地人民法院管辖。D 选项是经过复议的案件，最初作出行政行为的行政机关——县公安局所在地人民法院和复议机关——市公安局所在地人民法院都具有管辖权，因此应由市公安局所在地的基层法院管辖的说法错误。故 D 选项说法错误。

131. [考 点] 行政诉讼管辖

[答 案] ABC

[解 析] 根据《行政诉讼法》第 18 条第 1 款的规定，行政案件由最初作出行政行为的行政机关所在地人民法院管辖。经复议的案件，也可以由复议机关所在地人民法院管辖。题目是经过复议的案件，最初作出行政行为的行

政机关所在地人民法院——某市 B 区人民法院具有管辖权，复议机关所在地人民法院——某市 C 区人民法院也具有管辖权。故 BC 选项当选。

根据《行政诉讼法》第 19 条的规定，对限制人身自由的行政强制措施不服提起的诉讼，由被告所在地或者原告所在地人民法院管辖。题目中是对限制人身自由的行政强制措施不服提起诉讼，原告所在地人民法院——某市 A 区人民法院具有管辖权。故 A 选项当选。

根据《行政诉讼法》第 14 条的规定，基层人民法院管辖第一审行政案件。题目中不涉及中级人民法院管辖的情形，都是由基层人民法院管辖。故 D 选项不当选。

132. [考 点] 行政诉讼管辖

[答 案] BC

[解 析] 根据《行政复议法》第 16 条的规定，公民、法人或者其他组织申请行政复议，行政复议机关已经依法受理的，或者法律、法规规定应当先向行政复议机关申请行政复议、对行政复议决定不服再向人民法院提起行政诉讼的，在法定行政复议期限内不得向人民法院提起行政诉讼。公民、法人或者其他组织向人民法院提起行政诉讼，人民法院已经依法受理的，不得申请行政复议。由此可知，我国实行一级复议制度，公民、法人或者其他组织对行政机关作出的具体行政行为不服的，可以向该行政机关的上一级行政机关或者法律、法规规定的其他机关申请复议，对复议决定不服的，只能依法向人民法院提起行政诉讼，不得再向复议机关的上一级行政机关申请复议。故 A 选项错误。

根据《行政诉讼法》第 18 条第 1 款的规定，行政案件由最初作出行政行为的行政机关所在地人民法院管辖。经复议的案件，也可以由复议机关所在地人民法院管辖。本案是经过行政复议的案件，因此甲区人民法院和乙区人民法院都有管辖权。故 BC 选项正确。注意，《行政诉讼法》第 20 条规定，因不动产提起的行政诉讼，由不动产所在地人民法院管辖。《行诉解释》第 9 条第 1 款规定，《行政诉讼法》第 20 条规定的"因不动产提起的行政诉讼"是指因行政行为导致不动产物权变动而提起的诉讼。由此可知，本案不涉及不动产的物权变动，不属于因不动产提起的行政诉讼，不适用不动产所在地人民法院管辖的规定。

根据《行政诉讼法》第 26 条第 2 款的规定，经复议的案件，复议机关决定维持原行政行为的，作出原行政行为的行政机关和复议机关是共同被告；复议机关改变原行政行为的，复议机关是被告。题目中，市建设委员会决定撤销区建委的没收决定，责令该公司自行拆除，属于复议改变的案件，以复议机关——市建设委员会为被告。故 D 选项错误。

133. [考点] 行政诉讼受案范围、管辖和行政复议机关

[答案] BD

[解析] 根据《行诉解释》第 1 条第 2 款第 1 项的规定，公安、国家安全等机关依照《刑事诉讼法》的明确授权实施的行为，不属于人民法院行政诉讼的受案范围。该案中乙地海关对张某的扣留不属于《刑事诉讼法》明确授权实施的行为，应视为海关的行政行为，属于行政诉讼的受案范围。故 A 选项说法错误。

根据《行政诉讼法》第 15 条第 2 项的规定，中级人民法院管辖下列第一审行政案件：……②海关处理的案件；……因此该案应由中级人民法院管辖。根据《行政诉讼法》第 19 条的规定，对限制人身自由的行政强制措施不服提起的诉讼，由被告所在地或者原告所在地人民法院管辖。乙地海关的扣留行为应属于限制人身自由的强制措施，而根据题目张某所在地为甲市。因此，张某可以向甲市中级人民法院提起行政诉讼。故 B 选项说法正确。

根据《行政复议法》第 12 条第 2 款的规定，对海关、金融、国税、外汇管理等实行垂直领导的行政机关和国家安全机关的具体行政行为不服的，向上一级主管部门申请行政复议。因此，张某应当向乙地海关的上一级海关部门申请复议，不能向乙地海关所在地的市人民政府申请行政复议。故 C 选项说法错误，D 选项说法正确。

134. [考点] 行政诉讼原告

[答案] CD

[解析] 根据《行诉解释》第 16 条第 1 款的规定，股份制企业的股东大会、股东会、董事会等认为行政机关作出的行政行为侵犯企业经营自主权的，可以企业名义提起诉讼。由此可知，某公司股东大会可以公司的名义起诉，不能以自己的名义起诉。故 A 选项说法错误，C 选项说法正确。某公司董事会可以公司的名义起诉，不能以自己的名义起诉。故 B 选项说法错误，D

选项说法正确。

135. [考点] 行政诉讼原告

[答案] D

[解析] 根据《行诉解释》第15条第1款的规定，合伙企业向人民法院提起诉讼的，应当以核准登记的字号为原告。未依法登记领取营业执照的个人合伙的全体合伙人为共同原告；全体合伙人可以推选代表人，被推选的代表人，应当由全体合伙人出具推选书。因此，税务局对合伙企业处罚，合伙企业向法院提起行政诉讼应以合伙企业登记的字号为原告。故 ABC 选项错误，D 选项正确。

136. [考点] 行政诉讼被告

[答案] B

[解析] 根据《行诉解释》第19条的规定，当事人不服经上级行政机关批准的行政行为，向人民法院提起诉讼的，以在对外发生法律效力的文书上署名的机关为被告。因此，肖某收到县政府的批件，县政府为在对外发生法律效力的文书上署名的机关，县政府为被告。故 B 选项正确，ACD 选项错误。

137. [考点] 行政诉讼原告、被告、第三人、诉讼代理人

[答案] ABC

[解析] 根据《行政诉讼法》第25条第1款的规定，行政行为的相对人以及其他与行政行为有利害关系的公民、法人或者其他组织，有权提起诉讼。《行诉解释》第12条第5项规定，为维护自身合法权益向行政机关投诉，具有处理投诉职责的行政机关作出或者未作出处理的，属于《行政诉讼法》第25条第1款规定的"与行政行为有利害关系"。齐某为维护自身合法权益向某省交通运输厅道路运输局投诉，省交通运输厅道路运输局具有处理投诉职责，在其收到申请后未作出任何说明与指导，齐某有权提起诉讼，具有原告资格。故 A 选项正确。

根据《行政诉讼法》第29条第1款的规定，公民、法人或者其他组织同被诉行政行为有利害关系但没有提起诉讼，或者同案件处理结果有利害关系的，可以作为第三人申请参加诉讼，或者由人民法院通知参加诉讼。

齐某申请某省交通运输厅道路运输局对某客运公司侵占其运营路线予以查处，并吊销营运人道路运输经营许可证，某客运公司与被诉行政行为有利害关系但没有提起诉讼，作为第三人。故 B 选项正确。

根据《行诉解释》第 31 条的规定，当事人委托诉讼代理人，应当向人民法院提交由委托人签名或者盖章的授权委托书。因此，齐某委托诉讼代理人，应当向法院提交由委托人签名或者盖章的授权委托书。故 C 选项正确。

根据《行诉解释》第 128 条第 2 款的规定，行政机关负责人出庭应诉的，可以另行委托 1 至 2 名诉讼代理人。行政机关负责人不能出庭的，应当委托行政机关相应的工作人员出庭，不得仅委托律师出庭。因此，某省交通运输厅道路运输局负责人不能出庭的，应当委托该局相应的工作人员出庭，不得仅委托律师出庭。故 D 选项不正确。

138. [考 点] 行政诉讼被告和行政复议机关

[答 案] BD

[解 析] 根据《治安管理处罚法》第 91 条的规定，治安管理处罚由县级以上人民政府公安机关决定；其中警告、500 元以下的罚款可以由公安派出所决定。即派出所在警告和 500 元以下罚款的范围内取得了行政主体的资格，能以自己的名义作出具体行政行为并由自己负责。根据《行诉解释》第 20 条第 2 款的规定，法律、法规或者规章授权行使行政职权的行政机关内设机构、派出机构或者其他组织，超出法定授权范围实施行政行为，当事人不服提起诉讼的，应当以实施该行为的机构或者组织为被告。由此可知，罚款 1000 元是超出授权范围实施的行政行为，罗某可以青云派出所为被告直接提起行政诉讼。故 A 选项不当选，B 选项当选。

根据《行政复议法》第 15 条第 1 款第 2 项的规定，对《行政复议法》第 12 条、第 13 条、第 14 条规定以外的其他行政机关、组织的具体行政行为不服的，按照下列规定申请行政复议：对政府工作部门依法设立的派出机构依照法律、法规或者规章规定，以自己的名义作出的具体行政行为不服的，向设立该派出机构的部门或者该部门的本级地方人民政府申请行政复议。因此，青云街道派出所作出罚款 1000 元的决定，青云街道派出所作为被申请人，罗某可以向设立青云派出所的区公安局或者区政府申请行政复议。故 C 选项不当选，D 选项当选。

139. 考点 行政诉讼管辖、原告资格

答案 D

解析 根据《行政处罚法》第22条的规定,行政处罚由违法行为发生地的行政机关管辖。法律、行政法规、部门规章另有规定的,从其规定。题目中违法行为发生在B市甲区,应由违法行为发生地——B市甲区公安分局管辖,B市乙区公安分局无权对李某进行处罚。故A选项说法错误。

根据《行政复议法》第12条第1款的规定,对县级以上地方各级人民政府工作部门的具体行政行为不服的,由申请人选择,可以向该部门的本级人民政府申请行政复议,也可以向上一级主管部门申请行政复议。因此,B市甲区公安分局作为被申请人,李某可以向B市甲区人民政府申请复议,也可以向B市公安局申请复议。故B选项说法错误。

根据《行政诉讼法》第19条的规定,对限制人身自由的行政强制措施不服提起的诉讼,由被告所在地或者原告所在地人民法院管辖。《行诉解释》第8条规定,《行政诉讼法》第19条规定的"原告所在地",包括原告的户籍所在地、经常居住地和被限制人身自由地。对行政机关基于同一事实,既采取限制公民人身自由的行政强制措施,又采取其他行政强制措施或者行政处罚不服的,由被告所在地或者原告所在地的人民法院管辖。B市甲区公安分局对李某进行强制戒毒,涉及限制人身自由的强制措施,因此,李某既可以向原告所在地法院——A市法院起诉,也可向被告所在地法院——B市甲区人民法院起诉。故C选项说法错误。

根据《行政诉讼法》第25条第1款的规定,行政行为的相对人以及其他与行政行为有利害关系的公民、法人或者其他组织,有权提起诉讼。《行诉解释》第12条第3项规定,要求行政机关依法追究加害人法律责任的,属于《行政诉讼法》第25条第1款规定的"与行政行为有利害关系"。本案中范某被李某打伤,范某认为对李某罚款300元处罚过轻,要求行政机关依法追究加害人法律责任的,属于与行政行为有利害关系,范某具有原告资格,可以向B市甲区人民法院提起行政诉讼。故D选项说法正确。

140. 考点 行政诉讼的原告、被告、第三人

答案 D

解析 根据《行政诉讼法》第27条的规定,当事人一方或者双方为2人以上,因同一行政行为发生的行政案件,或者因同类行政行为发生的行政案

件、人民法院认为可以合并审理并经当事人同意的，为共同诉讼。根据《行诉解释》第27条第1款的规定，必须共同进行诉讼的当事人没有参加诉讼的，人民法院应当依法通知其参加；当事人也可以向人民法院申请参加。本案中，王某与曹某登记离婚后，运河管委会社管局以王某为被征收人作出社会抚养费征收决定书，曹某不是行政行为的相对人，本案既不是因同一行政行为发生的行政案件，也不是因同类行政行为发生的行政案件，不属于共同诉讼案件，法院不能追加曹某为共同原告。故A选项说法错误。

根据《行政诉讼法》第29条第1款的规定，公民、法人或者其他组织同被诉行政行为有利害关系但没有提起诉讼，或者同案件处理结果有利害关系的，可以作为第三人申请参加诉讼，或者由人民法院通知参加诉讼。本案中，王某与曹某登记离婚后，运河管委会社管局以王某为被征收人作出社会抚养费征收决定书，曹某同被诉的社会抚养费征收决定或者同案件结果没有利害关系，法院不能追加曹某为第三人。故B选项说法错误。

根据《行诉解释》第21条的规定，当事人对由国务院、省级人民政府批准设立的开发区管理机构作出的行政行为不服提起诉讼的，以该开发区管理机构为被告；对由国务院、省级人民政府批准设立的开发区管理机构所属职能部门作出的行政行为不服提起诉讼的，以其职能部门为被告；……本案中，运河经济开发区是经省政府批准成立的省级开发区，运河管委会社管局是运河经济开发区所属职能部门，王某对运河管委会社管局的行政行为不服提起诉讼，应当以运河管委会社管局为被告。故C选项说法错误，D选项说法正确。

141. [考 点] 行政诉讼第三人

[答 案] BC

[解 析] 根据《行诉解释》第28条的规定，人民法院追加共同诉讼的当事人时，应当通知其他当事人。应当追加的原告，已明确表示放弃实体权利的，可不予追加；既不愿意参加诉讼，又不放弃实体权利的，应追加为第三人，其不参加诉讼，不能阻碍人民法院对案件的审理和裁判。因此，张某作为共同被处罚人属于人民法院追加共同诉讼的当事人，张某不愿意起诉，但又不愿放弃实体权利，法院应追加张某为第三人。故A选项说法错误。

根据《行政诉讼法》第29条第1款的规定，公民、法人或者其他组织同被诉行政行为有利害关系但没有提起诉讼，或者同案件处理结果有利害关系的，可以作为第三人申请参加诉讼，或者由人民法院通知参加诉讼。因此，王某同案件处理结果有利害关系，法院应当通知王某作为第三人参加诉讼。故 B 选项说法正确。

根据《行诉解释》第26条第2款的规定，应当追加被告而原告不同意追加的，人民法院应当通知其以第三人的身份参加诉讼，但行政复议机关作共同被告的除外。由此可知，县烟草专卖局和县公安局共同作出行政行为，县公安局作为共同被告，法院应当告知李某追加县公安局为共同被告，若李某不同意追加的，法院应当通知县公安局以第三人的身份参加诉讼，而不是驳回李某的起诉。故 C 选项说法正确，D 选项说法错误。

142. [考 点] 行政诉讼第三人

[答 案] C

[解 析] 根据《行诉解释》第12条第1项的规定，被诉的行政行为涉及其相邻权或者公平竞争权的，属于《行政诉讼法》第25条第1款规定的"与行政行为有利害关系"。本案中，甲取得的建房许可证阻碍了乙、丙两家的正常通行，涉及相邻权，丙与行政行为有利害关系。根据《行政诉讼法》第29条第1款的规定，公民、法人或者其他组织同被诉行政行为有利害关系但没有提起诉讼，或者同案件处理结果有利害关系的，可以作为第三人申请参加诉讼，或者由人民法院通知参加诉讼。《行诉解释》第30条第1款规定，行政机关的同一行政行为涉及2个以上利害关系人，其中一部分利害关系人对行政行为不服提起诉讼，人民法院应当通知没有起诉的其他利害关系人作为第三人参加诉讼。由此可知，丙作为利害关系人没有在法定期限内起诉的，由人民法院通知参加诉讼。因此，A 选项中"不能参加诉讼"说法错误，B 选项中"作为共同原告参加诉讼"说法错误，C 选项说法正确。

根据《行政诉讼法》第29条第2款的规定，人民法院判决第三人承担义务或者减损第三人权益的，第三人有权依法提起上诉。因此，丙作为第三人参加诉讼，人民法院一审判决其承担义务或者减损其权益，丙有权提起上诉。故 D 选项说法错误。

143. [考 点] 行政诉讼附带民事诉讼和诉讼代表人、第三人

[答 案] CD

解析 根据《行政诉讼法》第44条的规定，对属于人民法院受案范围的行政案件，公民、法人或者其他组织可以先向行政机关申请复议，对复议决定不服的，再向人民法院提起诉讼；也可以直接向人民法院提起诉讼。法律、法规规定应当先向行政机关申请复议，对复议决定不服再向人民法院提起诉讼的，依照法律、法规的规定。本案不属于法律、法规规定复议前置的情形，由此可知，20户居民可以申请行政复议，也可以直接提起行政诉讼。故A选项说法错误。

根据《行政诉讼法》第28条的规定，当事人一方人数众多的共同诉讼，可以由当事人推选代表人进行诉讼。代表人的诉讼行为对其所代表的当事人发生效力，但代表人变更、放弃诉讼请求或者承认对方当事人的诉讼请求，应当经被代表的当事人同意。《行诉解释》第29条规定，《行政诉讼法》第28条规定的"人数众多"，一般指10人以上。根据《行政诉讼法》第28条的规定，当事人一方人数众多的，由当事人推选代表人。当事人推选不出的，可以由人民法院在起诉的当事人中指定代表人。《行政诉讼法》第28条规定的代表人为2~5人。代表人可以委托1~2人作为诉讼代理人。因此，20户居民应当推选2~5名代表人，指定期限内未选定的，法院可依职权指定。故B选项说法错误。

根据《行政诉讼法》第61条第1款的规定，在涉及行政许可、登记、征收、征用和行政机关对民事争议所作的裁决的行政诉讼中，当事人申请一并解决相关民事争议的，人民法院可以一并审理。因此，若20户居民又提出民事赔偿请求，法院可以合并审理，进行行政附带民事诉讼。故C选项说法正确。

根据《行政诉讼法》第29条第1款的规定，公民、法人或者其他组织同被诉行政行为有利害关系但没有提起诉讼，或者同案件处理结果有利害关系的，可以作为第三人申请参加诉讼，或者由人民法院通知参加诉讼。某房地产开发公司同案件处理结果有利害关系，为行政诉讼第三人。故D选项说法正确。

144. [考 点] 行政复议与行政诉讼的程序关系

[答 案] C

解析 根据《出境入境管理法》第64条第1款的规定，外国人对依照本法规定对其实施的继续盘问、拘留审查、限制活动范围、遣送出境措施不服的，可以依法申请行政复议，该行政复议决定为最终决定。由此可知，普朗特对实施遣送出境措施不服，可以依法申请行政复议，该行政复议决定为最终决定，对复议决定不服也不能提起行政诉讼。故 A 选项不当选。

根据《税收征收管理法》第88条第1、2款的规定，纳税人、扣缴义务人、纳税担保人同税务机关在纳税上发生争议时，必须先依照税务机关的纳税决定缴纳或者解缴税款及滞纳金或者提供相应的担保，然后可以依法申请行政复议；对行政复议决定不服的，可以依法向人民法院起诉。当事人对税务机关的处罚决定、强制执行措施或者税收保全措施不服的，可以依法申请行政复议，也可以依法向人民法院起诉。高某对税务机关进行税务处罚和采取税务强制措施的行为不服，可以依法申请行政复议，也可以依法向人民法院起诉。故 B 选项不当选。

根据《反垄断法》第28条的规定，经营者集中具有或者可能具有排除、限制竞争效果的，国务院反垄断执法机构应当作出禁止经营者集中的决定。《反垄断法》第53条第1款规定，对反垄断执法机构依据《反垄断法》第28条、第29条作出的决定不服的，可以先依法申请行政复议；对行政复议决定不服的，可以依法提起行政诉讼。甲乙两企业对国务院反垄断执法机构禁止集中不服，先申请行政复议，对行政复议决定不服的，才可以提起行政诉讼。故 C 选项当选。

根据《行政诉讼法》第44条第1款的规定，对属于人民法院受案范围的行政案件，公民、法人或者其他组织可以先向行政机关申请复议，对复议决定不服的，再向人民法院提起诉讼；也可以直接向人民法院提起诉讼。刘某对县自然资源局以其非法占地为由作出的行政处罚决定不服，可以向行政机关申请复议，也可以直接向人民法院提起诉讼。故 D 选项不当选。

145. [考点] 行政诉讼的起诉期限

[答案] C

[解析] 根据《行诉解释》第65条的规定，公民、法人或者其他组织不知道行政机关作出的行政行为内容的，其起诉期限从知道或者应当知道该行政行为内容之日起计算，但最长不得超过《行政诉讼法》第46条第2款规定的起诉期限。根据《行政诉讼法》第46条第2款的规定，因不动产提起诉讼的案件自行政行为作出之日起超过20年，其他案件自行政行为作出之日起超过5年提起诉讼的，人民法院不予受理。题目中房管局向严某核发房

屋所有权证行为时，郭某不知道房管局作出的行政行为内容，则郭某起诉期限从知道或者应当知道该行政行为内容之日起计算，2017年12月4日郭某知道行政行为内容，因此郭某应当自2017年12月4日之日起6个月内提起行政诉讼。故A选项不当选，C选项当选。

题目中涉及不动产案件，所以郭某的起诉不能超出自2016年4月20日之日起20年。故BD选项不当选。

146. [考点] 行政诉讼的登记立案

[答案] ABD

[解析] 根据《行政诉讼法》第51条第2~4款的规定，对当场不能判定是否符合本法规定的起诉条件的，应当接收起诉状，出具注明收到日期的书面凭证，并在7日内决定是否立案。……起诉状内容欠缺或者有其他错误的，应当给予指导和释明，并一次性告知当事人需要补正的内容。不得未经指导和释明即以起诉不符合条件为由不接收起诉状。对于不接收起诉状、接收起诉状后不出具书面凭证，以及不一次性告知当事人需要补正的起诉状内容的，当事人可以向上级人民法院投诉，上级人民法院应当责令改正，并对直接负责的主管人员和其他直接责任人员依法给予处分。题目中，法院对于林某的起诉当场不能判定是否符合起诉条件，法院应当接收林某起诉状，并出具注明收到日期的书面凭证。故A选项说法正确。如果林某的起诉状内容有欠缺，法院应给予指导和释明，并一次性告知需要补正的内容。故B选项说法正确。如果法院不接收起诉状、不出具书面凭证，林某可以向上级人民法院投诉，上级人民法院应当责令改正，并对直接负责的主管人员和其他直接责任人员依法给予处分，但林某不可以向上一级法院上诉。故C选项说法错误。

根据《行政诉讼法》第52条的规定，人民法院既不立案，又不作出不予立案裁定的，当事人可以向上一级人民法院起诉。上一级人民法院认为符合起诉条件的，应当立案、审理，也可以指定其他下级人民法院立案、审理。由此可知，如果法院既不立案，又不作出不予立案裁定，林某可以向上一级法院起诉。故D选项说法正确。

147. [考点] 行政诉讼的先予执行

[答案] BC

解析 根据《行政诉讼法》第57条第1款的规定，人民法院对起诉行政机关没有依法支付抚恤金、最低生活保障金和工伤、医疗社会保险金的案件，权利义务关系明确、不先予执行将严重影响原告生活的，可以根据原告的申请，裁定先予执行。由此可知，法律未规定提出先予执行申请时，应提供相应担保。故A选项说法错误。另外，孙某申请生活困难补助金属于最低生活保障金范围，孙某的先予执行申请属于先予执行范围。故B选项说法正确。

根据《行政诉讼法》第57条第2款的规定，当事人对先予执行裁定不服的，可以申请复议1次。复议期间不停止裁定的执行。因此，市外侨办作为一方当事人对先予执行裁定不服，可以申请复议1次。故C选项说法正确。

根据《行政诉讼法》第73条的规定，人民法院经过审理，查明被告依法负有给付义务的，判决被告履行给付义务。题目没有说明法院查明市外侨办负有给付孙某生活困难补助金15 300元的义务，没有达到给付判决的适用条件。故D选项说法错误。

148. 考点 行政诉讼程序

答案 ABCD

解析 根据《行政诉讼法》第44条的规定，对属于人民法院受案范围的行政案件，公民、法人或者其他组织可以先向行政机关申请复议，对复议决定不服的，再向人民法院提起诉讼；也可以直接向人民法院提起诉讼。法律、法规规定应当先向行政机关申请复议，对复议决定不服再向人民法院提起诉讼的，依照法律、法规的规定。区食品药品监管局作出行政处罚决定，法律、法规没有规定需要复议前置，公司不服，可以向行政机关申请复议，也可以直接向人民法院提起诉讼。故A选项说法不正确，当选。

根据《行政诉讼法》第82条的规定，人民法院审理下列第一审行政案件，认为事实清楚、权利义务关系明确、争议不大的，可以适用简易程序：①被诉行政行为是依法当场作出的；②案件涉及款额2000元以下的；③属于政府信息公开案件的。除前款规定以外的第一审行政案件，当事人各方同意适用简易程序的，可以适用简易程序。发回重审、按照审判监督程序再审的案件不适用简易程序。由此可知，第一审行政案件也可以约定适用简易程序。若区食品药品监管局和某公司同意适用简易程序，可以适用简易程序，"法院不得适用简易程序审理"的说法过于绝对。故B选项说法不正确，当选。

根据《行政诉讼法》第62条的规定，人民法院对行政案件宣告判决或者裁定前，原告申请撤诉的，或者被告改变其所作的行政行为，原告同意并申请撤诉的，是否准许，由人民法院裁定。某公司如在法院裁判作出前撤诉，由人民法院裁定是否准许其撤诉，若法院准许撤诉，也是行政诉讼终止而非中止。故C选项说法不正确，当选。

根据《行政诉讼法》第54条的规定，人民法院公开审理行政案件，但涉及国家秘密、个人隐私和法律另有规定的除外。涉及商业秘密的案件，当事人申请不公开审理的，可以不公开审理。由此可知，若案件涉及商业秘密，公司申请不公开审理的，法院可以不公开审理。故D选项说法不正确，当选。

149. [考点] 行政复议申请撤回和行政诉讼撤诉、调解

[答案] AC

[解析] 根据《行政复议法实施条例》第38条第2款的规定，申请人撤回行政复议申请的，不得再以同一事实和理由提出行政复议申请。但是，申请人能够证明撤回行政复议申请违背其真实意思表示的除外。因此，甲能证明撤回复议申请违背其真实意思表示的，是可以再次申请行政复议的。故A选项说法正确。

根据《行政诉讼法》第44条的规定，对属于人民法院受案范围的行政案件，公民、法人或者其他组织可以先向行政机关申请复议，对复议决定不服的，再向人民法院提起诉讼；也可以直接向人民法院提起诉讼。法律、法规规定应当先向行政机关申请复议，对复议决定不服再向人民法院提起诉讼的，依照法律、法规的规定。行政复议和行政诉讼是两个救济途径，2015年5月9日县公安局对甲送达1000元罚款的处罚决定，甲申请复议后又撤回复议申请，6月20日甲就该处罚决定向法院提起行政诉讼，仍然在行政诉讼起诉期限内，法院应当受理甲的起诉。故B选项说法错误。

根据《行诉解释》第60条的规定，人民法院裁定准许原告撤诉后，原告以同一事实和理由重新起诉的，人民法院不予立案。准予撤诉的裁定确有错误，原告申请再审的，人民法院应当通过审判监督程序撤销原准予撤诉的裁定，重新对案件进行审理。因此，法院裁定准予甲撤诉，甲就不得重复起诉，甲只能通过审判监督程序寻求救济。故C选项说法正确。

根据《行政诉讼法》第60条的规定，人民法院审理行政案件，不适用调解。但是，行政赔偿、补偿以及行政机关行使法律、法规规定的自由裁量权的案件可以调解。调解应当遵循自愿、合法原则，不得损害国家利益、社会公共利益和他人合法权益。县公安局以盗窃为由作出1000元罚款的处罚决定，属于公安机关行使自由裁量权的案件，法院是可以组织调解的。故 D 选项说法错误。

150. [考点] 行政诉讼简易程序

[答案] ACD

[解析] 根据《行政诉讼法》第83条的规定，适用简易程序审理的行政案件，由审判员一人独任审理，并应当在立案之日起45日内审结。本案由法院适用简易程序审理，而适用简易程序审理的行政案件是由审判员一人独任审理的，无须组成合议庭审理。故 A 选项说法不正确，当选。适用简易程序审理的行政案件应当在立案之日起45日内审结，不存在特殊情况延长审理期限的情况。故 C 选项说法不正确，当选。

根据《行政诉讼法》第84条的规定，人民法院在审理过程中，发现案件不宜适用简易程序的，裁定转为普通程序。因此，法院在审理过程中，发现案件不宜适用简易程序的，裁定转为普通程序。故 B 选项说法正确，不当选。

根据《行诉解释》第103条第1款的规定，适用简易程序审理的行政案件，人民法院可以用口头通知、电话、短信、传真、电子邮件等简便方式传唤当事人、通知证人、送达裁判文书以外的诉讼文书。由此可知，人民法院不能用简便方式送达判决书。故 D 选项说法不正确，当选。

151. [考点] 行政附带民事诉讼

[答案] AD

[解析] 根据《最高人民法院关于行政诉讼撤诉若干问题的规定》第4条第3项的规定，有下列情形之一的，可以视为"被告改变其所作的具体行政行为"：在行政裁决案件中，书面认可原告与第三人达成的和解。若甲乙两村达成和解，县政府书面予以认可，视为行政诉讼中被告改变被诉行政行为。故 A 选项说法正确。

根据《行诉解释》第137条的规定，公民、法人或者其他组织请求一并审理《行政诉讼法》第61条规定的相关民事争议，应当在第一审开庭审理前提出；有正当理由的，也可以在法庭调查中提出。因此，若乙村提出土地使用权归属请求，应当在第一审开庭审理前提出，但有正当理由的，也可以在法庭调查中提出。故 B 选项说法错误。

根据《行诉解释》第140条的规定，人民法院在行政诉讼中一并审理相关民事争议的，民事争议应当单独立案，由同一审判组织审理。人民法院审理行政机关对民事争议所作裁决的案件，一并审理民事争议，不另行立案。题目属于法院审理行政机关对民事争议所作裁决的案件，一并审理民事争议，不另行立案，由同一审判组织审理。故 C 选项说法错误。

根据《行诉解释》第141条第1款的规定，人民法院一并审理相关民事争议，适用民事法律规范的相关规定，法律另有规定的除外。法院审理的土地使用权归属纠纷属于民事争议，适用民事法律规范的相关规定，法律另有规定的除外。故 D 选项说法正确。

152. [考点] 行政公益诉讼

[答案] ABD

[解析] 根据最高法、最高检《关于检察公益诉讼案件适用法律若干问题的解释》（以下简称《检察公益诉讼解释》）第21条第1款的规定，人民检察院在履行职责中发现生态环境和资源保护、食品药品安全、国有财产保护、国有土地使用权出让等领域负有监督管理职责的行政机关违法行使职权或者不作为，致使国家利益或者社会公共利益受到侵害的，应当向行政机关提出检察建议，督促其依法履行职责。由此可知，区检察院发出检察建议督促行政机关履行职责是提起行政诉讼的前置程序。故 A 选项说法不正确，当选。

根据《检察公益诉讼解释》第5条第2款的规定，基层人民检察院提起的第一审行政公益诉讼案件，由被诉行政机关所在地基层人民法院管辖。因此本案管辖地应当为区畜牧业管理局所在地基层法院管辖，而非草原植被所在地的基层法院管辖。故 B 选项说法不正确，当选。

根据《检察公益诉讼解释》第8条第1款的规定，人民法院开庭审理人民检察院提起的公益诉讼案件，应当在开庭3日前向人民检察院送达出庭通知书。所以法院开庭审理行政公益诉讼案件，应当在开庭3日前向区检察院送达出庭通知书。故 C 选项说法正确，不当选。

根据《检察公益诉讼解释》第6条的规定，人民检察院办理公益诉讼案件，可以向有关行政机关以及其他组织、公民调查收集证据材料；有关行政机关以及其他组织、公民应当配合；需要采取证据保全措施的，依照民事诉讼法、行政诉讼法相关规定办理。《民事诉讼法》第81条第1款规定，在证据可能灭失或者以后难以取得的情况下，当事人可以在诉讼过程中向人民法院申请保全证据，人民法院也可以主动采取保全措施。因此，区检察院在调查收集证据过程中需要提取、封存证据的，也应当申请法院采取保全措施。故 D 选项说法不正确，当选。

153. [考 点] 行政公益诉讼

[答 案] BC

[解 析] 根据《检察公益诉讼解释》第5条第2款的规定，基层人民检察院提起的第一审行政公益诉讼案件，由被诉行政机关所在地基层人民法院管辖。因此，本案由区水利局所在地的基层人民法院管辖。故 A 选项不正确。

根据《检察公益诉讼解释》第22条第3项的规定，人民检察院提起行政公益诉讼应当提交下列材料：……③已经履行诉前程序，行政机关仍不依法履行职责或者纠正违法行为的证明材料。因此，区检察院应当向法院提交其已经履行诉前程序，区水利局仍不依法履行职责的证明材料。故 B 选项正确。

根据《检察公益诉讼解释》第10条的规定，人民检察院不服人民法院第一审判决、裁定的，可以向上一级人民法院提起上诉。由此可知，区检察院不服法院判决可以提起上诉。故 C 选项正确。

根据《检察公益诉讼解释》第12条的规定，人民检察院提起公益诉讼案件判决、裁定发生法律效力，被告不履行的，人民法院应当移送执行。因此，法院判决区水利局对某公司非法采砂行为作出处理但区水利局仍不处理的，法院应当移送执行。故 D 选项不正确。

154. [考 点] 行政诉讼举证责任

[答 案] BCD

[解 析] 根据《最高人民法院关于行政诉讼证据若干问题的规定》（以下简称《行诉证据规定》）第4条第1款的规定，公民、法人或者其他组织向人民法院起诉时，应当提供其符合起诉条件的相应的证据材料。《行诉证据规

定》第4条第3款规定，被告认为原告起诉超过法定期限的，由被告承担举证责任。由此可知，原告李某应当提供其符合起诉条件的相应的证据材料，但李某起诉符合起诉期限的举证责任不是由李某承担，而是由被告对原告李某起诉超过法定期限承担举证责任。故A选项说法错误。

根据《政府信息公开案件规定》第5条第7款的规定，原告起诉被告拒绝更正政府信息记录的，应当提供其向被告提出过更正申请以及政府信息与其自身相关且记录不准确的事实根据。题目中李某要求公安机关更正记载他的户籍信息，李某应当对其向公安机关提出过更正申请负举证责任。故B选项说法正确。李某应当提供公安机关记载他的户籍信息记录不准确的事实根据。故C选项说法正确。

根据《政府信息公开案件规定》第5条第3款的规定，被告拒绝更正与原告相关的政府信息记录的，应当对拒绝的理由进行举证和说明。所以公安机关拒绝更正李某的户籍信息记录，应对其拒绝更正的理由进行举证和说明。故D选项说法正确。

155. [考点] 行政诉讼被告举证限制、证据效力

[答案] AB

[解析] 根据《行政诉讼法》第35条的规定，在诉讼过程中，被告及其诉讼代理人不得自行向原告、第三人和证人收集证据。因此，被告文化广播影视局在诉讼过程中不得自行收集证据。故A选项说法正确。

根据《行政诉讼法》第36条第2款的规定，原告或者第三人提出了其在行政处理程序中没有提出的理由或者证据的，经人民法院准许，被告可以补充证据。题目中，原告雾城影院提出录制某厂文娱晚会视频资料的证据是在被告文化广播影视局处理程序中没有提出的证据，经人民法院准许，被告文化广播影视局可以补充相应的证据。故B选项说法正确。

根据《行政诉讼法》第40条的规定，人民法院有权向有关行政机关以及其他组织、公民调取证据。但是，不得为证明行政行为的合法性调取被告作出行政行为时未收集的证据。因此，法院不得调取证明文化广播影视局行政行为合法的证据。故C选项说法错误。

根据《行诉证据规定》第60条第3项的规定，原告或者第三人在诉讼程序中提供的、被告在行政程序中未作为具体行政行为依据的证据，不能作为认定被诉具体行政行为合法的依据。由此可知，原告在诉讼中提出的

证据没有在行政程序中作为具体行政行为的依据，就不能作为认定被诉具体行政行为合法的依据。故 D 选项说法错误。

156. [考 点] 行政诉讼举证责任、举证期限、调取证据和法律适用

[答 案] BD

[解 析] 根据《行诉解释》第 54 条第 1 款第 3 项的规定，依照《行政诉讼法》第 49 条的规定，公民、法人或者其他组织提起诉讼时应当提交原告与被诉行政行为具有利害关系的材料。因此，公民向人民法院起诉时，应当提供其与被诉行政行为具有利害关系的材料。故 A 选项说法正确，不当选。

根据《行政诉讼法》第 67 条第 1 款的规定，人民法院应当在立案之日起 5 日内，将起诉状副本发送被告。被告应当在收到起诉状副本之日起 15 日内向人民法院提交作出行政行为的证据和所依据的规范性文件，并提出答辩状。……因此，被告提供被诉行政行为合法性的证据，应在收到起诉状副本之日起 15 日内，而不是在开庭审理前或法院指定的交换证据之日。故 B 选项说法错误，当选。

根据《政府信息公开案件规定》第 5 条第 5 款的规定，被告主张政府信息不存在，原告能够提供该政府信息系由被告制作或者保存的相关线索的，可以申请人民法院调取证据。因此，为了弥补原告举证能力不足，原告可以申请人民法院调取证据。故 C 选项说法正确，不当选。

根据《最高人民法院关于审理反补贴行政案件应用法律若干问题的规定》第 6 条的规定，人民法院依照《行政诉讼法》及其他有关反补贴的法律、行政法规，参照国务院部门规章，对被诉反补贴行政行为的事实问题和法律问题，进行合法性审查。《最高人民法院关于审理反倾销行政案件应用法律若干问题的规定》第 6 条规定，人民法院依照《行政诉讼法》及其他有关反倾销的法律、行政法规，参照国务院部门规章，对被诉反倾销行政行为的事实问题和法律问题，进行合法性审查。《最高人民法院关于审理国际贸易行政案件若干问题的规定》第 8 条规定，根据《行政诉讼法》第53 条第 1 款及《立法法》第 71 条、第 72 条和第 73 条的规定，人民法院审理国际贸易行政案件，参照国务院部门根据法律和国务院的行政法规、决定、命令，在本部门权限范围内制定的有关或者影响国际贸易的部门规章，以及省、自治区、直辖市和省、自治区的人民政府所在地的市、经济特区所在地的市、国务院批准的较大的市的人民政府根据法律、行政法规和地

方性法规制定的有关或者影响国际贸易的地方政府规章。由此可知，人民法院审理反倾销、反补贴行政案件时只能参照部门规章，不能参照地方规章；但人民法院审理国际贸易行政案件时既能参照部门规章，又能参照地方规章。故 D 选项说法错误，当选。

157. [考点] 行政诉讼与行政复议关系、行政诉讼举证责任和履行判决

[答案] BC

[解析] 根据《行政诉讼法》第 44 条的规定，对属于人民法院受案范围的行政案件，公民、法人或者其他组织可以先向行政机关申请复议，对复议决定不服的，再向人民法院提起诉讼；也可以直接向人民法院提起诉讼。法律、法规规定应当先向行政机关申请复议，对复议决定不服再向人民法院提起诉讼的，依照法律、法规的规定。由此可知，当事人对行政行为寻求救济时，原则上复议、诉讼自由选择，例外情况下诉讼要求复议前置，例外情况需要法律、法规的特别规定。根据《政府信息公开案件规定》第 1 条第 1 款第 4 项的规定，公民、法人或者其他组织认为下列政府信息公开工作中的具体行政行为侵犯其合法权益，依法提起行政诉讼的，人民法院应当受理：……④认为行政机关提供的与其自身相关的政府信息记录不准确，要求该行政机关予以更正，该行政机关拒绝更正、逾期不予答复或者不予转送有权机关处理的；……因此，张某要求县民政局更正有关他的残疾人登记信息，县民政局拒绝更正，张某可以申请行政复议或者提起行政诉讼，无须先申请行政复议再向法院起诉。故 A 选项说法错误。

根据《政府信息公开案件规定》第 5 条第 3 款的规定，被告拒绝更正与原告相关的政府信息记录的，应当对拒绝的理由进行举证和说明。因此，县民政局拒绝更正张某的残疾人登记信息，应对其拒绝更正的理由进行举证和说明。故 B 选项说法正确。

根据《政府信息公开案件规定》第 5 条第 7 款的规定，原告起诉被告拒绝更正政府信息记录的，应当提供其向被告提出过更正申请以及政府信息与其自身相关且记录不准确的事实根据。因此，张某要求县民政局更正他的残疾人登记信息，张某应提供县民政局记载有关他的残疾人登记信息有误的事实根据。故 C 选项说法正确。

根据《政府信息公开案件规定》第 9 条第 4 款的规定，被告依法应当更正而不更正与原告相关的政府信息记录的，人民法院应当判决被告在一

定期限内更正。《政府信息公开案件规定》第12条第5项规定，要求被告更正与其自身相关的政府信息记录，理由不成立，被告已经履行法定告知或者说明理由义务的，人民法院应当判决驳回原告的诉讼请求。由此可知，原告要求行政机关更正与其自身相关的政府信息记录，该机关拒绝更正的，有两种情形：①拒绝更正行为违法，法院判决被告在一定期限内重新答复；②拒绝更正行为合法，法院判决驳回原告诉讼请求。根据题目所给的条件，本案尚不知道属于何种情形，所以法院应判决县民政局在一定期限内更正的条件不充足。故 D 选项说法错误。

158. [考 点] 行政诉讼质证

[答 案] ABCD

[解 析] 根据《行诉证据规定》第35条的规定，证据应当在法庭上出示，并经庭审质证。未经庭审质证的证据，不能作为定案的依据。当事人在庭前证据交换过程中没有争议并记录在卷的证据，经审判人员在庭审中说明后，可以作为认定案件事实的依据。因此原则上未经庭审质证的证据不能作为定案的依据，但是在庭前证据交换过程中没有争议并记录在卷的证据也可以作为定案的依据。故 A 选项说法错误，当选。

根据《行诉证据规定》第51条的规定，按照审判监督程序审理的案件，对当事人依法提供的新的证据，法庭应当进行质证；因原判决、裁定认定事实的证据不足而提起再审所涉及的主要证据，法庭也应当进行质证。由此可知，再审对原审认定的证据一般不再进行质证，但是因原判决、裁定认定事实的证据不足而提起再审所涉及的主要证据还是应当进行质证。故 B 选项说法错误，当选。

根据《行诉证据规定》第37条的规定，涉及国家秘密、商业秘密和个人隐私或者法律规定的其他应当保密的证据，不得在开庭时公开质证。因此涉及国家秘密的证据不得在开庭时公开质证，但是涉及国家利益的证据没有不得在开庭时公开质证的要求。故 C 选项说法错误，当选。

根据《行诉证据规定》第38条的规定，当事人申请人民法院调取的证据，由申请调取证据的当事人在庭审中出示，并由当事人质证。人民法院依职权调取的证据，由法庭出示，并可就调取该证据的情况进行说明，听取当事人意见。由此可知，法院依申请调取的证据须由当事人质证，法院依职权调取的证据须听取当事人意见，没有质证要求。故 D 选项说法错误，当选。

159. [考 点] 行政诉讼调取证据

[答 案] BC

[解 析] 根据《行政诉讼法》第41条的规定，与本案有关的下列证据，原告或者第三人不能自行收集的，可以申请人民法院调取：①由国家机关保存而须由人民法院调取的证据；②涉及国家秘密、商业秘密和个人隐私的证据；③确因客观原因不能自行收集的其他证据。涉及国家秘密的证据和涉及个人隐私的证据，原告不能自行收集的，是可以申请法院调取的。故 BC 选项当选。

根据《行诉证据规定》第22条的规定，有下列情形之一的，人民法院有权向有关行政机关以及其他组织、公民调取证据：①涉及国家利益、公共利益或者他人合法权益的事实认定的；②涉及依职权追加当事人、中止诉讼、终结诉讼、回避等程序性事项的。涉及国家利益的证据和涉及他人合法权益的证据都是法院依职权调取的证据。故 AD 选项不当选。

160. [考 点] 行政诉讼证据要求、证据效力

[答 案] BC

[解 析] 根据《行诉证据规定》第15条的规定，被告向人民法院提供的现场笔录，应当载明时间、地点和事件等内容，并由执法人员和当事人签名。当事人拒绝签名或者不能签名的，应当注明原因。有其他人在现场的，可由其他人签名。法律、法规和规章对现场笔录的制作形式另有规定的，从其规定。由此可知，即使被告提供的现场笔录无当事人签名，法律仍然承认其证明效力。故 A 选项说法错误。

根据《行诉解释》第41条第1项的规定，对现场笔录的合法性或者真实性有异议的，原告或者第三人要求相关行政执法人员出庭说明的，人民法院可以准许。因此，原告对现场笔录的真实性有异议的，可以要求相关行政执法人员出庭说明。故 B 选项说法正确。

根据《行诉证据规定》第13条第4项的规定，当事人向人民法院提供证人证言的，应当附有居民身份证复印件等证明证人身份的文件。因此，书面证人证言应附有证明其证人身份的文件。故 C 选项说法正确。

根据《行诉证据规定》第63条第2项的规定，证明同一事实的数个证据，其证明效力一般可以按照下列情形分别认定：……②鉴定结论、现场笔录、勘验笔录、档案材料以及经过公证或者登记的书证优于其他书证、

视听资料和证人证言；……由此可知，现场笔录的证明效力优于原告朋友的证人证言，法院据此可以认定原告闯红灯。故 D 选项说法错误。

161. [考 点] 行政诉讼质证、证据效力

[答 案] B

[解 析] 根据《行诉证据规定》第 38 条的规定，当事人申请人民法院调取的证据，由申请调取证据的当事人在庭审中出示，并由当事人质证。……听取当事人意见。由此可知，法院依申请调取的证据应经过当事人互相质证，否则不能作为定案依据。故 A 选项不当选。

根据《行诉证据规定》第 70 条的规定，生效的人民法院裁判文书或者仲裁机构裁决文书确认的事实，可以作为定案依据。但是如果发现裁判文书或者裁决文书认定的事实有重大问题的，应当中止诉讼，通过法定程序予以纠正后恢复诉讼。行政诉讼中证据原则上都应当质证，例外情况下无须质证：①当事人在庭前证据交换过程中没有争议的证据；②法院依职权调取的证据；③生效法院裁判文书或者仲裁机构裁决文书确认的证据。因此，某高校在行政案件中提供其在其他生效行政判决书中已被认定的证据可以作为定案依据。故 B 选项当选。

根据《行政诉讼法》第 43 条第 1 款的规定，证据应当在法庭上出示，并由当事人互相质证。对涉及国家秘密、商业秘密和个人隐私的证据，不得在公开开庭时出示。《行诉证据规定》第 37 条规定，涉及国家秘密、商业秘密和个人隐私或者法律规定的其他应当保密的证据，不得在开庭时公开质证。由此可知，某市国家安全局提供的涉及国家秘密的证据只是不得在公开开庭时出示和公开质证，但应当经当事人质证，否则不能作为定案依据。故 C 选项不当选。

根据《行诉证据规定》第 36 条的规定，经合法传唤，因被告无正当理由拒不到庭而需要依法缺席判决的，被告提供的证据不能作为定案的依据，但当事人在庭前交换证据中没有争议的证据除外。因此，区市场监管局无正当理由拒不到庭提供的证据不能作为定案依据。故 D 选项不当选。

162. [考 点] 行政诉讼审理对象

[答 案] CD

[解 析] 根据《行诉解释》第 135 条第 1 款的规定，复议机关决定维持原行

政行为的，人民法院应当在审查原行政行为合法性的同时，一并审查复议决定的合法性。本案是复议机关决定维持原行政行为的案件，法院既要审查原行政行为合法性，又要审查复议决定的合法性。原行政行为是乙县市场监督管理局没收汽车的行为，复议决定是乙县政府维持乙县市场监督管理局没收汽车的行为。因此，法院的审理对象是乙县市场监督管理局没收汽车行为和乙县政府维持没收汽车行为。故 CD 选项当选，AB 选项不当选。

163. [考点] 行政诉讼判决

[答案] B

[解析] 题目首先要明确的是，本题中居民向法院起诉的行为是强拆行为，而不是责令限期拆除决定。根据《行政诉讼法》第 70 条第 3 项的规定，行政行为有下列情形之一的，人民法院判决撤销或者部分撤销，并可以判决被告重新作出行政行为：……③违反法定程序的；……因此，法院经审理后认为强拆行为违反法定程序，法院首选的判决是判决撤销强拆行为。但又根据《行政诉讼法》第 74 条第 2 款第 1 项的规定，行政行为违法，但不具有可撤销内容，不需要撤销或者判决履行的，人民法院判决确认违法。由于强拆行为已实际实施，无可撤销的内容，因此法院就不能适用撤销判决，而应适用确认违法判决。故 A 选项不当选，B 选项当选。

根据《行政诉讼法》第 72 条的规定，人民法院经过审理，查明被告不履行法定职责的，判决被告在一定期限内履行。履行判决主要适用于行政机关不作为的情形，本题不存在行政不作为的情形。故 C 选项不当选。

根据《行政诉讼法》第 77 条第 1 款的规定，行政处罚明显不当，或者其他行政行为涉及对款额的确定、认定确有错误的，人民法院可以判决变更。本题中的被诉行为是强拆行为，其既非行政处罚行为，也非涉及对款额的确定、认定的行政行为，因而不适用变更判决。故 D 选项不当选。

164. [考点] 行政诉讼起诉期限、举证责任、判决

[答案] ABC

[解析] 根据《行政诉讼法》第 46 条第 1 款的规定，公民、法人或者其他组织直接向人民法院提起诉讼的，应当自知道或者应当知道作出行政行为之日起 6 个月内提出。法律另有规定的除外。《行诉解释》第 66 条规定，公民、法人或者其他组织依照《行政诉讼法》第 47 条第 1 款的规定，对行政

机关不履行法定职责提起诉讼的，应当在行政机关履行法定职责期限届满之日起 6 个月内提出。因此，张某起诉期限为 6 个月。故 A 选项说法正确。

根据《行政诉讼法》第 38 条第 1 款的规定，在起诉被告不履行法定职责的案件中，原告应当提供其向被告提出申请的证据。但有下列情形之一的除外：①被告应当依职权主动履行法定职责的；②原告因正当理由不能提供证据的。因此，本案中张某起诉被告不履行法定职责，应当提供其向县公安局报警的证据。故 B 选项说法正确。

根据《行政诉讼法》第 34 条第 1 款的规定，被告对作出的行政行为负有举证责任，应当提供作出该行政行为的证据和所依据的规范性文件。因此，县公安局作为被告应对其行为合法性负举证责任。故 C 选项说法正确。

根据《行政诉讼法》第 72 条的规定，人民法院经过审理，查明被告不履行法定职责的，判决被告在一定期限内履行。题目中没有明确法院经过审理，查明被告不履行法定职责，所以法院应当判决县公安局履行职责的条件不充足。故 D 选项说法错误。

165. [考点] 行政诉讼管辖、证据、判决

[答案] ABCD

[解析] 根据《行政处罚法》第 9 条第 3 项的规定，行政处罚的种类包括暂扣许可证件、降低资质等级、吊销许可证件。因此，行政处罚具有制裁性，某省建设厅暂扣许可证 3 个月的决定是对甲公司的制裁，属于行政处罚，不属于行政强制措施。故 A 选项说法不正确，当选。

根据《行政诉讼法》第 15 条的规定，中级人民法院管辖下列第一审行政案件：①对国务院部门或者县级以上地方人民政府所作的行政行为提起诉讼的案件；②海关处理的案件；③本辖区内重大、复杂的案件；④其他法律规定由中级人民法院管辖的案件。省建设厅为被告的案件不属于中级法院管辖范围，应当由基层法院管辖。《行政诉讼法》第 18 条第 1 款规定，行政案件由最初作出行政行为的行政机关所在地人民法院管辖。经复议的案件，也可以由复议机关所在地人民法院管辖。因此，本案由省建设厅所在地的基层法院管辖。故 B 选项说法不正确，当选。

根据《行诉证据规定》第 43 条的规定，当事人申请证人出庭作证的，应当在举证期限届满前提出……当事人在庭审过程中要求证人出庭作证的，法庭可以根据审理案件的具体情况，决定是否准许以及是否延期审理。故 C

选项说法不正确，当选。

根据《行政诉讼法》第 77 条第 1 款的规定，行政处罚明显不当，或者其他行政行为涉及对款额的确定、认定确有错误的，人民法院可以判决变更。因此，建设厅的处罚决定明显不当的，法院可以判决变更，并非应当判决撤销。故 D 选项说法不正确，当选。

166. [考点] 规范性文件附带审查

[答案] AC

[解析] 根据《政府信息公开条例》第 42 条第 1 款的规定，行政机关依申请提供政府信息，不收取费用。但是，申请人申请公开政府信息的数量、频次明显超过合理范围的，行政机关可以收取信息处理费。因此，乙县民政局向黄某提供某社团的登记材料，不得收取费用，收取 600 元查询费行为违反《政府信息公开条例》。故 A 选项说法正确。

根据《行政诉讼法》第 13 条第 2 项的规定，人民法院不受理公民、法人或者其他组织对下列事项提起的诉讼：……②行政法规、规章或者行政机关制定、发布的具有普遍约束力的决定、命令；……根据《行诉解释》第 2 条第 2 款的规定，《行政诉讼法》第 13 条第 2 项规定的"具有普遍约束力的决定、命令"，是指行政机关针对不特定对象发布的能反复适用的规范性文件。因此，甲市民政局的收费规定作为规范性文件，不属于行政诉讼受案范围，黄某针对甲市民政局的收费规定不能提起行政诉讼。故 B 选项说法错误。

根据《行政诉讼法》第 53 条第 1 款的规定，公民、法人或者其他组织认为行政行为所依据的国务院部门和地方人民政府及其部门制定的规范性文件不合法，在对行政行为提起诉讼时，可以一并请求对该规范性文件进行审查。因此，黄某认为乙县民政局的收费行为侵犯其合法权益向法院提起行政诉讼时，可以一并要求法院审查甲市民政局收费规定的合法性。故 C 选项说法正确。

根据《行诉解释》第 147 条的规定，人民法院在对规范性文件审查过程中，发现规范性文件可能不合法的，应当听取规范性文件制定机关的意见。制定机关申请出庭陈述意见的，人民法院应当准许。行政机关未陈述意见或者未提供相关证明材料的，不能阻止人民法院对规范性文件进行审查。因此，在人民法院对规范性文件的一并审查中，甲市民政局作为该

"规定"的制定机关申请出庭陈述意见,法院应当准许。故 D 选项说法错误。

167. 考点 行政诉讼执行

答案 BC

解析 某律师向区司法局申请公开全区律师注册费收支信息被拒后,法院判决区司法局向该律师公开全区律师注册费收支信息,但区司法局逾期拒不履行法院判决,这属于行政机关拒绝履行生效裁判的情况。根据《行政诉讼法》第 96 条的规定,行政机关拒绝履行判决、裁定、调解书的,第一审人民法院可以采取下列措施:……②在规定期限内不履行的,从期满之日起,对该行政机关负责人按日处 50 元至 100 元的罚款。……④向监察机关或者该行政机关的上一级行政机关提出司法建议。接受司法建议的机关,根据有关规定进行处理,并将处理情况告知人民法院。⑤拒不履行判决、裁定、调解书,社会影响恶劣的,可以对该行政机关直接负责的主管人员和其他直接责任人员予以拘留;情节严重,构成犯罪的,依法追究刑事责任。

由此可知,区司法局在规定期限内不履行的,从期满之日起,法院可以对司法局负责人按日处 50 元至 100 元的罚款。故 B 选项"对区司法局的主要负责人处以罚款"的说法正确。而 2014 年修正后的《行政诉讼法》没有规定对行政机关罚款。故 A 选项"对区司法局按日处 100 元的罚款"的说法错误。

区司法局拒不履行判决,社会影响恶劣的,法院是可以对区司法局直接负责人予以拘留的。故 C 选项"经法院院长批准,对区司法局直接责任人予以司法拘留"的说法正确,司法拘留应经法院院长批准,这是《民事诉讼法》的规定。

区司法局拒不履行判决,法院可以向市司法局提出司法建议,市司法局根据有关规定进行处理,并将处理情况告知人民法院。故 D 选项"责令由市司法局对该律师的申请予以处理"的说法错误,法院可以向市司法局提出司法建议,但法院无权"责令"市司法局进行处理。

168. 考点 行政复议前置和行政诉讼起诉期限、起诉材料

答案 AD

解析 根据《行政诉讼法》第 44 条的规定,对属于人民法院受案范围的行政案件,公民、法人或者其他组织可以先向行政机关申请复议,对复议决

定不服的，再向人民法院提起诉讼；也可以直接向人民法院提起诉讼。法律、法规规定应当先向行政机关申请复议，对复议决定不服再向人民法院提起诉讼的，依照法律、法规的规定。由此可知，当事人对行政行为寻求救济时，原则上复议、诉讼自由选择，例外情况下诉讼要求复议前置，例外情况需要法律、法规的特别规定。《税收征收管理法》第88条第1、2款规定，纳税人、扣缴义务人、纳税担保人同税务机关在纳税上发生争议时，必须先依照税务机关的纳税决定缴纳或者解缴税款及滞纳金或者提供相应的担保，然后可以依法申请行政复议；对行政复议决定不服的，可以依法向人民法院起诉。当事人对税务机关的处罚决定、强制执行措施或者税收保全措施不服的，可以依法申请行政复议，也可以依法向人民法院起诉。由此可知，纳税人、扣缴义务人、纳税担保人同税务机关在纳税上发生争议时，必须先申请行政复议，对行政复议决定不服的，才可以依法向人民法院起诉，属于复议前置。因此，某投资基金应当先申请复议，对复议决定不服才能提起行政诉讼。故A选项说法正确，B选项说法错误。

根据《行政诉讼法》第45条的规定，公民、法人或者其他组织不服复议决定的，可以在收到复议决定书之日起15日内向人民法院提起诉讼。复议机关逾期不作决定的，申请人可以在复议期满之日起15日内向人民法院提起诉讼。法律另有规定的除外。本案是经过行政复议的，某投资基金的起诉期限为15日。故C选项说法错误。

根据《行诉解释》第54条第2款的规定，由法定代理人或者委托代理人代为起诉的，还应当在起诉状中写明或者在口头起诉时向人民法院说明法定代理人或者委托代理人的基本情况，并提交法定代理人或者委托代理人的身份证明和代理权限证明等材料。因此，某投资基金委托代理人起诉时应提交委托代理人的代理权限证明材料。故D选项说法正确。

169. [考点] 行政诉讼级别管辖

[答案] B

[解析] 根据《行政诉讼法》第15条的规定，中级人民法院管辖下列第一审行政案件：①对国务院部门或者县级以上地方人民政府所作的行政行为提起诉讼的案件；②海关处理的案件；③本辖区内重大、复杂的案件；④其他法律规定由中级人民法院管辖的案件。《行诉解释》第5条规定，有下列情形之一的，属于《行政诉讼法》第15条第3项规定的"本辖区内重大、

复杂的案件"：①社会影响重大的共同诉讼案件；②涉外或者涉及香港特别行政区、澳门特别行政区、台湾地区的案件；③其他重大、复杂案件。由此可知，涉外行政案件第一审由中级人民法院管辖，某投资基金在开曼群岛注册成立，属于外国公司，作为原告提起行政诉讼属于涉外行政案件，应由中级人民法院管辖。故 B 选项说法正确。

170. 考点 行政诉讼的审理与判决

答案 AC

解析 根据《行诉解释》第 128 条第 2 款的规定，行政机关负责人出庭应诉的，可以另行委托 1 至 2 名诉讼代理人。行政机关负责人不能出庭的，应当委托行政机关相应的工作人员出庭，不得仅委托律师出庭。因此，区税务局负责人出庭应诉的，可另行委托 1 至 2 名诉讼代理人。故 A 选项说法正确。

根据《行诉证据规定》第 37 条的规定，涉及国家秘密、商业秘密和个人隐私或者法律规定的其他应当保密的证据，不得在开庭时公开质证。由此可知，涉及商业秘密的证据，应当不公开质证，不是可以不公开质证。故 B 选项说法错误。

根据《行诉解释》第 135 条第 3 款的规定，复议机关作共同被告的案件，复议机关在复议程序中依法收集和补充的证据，可以作为人民法院认定复议决定和原行政行为合法的依据。因此，复议机关在复议程序中依法收集和补充的证据，可以作为认定《税务事项通知书》合法的依据。故 C 选项说法正确。

根据《行政诉讼法》第 69 条的规定，行政行为证据确凿，适用法律、法规正确，符合法定程序的，或者原告申请被告履行法定职责或者给付义务理由不成立的，人民法院判决驳回原告的诉讼请求。题目中，并没有明确《税务事项通知书》证据确凿，适用法律、法规正确，符合法定程序，因此法院不能作出驳回某投资基金诉讼请求的判决。故 D 选项说法错误。

171. 考点 行政诉讼被告与地域管辖

答案 BCD

解析 根据《行政诉讼法》第 26 条第 2 款的规定，经复议的案件，复议机关决定维持原行政行为的，作出原行政行为的行政机关和复议机关是共同被告；复议机关改变原行政行为的，复议机关是被告。《行诉解释》第 22

条第 1 款规定，《行政诉讼法》第 26 条第 2 款规定的"复议机关改变原行政行为"，是指复议机关改变原行政行为的处理结果。复议机关改变原行政行为所认定的主要事实和证据、改变原行政行为所适用的规范依据，但未改变原行政行为处理结果的，视为复议机关维持原行政行为。题目中，市政府改变处罚认定的事实依据后，维持市公安局的罚款决定，视为市政府维持市公安局的罚款决定。因此，市公安局与市政府为共同被告。故 A 选项说法错误，B 选项说法正确。

根据《行政诉讼法》第 18 条第 1 款的规定，行政案件由最初作出行政行为的行政机关所在地人民法院管辖。经复议的案件，也可以由复议机关所在地人民法院管辖。因此，市公安局所在地法院与市政府所在地法院均有管辖权。故 CD 选项说法正确。

172. 考 点 行政诉讼级别管辖与举证责任

答 案 AD

解 析 根据《行政诉讼法》第 26 条第 2 款的规定，经复议的案件，复议机关决定维持原行政行为的，作出原行政行为的行政机关和复议机关是共同被告；复议机关改变原行政行为的，复议机关是被告。《行诉解释》第 22 条第 1 款规定，《行政诉讼法》第 26 条第 2 款规定的"复议机关改变原行政行为"，是指复议机关改变原行政行为的处理结果。复议机关改变原行政行为所认定的主要事实和证据、改变原行政行为所适用的规范依据，但未改变原行政行为处理结果的，视为复议机关维持原行政行为。题目中，市政府改变适用的法律依据后，维持市公安局的罚款决定，视为市政府维持市公安局的罚款决定。《行诉解释》第 134 条第 3 款规定，复议机关作共同被告的案件，以作出原行政行为的行政机关确定案件的级别管辖。因此，本案以最初作出罚款决定的市公安局来确定案件的级别管辖。《行政诉讼法》第 14 条规定，基层人民法院管辖第一审行政案件。由此可知，本案由基层法院管辖。故 A 选项说法正确，B 选项说法错误。

《行诉解释》第 135 条第 2 款规定，作出原行政行为的行政机关和复议机关对原行政行为合法性共同承担举证责任，可以由其中一个机关实施举证行为。复议机关对复议决定的合法性承担举证责任。因此，3000 元罚款决定的合法性应由作出原行政行为的行政机关——市公安局和复议机关——市政府共同负举证责任。故 C 选项说法错误，D 选项说法正确。

173. [考点] 行政诉讼中规范性文件审查

[答案] BD

[解析] 根据《行政诉讼法》第 53 条的规定,公民、法人或者其他组织认为行政行为所依据的国务院部门和地方人民政府及其部门制定的规范性文件不合法,在对行政行为提起诉讼时,可以一并请求对该规范性文件进行审查。前款规定的规范性文件不含规章。因此,虽然《通知》属于抽象行政行为,但《通知》作为公安局的罚款决定的依据,刘某对罚款决定不服,提起行政诉讼,并请求法院对《通知》进行审查的,法院应对该《通知》的审查请求予以受理。故 A 选项说法错误。

根据《行诉解释》第 146 条的规定,公民、法人或者其他组织请求人民法院一并审查《行政诉讼法》第 53 条规定的规范性文件,应当在第一审开庭审理前提出;有正当理由的,也可以在法庭调查中提出。因此,除非有正当理由,否则李某应当在第一审开庭审理前提出对《通知》进行审查。故 B 选项说法正确。

根据《行政诉讼法》第 64 条的规定,人民法院在审理行政案件中,经审查认为《行政诉讼法》第 53 条规定的规范性文件不合法的,不作为认定行政行为合法的依据,并向制定机关提出处理建议。《行诉解释》第 149 条第 1 款规定,人民法院经审查认为行政行为所依据的规范性文件合法的,应当作为认定行政行为合法的依据;经审查认为规范性文件不合法的,不作为人民法院认定行政行为合法的依据,并在裁判理由中予以阐明。作出生效裁判的人民法院应当向规范性文件的制定机关提出处理建议,并可以抄送制定机关的同级人民政府、上一级行政机关、监察机关以及规范性文件的备案机关。因此,若法院认为《通知》不合法,不能作为认定罚款合法的依据,应在裁判理由中予以阐明,并可以向制定机关——市政府提出处理建议,但法院不得在裁判中宣告《通知》无效。故 C 选项说法错误,D 选项说法正确。

174. [考点] 行政诉讼判决

[答案] C

[解析] 根据《行诉解释》第 136 条第 1 款和第 5 款的规定,人民法院对原行政行为作出判决的同时,应当对复议决定一并作出相应判决。原行政行为合法、复议决定违法的,人民法院可以判决撤销复议决定或者确认复议决

定违法，同时判决驳回原告针对原行政行为的诉讼请求。根据《行政诉讼法》第 70 条的规定，行政行为有下列情形之一的，人民法院判决撤销或者部分撤销，并可以判决被告重新作出行政行为：①主要证据不足的；②适用法律、法规错误的；③违反法定程序的；④超越职权的；⑤滥用职权的；⑥明显不当的。《行政诉讼法》第 74 条规定，行政行为有下列情形之一的，人民法院判决确认违法，但不撤销行政行为：①行政行为依法应当撤销，但撤销会给国家利益、社会公共利益造成重大损害的；②行政行为程序轻微违法，但对原告权利不产生实际影响的。行政行为有下列情形之一，不需要撤销或者判决履行的，人民法院判决确认违法：①行政行为违法，但不具有可撤销内容的；②被告改变原违法行政行为，原告仍要求确认原行政行为违法的；③被告不履行或者拖延履行法定职责，判决履行没有意义的。由此可知，若复议决定违法应适用撤销判决而不是确认违法判决。（注意：2014 年修改后的《行政诉讼法》已经取消了维持判决。因此，法院应判决撤销复议决定，同时判决驳回李某针对市公安局罚款决定的诉讼请求。）故 C 选项说法正确，ABD 选项说法错误。

175. [考点] 行政复议不作为后行政诉讼的被告、起诉期限、管辖法院

[答案] AB

[解析] 根据《行政诉讼法》第 26 条第 3 款的规定，复议机关在法定期限内未作出复议决定，公民、法人或者其他组织起诉原行政行为的，作出原行政行为的行政机关是被告；起诉复议机关不作为的，复议机关是被告。由此可知，若李某向法院起诉市公安局的罚款决定，则市公安局为被告；若李某向法院起诉要求市政府履行复议职责，则市政府为被告。故 AB 选项说法正确。

根据《行政诉讼法》第 45 条的规定，复议机关逾期不作决定的，申请人可以在复议期满之日起 15 日内向人民法院提起诉讼。法律另有规定的除外。因此，若市政府在法定期限内不作出复议决定，李某可以在复议期满之日起 15 日内向人民法院提起诉讼。故 C 选项说法错误。

根据《行政诉讼法》第 14 条的规定，基层人民法院管辖第一审行政案件。《行政诉讼法》第 15 条规定，中级人民法院管辖下列第一审行政案件：①对国务院部门或者县级以上地方人民政府所作的行政行为提起诉讼的案件；②海关处理的案件；③本辖区内重大、复杂的案件；④其他法律规定

由中级人民法院管辖的案件。《行政诉讼法》第18条第1款规定，行政案件由最初作出行政行为的行政机关所在地人民法院管辖。因此，按照李某起诉的被告来确定管辖，若李某起诉市公安局，则市公安局所在地的基层法院具有管辖权；若李某起诉市政府，则市政府所在地的中级法院具有管辖权。由于D选项中没有明确起诉的被告是市政府，所以"应由市政府所在地的中级法院管辖"的说法错误。

176. [考 点] 行政诉讼程序

[答 案] CD

[解 析] 根据《反垄断法》第28条的规定，经营者集中具有或者可能具有排除、限制竞争效果的，国务院反垄断执法机构应当作出禁止经营者集中的决定。但是，经营者能够证明该集中对竞争产生的有利影响明显大于不利影响，或者符合社会公共利益的，国务院反垄断执法机构可以作出对经营者集中不予禁止的决定。《反垄断法》第29条规定，对不予禁止的经营者集中，国务院反垄断执法机构可以决定附加减少集中对竞争产生不利影响的限制性条件。《反垄断法》第53条规定，对反垄断执法机构依据《反垄断法》第28条、第29条作出的决定不服的，可以先依法申请行政复议；对行政复议决定不服的，可以依法提起行政诉讼。对反垄断执法机构作出的前款规定以外的决定不服的，可以依法申请行政复议或者提起行政诉讼。由此可知，阿里巴巴集团对反垄断罚款不服，可以申请行政复议或者提起行政诉讼，提起行政诉讼前无须申请行政复议。故A选项正确，不当选。

根据《行政诉讼法》第15条第1项的规定，中级人民法院管辖下列第一审行政案件：①对国务院部门或者县级以上地方人民政府所作的行政行为提起诉讼的案件；……国家市场监管总局属于国务院部门，案件应由中级人民法院管辖。根据《行政诉讼法》第18条第1款的规定，行政案件由最初作出行政行为的行政机关所在地人民法院管辖。由此可知，国家市场监管总局是作出罚款决定的行政机关，案件应由国家市场监管总局所在地法院管辖。因此，本案由国家市场监管总局所在地中级人民法院管辖。故B选项正确，不当选。

根据《行诉解释》第64条第1款的规定，行政机关作出行政行为时，未告知公民、法人或者其他组织起诉期限的，起诉期限从公民、法人或者其他组织知道或者应当知道起诉期限之日起计算，但从知道或者应当知道行政行为内容之日起最长不得超过 1 年。题目中没有说明国家市场监管总局作出罚款决定时未告知阿里巴巴起诉期限的情况。根据《行政诉讼法》第 46 条第 1 款的规定，公民、法人或者其他组织直接向人民法院提起诉讼的，应当自知道或者应当知道作出行政行为之日起 6 个月内提出。法律另有规定的除外。由此可知，阿里巴巴集团应当自知道或者应当知道国家市场监管总局作出罚款决定之日起 6 个月内起诉。故 C 选项不正确，当选。

　　根据《行政诉讼法》第 3 条第 3 款的规定，被诉行政机关负责人应当出庭应诉。不能出庭的，应当委托行政机关相应的工作人员出庭。《行诉解释》第 128 条第 1 款规定，《行政诉讼法》第 3 条第 3 款规定的行政机关负责人，包括行政机关的正职、副职负责人以及其他参与分管的负责人。由此可知，国家市场监管总局负责人应当出庭应诉，国家市场监管总局负责人包括国家市场监管总局的正职、副职负责人以及其他参与分管的负责人，不一定必须是正职负责人。当然负责人不能出庭的，由行政机关相应的工作人员出庭。故 D 选项不正确，当选。

第 12 章　国家赔偿

第 18 讲　国家赔偿制度

177. 在新冠肺炎疫情防控期间，某酒店被当地政府指定为新冠肺炎密切接触者集中医学观察的隔离点，由于酒店房屋存在质量问题发生坍塌事故，致多名新冠肺炎密切接触者重大伤亡。下列说法正确的是：（　　）（任选）

A. 由酒店方承担民事赔偿责任

B. 由政府承担国家赔偿责任

C. 由政府承担国家补偿责任

D. 由于新冠肺炎疫情属于不可抗力，免除责任承担

考点 国家赔偿范围

178. 下列哪些情形属于国家赔偿的范围？（　　）（多选）

A. 警察王某玩弄其手枪走火致人伤残的

B. 服刑人员章某为达到保外就医目的而自伤的

C. 民事诉讼中法院违法对赵某采取司法拘留的

D. 公安派出所接到肖某报警后拒不出警造成其超市财物被抢劫的

考点 国家赔偿范围

179. 根据《国家赔偿法》的规定，国家对于下列哪些损失不予赔偿？（　　）（多选）

A. 司法机关工作人员看押服刑人员过程中违法使用武器、警械造成死伤的

B. 公安局 2 名刑警借用赵某的汽车追击犯罪嫌疑人，汽车被犯罪嫌疑人砸毁的

C. 刘某被刑事拘留和逮捕后，检察院在审查起诉阶段决定撤销案件的

D. 王某因涉嫌盗窃罪被刑事拘留和逮捕，后被认定犯罪时不满 14 周岁而不负

刑事责任的

[考点] 国家赔偿范围

180. 某市公安局以李某参与赌博为由对其罚款 3000 元，李某不服罚款决定向市政府申请行政复议，市政府以李某为赌博提供条件为由，作出罚款 2000 元的复议决定。李某提起行政诉讼。下列说法正确的是：（　　）（任选）

A. 市政府为被告

B. 市公安局和市政府为共同被告

C. 若法院认定复议决定违法，市公安局为赔偿义务机关

D. 若法院认定复议决定违法，市政府为赔偿义务机关

[考点] 行政复议改变后行政诉讼的被告、赔偿义务机关

181. 某县公安局对王某作出拘留 10 天的决定并执行，王某被释放后向法院提起行政诉讼。第一审法院判决驳回王某诉讼请求，王某又提出了上诉。在二审中，王某提出行政赔偿请求。第二审法院经审理认定某县公安局对王某的拘留决定违法，应如何处理此案？（　　）（单选）

A. 撤销一审判决，并作出撤销拘留决定和行政赔偿的判决

B. 撤销一审判决，确认拘留决定违法，并就赔偿问题进行调解，调解不成应将全案发回重审

C. 撤销一审判决，确认拘留决定违法，并就赔偿问题进行调解，调解不成应将行政赔偿部分发回重审

D. 撤销一审判决，确认拘留决定违法，并就赔偿问题进行调解，调解不成的，告知王某就赔偿问题另行起诉

[考点] 行政赔偿程序

182. 2006 年 3 月 3 日凌晨刘某遭到拦路抢劫，刘某被刺伤后喊叫求救，个体司机胡某等人听到呼救后，先后用手机三次拨打"110"电话报警，"110"值班人员让给"120"打电话，"120"值班人员让给"110"打电话。10 分钟后，胡某等人再次给"110"打电话报警后，"110"值班接警人员电话指令桥南派出所出警。此时刘某因失血过多已经死亡。刘某近亲属以公安机关不作为为由，向法院提起行政赔偿诉讼。下列哪些说法是正确的？（　　）（多选）

A. 刘某近亲属提起行政赔偿诉讼前应先向公安机关申请赔偿

B. 刘某近亲属应当以刘某名义提起行政赔偿诉讼

C. 刘某近亲属提起行政赔偿诉讼期限为 6 个月

D. 刘某生前扶养的无劳动能力人的生活费属于国家赔偿项目

[考点] 行政赔偿程序与国家赔偿项目

183. 田某因涉嫌诈骗被甲县公安局刑事拘留，经甲县检察院批准逮捕，后变更为监视居住。此案经乙县检察院提起公诉后，乙县人民法院审理判处田某无罪。检察院没有抗诉，乙县人民法院的一审判决生效。田某提出国家赔偿请求。下列哪些说法是不正确的？（   ）（多选）

A. 国家应对田某的监视居住承担赔偿责任

B. 赔偿义务机关为甲县公安局

C. 赔偿义务机关为甲县检察院

D. 赔偿义务机关为乙县检察院

[考点] 刑事赔偿义务机关

184. 下列关于国家赔偿的说法，正确的是：（   ）（任选）

A. 张某被某区法院一审判决有罪，中级法院维持一审判决，后被高级法院再审改判无罪，某区法院是赔偿义务机关

B. 刘某在强制隔离戒毒期间死亡，刘某死亡与强制隔离戒毒是否存在因果关系的举证责任应当由强制隔离戒毒所承担

C. 某区法院不当解除对财产的保全措施致判决无法执行，赔偿请求人吴某应当先申请确认某区法院解除保全措施的行为违法

D. 某区公安分局在办理刑事案件过程中对证人高某暴力取证，由于对区公安分局的赔偿数额不服，高某可以向人民法院提起赔偿诉讼

[考点] 刑事赔偿义务机关、行政赔偿举证责任、国家赔偿程序

185. 张某租用一门面开办的美容店，税务部门以张某逃税为由查封美容店，并扣押美容仪器设备，美容店停业。张某向法院起诉，法院撤销查封决定和扣押决定。张某申请国家赔偿。下列属于国家赔偿范围的是：（   ）（任选）

A. 张某美容店查封的名誉损失

B. 解除查封和扣押措施

C. 支付门面租赁费

D. 若扣押的仪器设备已被拍卖的，给付拍卖所得的价款及相应的赔偿金

[考点] 国家赔偿方式与费用

186. 2015年4月15日，区法院以非法经营罪判处王某有期徒刑6年，并处罚金35万元，没收其汽车一辆。王某不服提起上诉，12月6日，市中级法院维持原判并交付执行，汽车被变卖。王某仍不服，向省高级法院提出申诉。2016年9月9日，省高级法院宣告王某无罪释放。2016年12月，王某申请国家赔偿。关于本案的赔偿，下列哪些说法是正确的？（ 　　 ）（多选）

A. 对王某被羁押的每日赔偿金按国家2015年度职工日平均工资计算

B. 返还35万元罚金并支付银行同期存款利息

C. 给付汽车变卖所得的价款及相应的赔偿金

D. 支付精神损害抚慰金

[考点] 国家赔偿方式

187. 1994年10月1日，聂某被某县公安局刑事拘留，10月9日，因涉嫌故意杀人、强奸妇女被某县检察院批准逮捕。1995年3月15日，某市中级人民法院判决聂某死刑。聂某上诉，1995年4月25日，某省高级人民法院维持死刑判决，随后聂某被执行死刑。2016年12月2日，最高人民法院改判聂某无罪。2016年12月14日，聂某家属申请国家赔偿。下列哪些说法是正确的？（ 　　 ）（多选）

A. 赔偿义务机关为某省高级人民法院

B. 国家应当给予聂某家属赔偿

C. 赔偿义务机关可就赔偿方式和数额与聂某家属协商，但不得就赔偿项目进行协商

D. 若赔偿义务机关拒绝赔偿，聂某家属可以向法院提起赔偿诉讼

[考点] 刑事赔偿义务机关、赔偿程序、赔偿方式

答案及解析

177. [考点] 国家赔偿范围

[答案] B

[解析] 行政机关在新冠肺炎疫情防控期间征用该酒店房屋，对新冠肺炎密切接触者采取集中医学观察是依法行使职权的行为。对于临时征用的酒店房屋，行政机关应该对其房屋质量进行必要的检测，确保达到保障人身安全的要求。根据《国家赔偿法》第3条第5项的规定，行政机关及其工作人

员在行使行政职权时有下列侵犯人身权情形之一的，受害人有取得赔偿的权利：造成公民身体伤害或者死亡的其他违法行为。因此，当地政府对密切接触者采取在指定场所进行医学观察时，对隔离点的选择存在监管不到位的过错，造成人员伤亡，应承担国家赔偿责任。故 B 选项说法正确。

178. [考点] 国家赔偿范围

[答案] CD

[解析] 根据《国家赔偿法》第 5 条第 1 项的规定，行政机关工作人员与行使职权无关的个人行为，国家不承担赔偿责任。警察王某玩弄其手枪的行为属于与行使职权无关的个人行为，因此手枪走火致人伤残的不属于国家赔偿范围。故 A 选项不当选。

根据《国家赔偿法》第 19 条第 5 项的规定，因公民自伤、自残等故意行为致使损害发生的，国家不承担赔偿责任。服刑人员章某为达到保外就医目的而自伤的，属于因公民自残等故意行为致使损害发生，不属于国家赔偿的范围。故 B 选项不当选。

根据《国家赔偿法》第 38 条的规定，人民法院在民事诉讼、行政诉讼过程中，违法采取对妨害诉讼的强制措施、保全措施或者对判决、裁定及其他生效法律文书执行错误，造成损害的，赔偿请求人要求赔偿的程序，适用本法刑事赔偿程序的规定。民事诉讼中法院违法对赵某采取司法拘留的，属于违法采取对妨害诉讼的强制措施，属于国家赔偿的范围。故 C 选项当选。

根据《国家赔偿法》第 4 条第 4 项的规定，行政机关及其工作人员在行使行政职权时有造成财产损害的其他违法行为的，受害人有取得赔偿的权利。公安派出所接到报警后拒不出警属于违法行使行政职权中的行政不作为，造成肖某超市财物被抢劫的损失属于国家赔偿范围。故 D 选项当选。

179. [考点] 国家赔偿范围

[答案] BD

[解析] 根据《国家赔偿法》第 17 条第 5 项的规定，行使侦查、检察、审判职权的机关以及看守所、监狱管理机关及其工作人员在行使职权时违法使用武器、警械造成公民身体伤害或者死亡的，受害人有取得赔偿的权利。题干中司法机关工作人员看押服刑人员是职务行为，而违法使用武器、警

械造成死伤属于国家赔偿范围。故 A 选项不当选。

行政补偿是指国家行政机关及其工作人员在管理国家和社会公共事务的过程中，因合法的行政行为给公民、法人或其他组织的合法权益造成了损失，由国家依法予以补偿的制度。公安局 2 名刑警的行为系合法行使职权，给赵某造成的损害属于行政补偿范围，不属于国家赔偿范围。故 B 选项当选。

根据《国家赔偿法》第 17 条第 2 项的规定，行使侦查、检察、审判职权的机关以及看守所、监狱管理机关及其工作人员在行使职权时，对公民采取逮捕措施后，决定撤销案件、不起诉或者判决宣告无罪终止追究刑事责任的，受害人有取得赔偿的权利。刘某被刑事拘留和逮捕后，检察院在审查起诉阶段决定撤销案件的，属于国家赔偿范围。故 C 选项不当选。

根据《国家赔偿法》第 17 条第 1 项的规定，行使侦查、检察、审判职权的机关以及看守所、监狱管理机关及其工作人员在行使职权时，违反《刑事诉讼法》的规定对公民采取拘留措施的，或者依照《刑事诉讼法》规定的条件和程序对公民采取拘留措施，但是拘留时间超过《刑事诉讼法》规定的时限，其后决定撤销案件、不起诉或者判决宣告无罪终止追究刑事责任的，受害人有取得赔偿的权利。《国家赔偿法》第 19 条第 2 项规定，属于下列情形之一的，国家不承担赔偿责任：依照《刑法》第 17 条、第 18 条规定不负刑事责任的人被羁押的。王某未满 14 周岁犯盗窃罪，因其无刑事责任能力而不负刑事责任，其被刑事拘留和逮捕就不属于国家赔偿范围。故 D 选项当选。

180. [考点] 行政复议改变后行政诉讼的被告、赔偿义务机关

[答案] AC

[解析] 根据《行政诉讼法》第 26 条第 2 款的规定，经复议的案件，复议机关决定维持原行政行为的，作出原行政行为的行政机关和复议机关是共同被告；复议机关改变原行政行为的，复议机关是被告。因此，若市政府作出罚款 2000 元的复议决定，属于复议改变决定，市政府为被告。故 A 选项说法正确，B 选项说法错误。

根据《国家赔偿法》第 8 条的规定，经复议机关复议的，最初造成侵权行为的行政机关为赔偿义务机关，但复议机关的复议决定加重损害的，复议机关对加重的部分履行赔偿义务。因此，经过复议的案件，复议机关

作为赔偿义务机关的条件是复议机关的复议决定加重损害。题目中，即使法院认定市政府作出罚款2000元的复议决定违法，但复议决定没有加重对李某的损害，仍然以最初造成侵权行为的行政机关——市公安局为赔偿义务机关。故C选项说法正确，D选项说法错误。

181. 〔考点〕行政赔偿程序

〔答案〕D

〔解析〕根据《行政诉讼法》第89条第3款的规定，人民法院审理上诉案件，需要改变原审判决的，应当同时对被诉行政行为作出判决。据此，在本案中，由于公安局对甲的拘留违法，而第一审判决维持拘留决定，所以应当撤销第一审判决。

根据《行政诉讼法》第74条第2款第1项的规定，行政行为违法，但不具有可撤销内容的，不需要撤销或者判决履行的，人民法院判决确认违法。由于县公安局对王某作出拘留10天的决定已执行，二审法院经审理认定某县公安局对王某的拘留决定违法，但不具有可撤销内容，因此法院不应作出撤销拘留决定判决，而应作出确认拘留决定违法判决。

根据《行诉解释》第109条第6款的规定，当事人在第二审期间提出行政赔偿请求的，第二审人民法院可以进行调解；调解不成的，应当告知当事人另行起诉。王某在第二审期间提出行政赔偿请求的，第二审人民法院可以进行调解；调解不成的，应当告知王某就赔偿问题另行起诉。

总之，第二审法院应撤销一审判决，并确认拘留决定违法，并就赔偿问题进行调解，调解不成的，告知王某就赔偿问题另行起诉。故ABC选项不当选，D选项当选。

182. 〔考点〕行政赔偿程序与国家赔偿项目

〔答案〕AD

〔解析〕根据《国家赔偿法》第9条的规定，赔偿义务机关有本法第3条、第4条规定情形之一的，应当给予赔偿。赔偿请求人要求赔偿，应当先向赔偿义务机关提出，也可以在申请行政复议或者提起行政诉讼时一并提出。根据《最高人民法院关于审理行政赔偿案件若干问题的规定》第4条第2款的规定，赔偿请求人单独提起行政赔偿诉讼，须以赔偿义务机关先行处理为前提。赔偿请求人对赔偿义务机关确定的赔偿数额有异议或者赔偿义务机关逾期不予赔偿，赔偿请求人有权向人民法院提起行政赔偿诉讼。因此，公安机关作为赔偿义务机关，刘某近亲属在提起行政赔偿诉讼之前应先向公安机关申请赔偿。故 A 选项说法正确。

根据《国家赔偿法》第 6 条第 1 款和第 2 款的规定，受害的公民、法人和其他组织有权要求赔偿。受害的公民死亡，其继承人和其他有扶养关系的亲属有权要求赔偿。因此，刘某已经死亡，刘某近亲属提起行政赔偿诉讼的，应当以自己的名义而不是刘某名义。故 B 选项说法错误。

根据《国家赔偿法》第 14 条的规定，赔偿义务机关在规定期限内未作出是否赔偿的决定，赔偿请求人可以自期限届满之日起 3 个月内，向人民法院提起诉讼。赔偿请求人对赔偿的方式、项目、数额有异议的，或者赔偿义务机关作出不予赔偿决定的，赔偿请求人可以自赔偿义务机关作出赔偿或者不予赔偿决定之日起 3 个月内，向人民法院提起诉讼。因此，刘某近亲属提起行政赔偿诉讼的期限为 3 个月。故 C 选项说法错误。

根据《国家赔偿法》第 34 条第 1 款第 3 项的规定，侵犯公民生命健康权的，赔偿金按照下列规定计算：造成死亡的，应当支付死亡赔偿金、丧葬费，总额为国家上年度职工年平均工资的 20 倍。对死者生前扶养的无劳动能力的人，还应当支付生活费。因此，刘某已经死亡，刘某生前扶养的无劳动能力的人的生活费属于国家赔偿项目范围。故 D 选项说法正确。

183. [考 点]刑事赔偿义务机关

[答 案]ABD

[解 析]根据《国家赔偿法》第 17 条的规定，行使侦查、检察、审判职权的机关以及看守所、监狱管理机关及其工作人员在行使职权时有下列侵犯人身权情形之一的，受害人有取得赔偿的权利：①违反《刑事诉讼法》的规定对公民采取拘留措施的，或者依照《刑事诉讼法》规定的条件和程序对公民采取拘留措施，但是拘留时间超过《刑事诉讼法》规定的时限，其后决定撤销案件、不起诉或者判决宣告无罪终止追究刑事责任的；②对公民采取逮捕措施后，决定撤销案件、不起诉或者判决宣告无罪终止追究刑事责任的；③依照审判监督程序再审改判无罪，原判刑罚已经执行的；……由此可知，《国家赔偿法》对于限制人身自由时的刑事赔偿范围仅限于拘留、逮捕及已经执行刑罚的情形，监视居住没有对人身自由进行实际限制，不属于国家赔偿范围。因此监视居住并不属于国家赔偿范围。故 A 选项说

法不正确，当选。

根据《国家赔偿法》第21条的规定，行使侦查、检察、审判职权的机关以及看守所、监狱管理机关及其工作人员在行使职权时侵犯公民、法人和其他组织的合法权益造成损害的，该机关为赔偿义务机关。对公民采取拘留措施，依照《国家赔偿法》的规定应当给予国家赔偿的，作出拘留决定的机关为赔偿义务机关。对公民采取逮捕措施后决定撤销案件、不起诉或者判决宣告无罪的，作出逮捕决定的机关为赔偿义务机关。再审改判无罪的，作出原生效判决的人民法院为赔偿义务机关。二审改判无罪，以及二审发回重审后作无罪处理的，作出一审有罪判决的人民法院为赔偿义务机关。此条款确立了刑事赔偿义务机关的后置原则，甲县检察院对田某进行批准逮捕，甲县检察院为赔偿义务机关，甲县公安局不属于赔偿义务机关。故 B 选项说法不正确，当选；C 选项说法正确，不当选。

2010 年修正后的《国家赔偿法》不再规定公诉机关的赔偿问题，因此，乙县检察院不作为赔偿义务机关。故 D 选项说法不正确，当选。

184. [考点] 刑事赔偿义务机关、行政赔偿举证责任、国家赔偿程序

[答案] B

[解析] 根据《国家赔偿法》第21条第4款的规定，再审改判无罪的，作出原生效判决的人民法院为赔偿义务机关。因此，区法院判有罪，中级法院维持一审判决，中级法院是作出生效判决的法院，中级法院应当是赔偿义务机关。故 A 选项说法错误。

根据《国家赔偿法》第15条第2款的规定，赔偿义务机关采取行政拘留或者限制人身自由的强制措施期间，被限制人身自由的人死亡或者丧失行为能力的，赔偿义务机关的行为与被限制人身自由的人的死亡或者丧失行为能力是否存在因果关系，赔偿义务机关应当提供证据。因此，刘某在强制隔离戒毒期间属于限制人身自由的强制措施期间，其死亡与强制隔离戒毒是否存在因果关系的举证责任应当由强制隔离戒毒所承担。故 B 选项说法正确。

2010 年修正后的《国家赔偿法》取消了此前国家赔偿中的确认程序，即赔偿请求人无需申请确认相关行为违法而可以直接申请国家赔偿，所以吴某无需先申请确认某区法院解除保全措施的行为违法。故 C 选项说法错误。

根据《国家赔偿法》第24条第2款的规定，赔偿请求人对赔偿的方式、项目、数额有异议的，或者赔偿义务机关作出不予赔偿决定的，赔偿请求人可以自赔偿义务机关作出赔偿或者不予赔偿决定之日起30日内，向赔偿义务机关的上一级机关申请复议。因此，对区公安分局的赔偿数额不服的，高某可以向区公安分局的上一级机关申请复议，而不是向法院提起赔偿诉讼。故D选项说法错误。

185. [考点] 国家赔偿方式与费用

[答案] BC

[解析] 根据《国家赔偿法》第35条的规定，有本法第3条或者第17条规定情形之一，致人精神损害的，应当在侵权行为影响的范围内，为受害人消除影响，恢复名誉，赔礼道歉；造成严重后果的，应当支付相应的精神损害抚慰金。由此可知，名誉损失是对人身权损害的赔偿范围，查封行为属于侵犯财产权的行为，不属于侵犯人身权的行为。张某因美容店查封的名誉损失不属于国家赔偿范围。故A选项不当选。

根据《国家赔偿法》第36条第2项的规定，查封、扣押、冻结财产的，解除对财产的查封、扣押、冻结，造成财产损坏或者灭失的，依照本条第3项、第4项的规定赔偿。因此，税务部门扣押美容仪器设备的行为违法，解除查封和扣押措施属于国家赔偿的范围。故B选项当选。

根据《国家赔偿法》第36条第6项的规定，吊销许可证和执照、责令停产停业的，赔偿停产停业期间必要的经常性费用开支。参照《最高人民法院关于审理民事、行政诉讼中司法赔偿案件适用法律若干问题的解释》第14条的规定，国家赔偿法第36条第6项规定的停产停业期间必要的经常性费用开支，是指法人、其他组织和个体工商户为维系停产停业期间运营所需的基本开支，包括留守职工工资、必须缴纳的税费、水电费、房屋场地租金、设备租金、设备折旧费等必要的经常性费用。因此，美容店停业期间产生的门面租赁费属于国家赔偿的费用。故C选项当选。

根据《国家赔偿法》第36条第5项的规定，财产已经拍卖或者变卖的，给付拍卖或者变卖所得的价款；变卖的价款明显低于财产价值的，应当支付相应的赔偿金。参照《最高人民法院关于审理民事、行政诉讼中司法赔偿案件适用法律若干问题的解释》第13条第2款的规定，人民法院违法拍卖，或者变卖价款明显低于财产价值的，应当依照本解释第12条的规定支付相应的赔偿金。由此可知，财产已经拍卖的，一般情况给付拍卖所得的价款，只有在违法拍卖的情况下，才支付相应的赔偿金。因此，扣押的仪器设备已被拍卖的，给付拍卖所得的价款，没有相应的赔偿金支付。故 D 选项不当选。

186. [考 点] 国家赔偿方式

[答 案] BD

[解 析] 根据最高法、最高检《关于办理刑事赔偿案件适用法律若干问题的解释》第 21 条的规定，《国家赔偿法》第 33 条、第 34 条规定的上年度，是指赔偿义务机关作出赔偿决定时的上一年度；复议机关或者人民法院赔偿委员会改变原赔偿决定，按照新作出决定时的上一年度国家职工平均工资标准计算人身自由赔偿金。作出赔偿决定、复议决定时国家上一年度职工平均工资尚未公布的，以已经公布的最近年度职工平均工资为准。因此题干中关于国家赔偿，赔偿义务机关还未作出决定，按照哪一年度还不确定。故 A 选项说法错误。

根据《国家赔偿法》第 36 条第 5、7 项的规定，财产已经拍卖或者变卖的，给付拍卖或者变卖所得的价款；变卖的价款明显低于财产价值的，应当支付相应的赔偿金；返还执行的罚款或者罚金、追缴或者没收的金钱，解除冻结的存款或者汇款的，应当支付银行同期存款利息。因此，应当返还 35 万元罚金并支付银行同期存款利息。故 B 选项说法正确。由于王某的汽车被变卖，王某的汽车变卖所得价款应返还，但不存在相应的赔偿金，只有在变卖的价款明显低于财产价值的情况下才给付相应的赔偿金。故 C 选项说法错误。

根据《国家赔偿法》第 35 条的规定，有《国家赔偿法》第 3 条或者第 17 条规定情形之一，致人精神损害的，应当在侵权行为影响的范围内，为受害人消除影响，恢复名誉，赔礼道歉；造成严重后果的，应当支付相应的精神损害抚慰金。该案属于侵犯人身权利并造成严重后果的情形，因此属于支付精神损害抚慰金的情形。故 D 选项说法正确。

187. [考 点] 刑事赔偿义务机关、赔偿程序、赔偿方式

[答 案] AB

[解 析] 根据《国家赔偿法》第 21 条第 4 款的规定，再审改判无罪的，作出

原生效判决的人民法院为赔偿义务机关。题目中作出原生效判决的人民法院为某省高级人民法院，因此赔偿义务机关为某省高级人民法院。故 A 选项说法正确。

根据《国家赔偿法》第 17 条第 3 项的规定，行使侦查、检察、审判职权的机关以及看守所、监狱管理机关及其工作人员在行使职权时有下列侵犯人身权情形之一的，受害人有取得赔偿的权利：……③依照审判监督程序再审改判无罪，原判刑罚已经执行的；……本题中，1995 年 4 月 25 日，某省高级人民法院维持聂某的死刑判决，随后聂某被执行死刑，2016 年 12 月 2 日，最高人民法院改判聂某无罪。这属于错误判决，属于国家赔偿的范围，国家应当给予聂某家属赔偿。故 B 选项说法正确。

根据《国家赔偿法》第 23 条第 1 款的规定，赔偿义务机关应当自收到申请之日起 2 个月内，作出是否赔偿的决定。赔偿义务机关作出赔偿决定，应当充分听取赔偿请求人的意见，并可以与赔偿请求人就赔偿方式、赔偿项目和赔偿数额依照《国家赔偿法》第四章的规定进行协商。由此可知，赔偿义务机关可就赔偿方式、赔偿项目和赔偿数额与聂某家属协商。故 C 选项说法错误。

根据《国家赔偿法》第 24 条第 2 款的规定，赔偿请求人对赔偿的方式、项目、数额有异议的，或者赔偿义务机关作出不予赔偿决定的，赔偿请求人可以自赔偿义务机关作出赔偿或者不予赔偿决定之日起 30 日内，向赔偿义务机关的上一级机关申请复议。《国家赔偿法》第 24 条第 3 款规定，赔偿义务机关是人民法院的，赔偿请求人可以依照本条规定向其上一级人民法院赔偿委员会申请作出赔偿决定。由于本案的赔偿义务机关是法院，赔偿义务机关拒绝赔偿，聂某家属可以向上一级人民法院赔偿委员会申请作出赔偿决定，而不是向法院提起赔偿诉讼。故 D 选项说法错误。

第 13 章　综合性案例

第⑲讲　最高法院发布案例选编

188. 县自然资源和房产管理局向县政府报送《关于收回国有土地使用权的请示》，请求收回该县某地块国有土地使用权。县政府作出《关于同意收回某地块国有土地使用权的批复》（以下简称《批复》）。县自然资源和房产管理局收到该批复后，并没有制作并送达收回土地使用权决定，而是直接交由县土地储备中心付诸实施。魏某、陈某的房屋位于被收回使用权的土地范围内，通过申请政府信息公开知道了该批复的内容。魏某、陈某对县政府收回国有土地使用权批复不服，提起行政诉讼，请求法院撤销县政府作出的《批复》。法院审理查明：根据《土地储备管理办法》以收回方式储备国有土地的程序规定，县自然资源和房产管理局行政主管部门在县人民政府作出批准收回国有土地使用权方案批复后，应当向原土地使用权人送达对外具有法律效力的收回国有土地使用权通知。下列说法正确的是：（　　　）（任选）

A. 县政府的《批复》对魏某、陈某的权利义务产生实际影响

B. 县政府的《批复》对魏某、陈某的权利义务不产生实际影响

C. 县政府的《批复》属于行政诉讼的受案范围

D. 法院应裁定驳回魏某、陈某的起诉

考点 行政诉讼受案范围

189. 6月1日，李某通过省政府公众网络系统向省交通运输厅递交了政府信息公开申请，申请获取客运里程数等政府信息。政府公众网络系统予以确认，并通过短信通知李某确认该政府信息公开申请提交成功。由于省政府政务公众网络系统与省交通运输厅内部办公网物理隔离，需通过网闸以数据"摆

渡"方式接入省交通运输厅内部办公网办理。7月28日，省交通运输厅工作人员发现李某提交的政府信息公开申请并作出受理记录。8月4日，省交通运输厅向李某送达《政府信息公开答复》。李某认为省交通运输厅《政府信息公开答复》违法，向法院提起行政诉讼。下列说法正确的是：（　　）（任选）

A. 省交通运输厅收到政府信息公开申请之日为6月1日

B. 省交通运输厅收到政府信息公开申请之日为7月28日

C. 省交通运输厅未在法定期限对李某申请作出答复

D. 法院应判决确认省交通运输厅《政府信息公开答复》违法

考点 政府信息依申请公开程序

190. 某科技大学武昌分校（以下简称"武昌分校"）为民办高校，无学士学位授予资格，某科技大学同意对武昌分校符合学士学位条件的本科毕业生授予学士学位。某科技大学在《关于申请学士学位的规定》中明确，通过全国大学外语四级考试是非外国语专业学生申请学士学位的必备条件之一。何某为武昌分校本科毕业生，获得武昌分校颁发的《普通高等学校毕业证书》，由于其本科学习期间未通过全国英语四级考试，武昌分校未向某科技大学推荐其申请学士学位。后何某向某科技大学和武昌分校提出授予工学学士学位的申请，武昌分校作出书面答复，因何某没有通过全国大学英语四级考试，不符合授予条件，某科技大学不能授予其学士学位。何某以某科技大学在收到申请之日起60日内未授予其学士学位，向法院提起行政诉讼。下列说法正确的是：（　　）（任选）

A. 某科技大学不授予何某学士学位的行为具有可诉性

B. 本案的被告是武昌分校

C. 某科技大学可以把通过全国大学外语四级考试作为授予学士学位的必备条件

D. 法院应判决驳回何某诉讼请求

考点 行政诉讼的受案范围、被告、判决

191. 某银行拟自行收购、拆除某中学教工宿舍楼，市发展计划委员会根据相关报告，经审查同意某银行扩建营业用房建设项目，市规划局发出建设用地规划许可证。市自然资源局报市政府审批同意收回某中学教工宿舍楼住户的国有土地使用权。宣某等18人系某中学教工宿舍楼的住户，市自然资源

局作出《收回国有土地使用权通知》（以下简称《通知》），并告知宣某等
18人其正在使用的国有土地使用权将收回及诉权等内容。该《通知》说明
了行政决定所依据的是《土地管理法》，但没有对所依据的《土地管理法》
具体法律条款予以说明。宣某等18人不服，提起行政诉讼。诉讼中，市自
然资源局称作出通知是依据《土地管理法》第58条第1款的规定："有下
列情形之一的，由有关人民政府自然资源主管部门报经原批准用地的人民
政府或者有批准权的人民政府批准，可以收回国有土地使用权：①为实施
城市规划进行旧城区改建以及其他公共利益需要，确需使用土地的；……"
下列说法正确的是：（　　　）（任选）

A. 宣某等18人应推选1~5名诉讼代表人

B. 市自然资源局作出的《通知》主要证据不足

C. 市自然资源局作出的《通知》适用法律错误

D. 法院应判决确认市自然资源局作出的《通知》违法

[考点] 行政诉讼的原告、判决

192. 某建设单位在戴某的家门口设置消防栓，戴某入室需后退避让，等门扇开
启后再前行入室，戴某的门扇开不到60°~70°根本出不来。某建设单位就设
置的消防栓向市公安消防支队报送相关资料，市公安消防支队对消防栓抽
查后作出《建设工程消防验收备案结果通知》（以下简称《通知》）。戴某
认为消防栓的设置和建设影响了其生活而市公安消防支队却验收合格，严
重侵犯了其合法权益，遂提起行政诉讼，请求法院撤销《通知》，判令市公
安消防支队责令某建设单位依据国家标准限期整改设置的消防栓。下列说
法正确的是：（　　　）（任选）

A.《通知》属于行政许可

B.《通知》属于行政确认

C.《通知》属于行政诉讼受案范围

D.《通知》不属于行政诉讼受案范围

[考点] 行政行为性质、行政诉讼受案范围

193. 王某是某公司职工，因交通事故死亡。由于王某驾驶摩托车倒地翻覆的原
因无法查实，交警大队作出《道路交通事故证明》载明：王某驾驶无牌摩
托车翻覆于隔离带内，造成车辆受损、王某当场死亡的交通事故。某公司
就王某因交通事故死亡，向市人社局申请工伤认定，并同时提交了交警大

队所作的《道路交通事故证明》等证据。市人社局以公安机关交通管理部门尚未对本案事故作出交通事故认定书为由，作出《工伤认定时限中止通知书》（以下简称《中止通知书》）。后王某之父向市人社局提交了《恢复工伤认定申请书》，要求恢复对王某的工伤认定。因市人社局未恢复对王某工伤认定程序，王某之父向法院提起行政诉讼，请求判决撤销《中止通知书》。下列说法正确的是：（　　　）（任选）

A.《中止通知书》属于程序性行为

B.《中止通知书》具有可诉性

C. 王某之父具有原告资格

D. 若法院判决撤销《中止通知书》的，市人社局应恢复对王某工伤认定程序

考点 行政诉讼的受案范围、原告、判决

194. 2011年市政府作出《征收土地方案公告》，征收某街道范围内农民集体建设用地10.04公顷，用于城市建设，由区政府实施。苏某名下房屋在本次征收范围内，苏某已去世，其生前将该房屋处置给其女儿顾某，沙某等3人系苏某外孙。在实施征迁过程中，区政府制作《国家建设用地征迁费用补偿表》，对苏某房屋及地上附着物予以登记补偿，顾某的丈夫领取了安置补偿款。2012年年初，由于顾某不愿交出被征土地上的房屋，区政府组织相关部门将苏某房屋及地上附着物拆除，拆除过程中未对屋内物品登记保全，未制作物品清单并交顾某签字确认。沙某等3人和顾某提起诉讼，请求法院判令区政府赔偿房屋内物品损失共计10万元，主要包括衣物、家具、家电等屋内物品5万元；实木雕花床5万元。法院受理后查明：《土地管理法实施条例》第45条规定，土地行政主管部门责令限期交出土地，被征收人拒不交出的，申请人民法院强制执行。下列说法正确的是：（　　　）（任选）

A. 区政府对苏某房屋组织实施拆除行为违法

B. 沙某等4人应当对区政府拆除苏某房屋损失承担举证责任

C. 法院对沙某等4人主张衣物、家具、家电等屋内物品5万元损失的赔偿请求，应予以支持

D. 法院对沙某等4人主张实木雕花床5万元损失的赔偿请求，应予以支持

考点 行政赔偿

195. 志大物业公司的员工（保安）罗某在小区值班时，听到有人被抢劫呼喊声

后立即拦住抢劫者的去路，要求其交出抢劫的物品，在与抢劫者搏斗的过程中，不慎从 22 级台阶上摔倒在巷道拐角的平台上受伤。罗某向区人社局提出工伤认定申请，区人社局受理后向罗某发出《认定工伤中止通知书》，要求罗某补充提交见义勇为的认定材料。在罗某补充了见义勇为相关材料后，区人社局作出 676 号《认定工伤决定书》，认定罗某所受之伤属于因工受伤。志大物业公司不服，向法院提起行政诉讼。在诉讼过程中，区人社局作出《撤销工伤认定决定书》，作出 524 号《认定工伤决定书》，认定罗某受伤属于视同因工受伤。志大物业公司诉至法院，以工伤认定适用法律错误为由请求法院撤销工伤认定。下列说法正确的是：（　　）（任选）

A. 志大物业公司属于重复起诉

B. 罗某为本案第三人

C. 罗某见义勇为，为制止违法犯罪行为而受到伤害的，应当视同工伤

D. 法院应当适用维持判决

[考点] 行政诉讼的程序、第三人、判决

196. 罗某是兴运 2 号船舶的船主。2014 年 11 月 17 日，罗某因财产损害赔偿纠纷案需要，通过邮政特快专递向县地方海事处邮寄书面政府信息公开申请书，具体申请的内容为：公开兴运 2 号船舶在 2008 年至 2010 年发生安全事故的海事调查报告等所有事故材料。2014 年 11 月 19 日，县地方海事处签收邮政特快专递。2015 年 1 月 23 日，县地方海事处作出《政府信息告知书》，载明：对申请公开的海事调查报告等所有事故材料经查该政府信息不存在。2015 年 4 月 22 日，罗某提起行政诉讼，向法院提交兴运 2 号船发生事故的相关线索。下列说法正确的是：（　　）（任选）

A. 县地方海事处收到罗某申请之日为 2014 年 11 月 17 日

B. 县地方海事处作出《政府信息告知书》的期限违法

C. 罗某可以申请法院调取证据

D. 法院不予支持县地方海事处有关政府信息不存在的主张

[考点] 政府信息公开程序

197. 某区中医院新建综合楼时，未建设符合环保要求的污水处理设施即投入使用。市检察院发现该线索后，进行了调查，发现区中医院通过渗井、渗坑排放医疗污水，其排放的医疗污水超过国家标准。市检察院还发现区卫生和计划生育局在医院未提交环评合格报告的情况下，对区中医院《医疗机

构执业许可证》校验为合格，且对区中医院违法排放医疗污水的行为未及时制止，存在不依法履行职责行为。市检察院在履行了提起公益诉讼的前置程序后，诉至法院，请求：①确认区卫生和计划生育局为医院校验《医疗机构执业许可证》的行为违法；②判令区卫生和计划生育局履行法定监管职责，责令区卫生和计划生育局限期对医院的医疗污水净化处理设施进行整改；③判令医院立即停止违法排放医疗污水。法院受理案件。下列说法正确的是：（　　）（任选）

A. 区卫生和计划生育局为行政公益诉讼被告

B. 区中医院为民事公益诉讼被告

C. 法院可以采取一并立案、一并审理、一并判决的方式处理

D. 法院可以采取分别立案、一并审理、分别判决的方式处理

[考点] 行政公益诉讼

198. 陈某系个体工商户德龙加工厂（营业执照上登记的经营者）的业主。区环保局对德龙加工厂的厂房进行执法检查时，发现该厂涉嫌私自设置暗管偷排污水。区环保局经立案调查后，作出行政处理决定，认定陈某的行为违反《水污染防治法》第 22 条的规定，遂根据《水污染防治法》第 75 条第 2 款的规定，作出责令立即拆除暗管，并处罚款 10 万元的处理决定。陈某认为，区环境监测站出具的《检测报告》显示：德龙加工厂排放的废水符合排放污水的相关标准。陈某向法院提起行政诉讼，请求撤销行政处理决定并赔偿损失。下列说法正确的是：（　　）（任选）

A. 陈某为本案原告

B. 德龙加工厂排放的废水是否符合排放污水的相关标准不属于法院审理对象

C. 陈某关于以排放的废水符合排放污水的相关标准不应当被处罚的主张不能成立

D. 针对陈某的诉讼请求，法院应当分别立案、合并审理

[考点] 行政诉讼的原告、审理对象、程序

199. 为了实现节能减排目标，某县政府决定对永佳公司进行关停征收。某县政府与永佳公司签订了《资产转让协议书》，永佳公司关停退出造纸行业，县政府受让永佳公司资产并支付对价。协议签订后，永佳公司依约定履行了大部分义务，县政府接受了永佳公司的厂房等资产后，支付了永佳公司部分补偿金，之后经多次催收未再履行后续付款义务。永佳公司诉至法院请

求判决县政府履行后续付款义务。下列说法错误的有：（　　）（任选）

A.《资产转让协议书》属于民事协议

B. 县政府决定对永佳公司进行关停征收是本案的审理对象

C. 对于永佳公司没有履行的部分义务，县政府可以反诉

D. 永佳公司应当对县政府没有履行后续付款义务承担举证责任

考点 行政协议诉讼

200. 亿嘉利公司与区政府签署《投资协议》，约定亿嘉利公司租赁土地建设现代观光农业项目，区政府负责提供"一站式服务"、为加快项目建设进度和协调相关部门的手续尽快落实。协议签订后，亿嘉利公司认为区政府一直怠于协调其项目行政手续办理事宜，隐瞒土地性质真相，无法办理相关手续，未按照约定履行《投资协议》，直接造成公司重大损失。亿嘉利公司向法院诉请解除《投资协议》，判决区政府赔偿经济损失。下列哪些说法是正确的？（　　）（多选）

A. 本案属于行政诉讼的受案范围

B. 亿嘉利公司与区政府可以在《投资协议》中约定由区法院管辖

C. 本案应当适用行政诉讼法律规范关于起诉期限的规定

D. 本案可以进行调解

考点 行政协议诉讼

201. 卡朱米公司取得某块土地的国有土地使用权。2015 年 3 月 8 日区政府委托资产评估公司对卡朱米公司企业资产搬迁补偿价值进行评估。2017 年 1 月 22 日，区磐龙山庄项目指挥部受区政府委托，与卡朱米公司订立《企业征迁补偿安置协议书》（以下简称"补偿协议"），该补偿协议对合同主体，土地使用权、地上建筑物、构筑物和实物资产情况，补偿方式，补偿项目及补偿金额等进行了约定。2017 年 5 月 15 日，卡朱米公司以补偿协议显失公平为由，以区政府为被告提起行政诉讼，请求撤销补偿协议。下列哪些说法是正确的？（　　）（多选）

A. 法院应当受理

B. 本案的被告为区磐龙山庄项目指挥部

C. 卡朱米公司对补偿协议显失公平承担举证责任

D. 法院可以参照适用民事法律规范关于民事合同的相关规定审理案件

考点 行政协议诉讼

答案及解析

188. [考 点]行政诉讼受案范围

[答 案]AC

[解 析]本题目根据最高人民法院发布的第22号指导案例——"魏永高、陈守志诉来安县人民政府收回土地使用权批复案"编写。

根据《土地储备管理办法》以收回方式储备国有土地的程序规定，县自然资源和房产管理局行政主管部门在县人民政府作出批准收回国有土地使用权方案批复后，应当向原土地使用权人送达对外发生法律效力的收回国有土地使用权通知。因此，县政府的批复属于不产生外部法律效力的内部行政行为，不向相对人送达，对相对人的权利义务尚未产生实际影响，根据《行诉解释》第1条第2款第5项的规定，行政机关作出的不产生外部效力的行为，不属于人民法院行政诉讼的受案范围。因此，该《批复》不属于行政诉讼的受案范围。但本案中，县自然资源和房产管理局收到该批复后，没有制作并送达收回土地使用权决定，而直接交由县土地储备中心实施拆迁补偿安置行为，对原土地使用权人的权利义务产生了实际影响，该《批复》已实际执行并外化为对外发生法律效力的具体行政行为，应当属于行政诉讼的受案范围。故AC选项说法正确，BD选项说法不正确。

189. [考 点]政府信息依申请公开程序

[答 案]ACD

[解 析]本题目根据最高人民法院发布的第26号指导案例——"李健雄诉广东省交通运输厅政府信息公开案"编写。

根据《政府信息公开条例》第31条第3项的规定，申请人通过互联网渠道或者政府信息公开工作机构的传真提交政府信息公开申请的，以双方确认之日为收到申请之日。6月1日政府公众网络系统予以确认，并通过短信通知李某确认该政府信息公开申请提交成功。因此，6月1日是双方确认之日。故A选项说法正确，B选项说法错误。

根据《政府信息公开条例》第33条第2款的规定，行政机关不能当场答复的，应当自收到申请之日起20个工作日内予以答复；需要延长答复期限的，应当经政府信息公开工作机构负责人同意并告知申请人，延长的期限最长不得超过 20 个工作日。在本案中，省交通运输厅收到政府信息公开申请之日为 6 月 1 日，一般收到申请之日起 20 个工作日内予以答复，省交通运输厅 8 月 4 日作出答复超出了法定答复期限。故 C 选项说法正确。

根据《行政诉讼法》第 74 条第 2 款第 1 项的规定，行政行为违法，但不具有可撤销内容，不需要撤销或者判决履行的，人民法院判决确认违法。省交通运输厅逾期作出答复的，属于程序违法，不具有可撤销内容，应当确认为违法。因此，法院应判决确认省交通运输厅《政府信息公开答复》违法。故 D 选项说法正确。

190. [考 点] 行政诉讼的受案范围、被告、判决

[答 案] ACD

[解 析] 本题目是根据最高人民法院发布的第 39 号指导案例——"何小强诉华中科技大学拒绝授予学位案"编写。

由题目可知，某科技大学具有审查授予普通高校学士学位的法定职权。武昌分校是未取得学士学位授予资格的民办高校，其与某科技大学签订合作办学协议约定，武昌分校对该校达到学士学术水平的本科毕业生，向某科技大学推荐，由某科技大学审核是否授予学士学位。因此，某科技大学具有对武昌分校推荐的应届本科毕业生进行审查和决定是否颁发学士学位的法定职责。根据《行政诉讼法》第 47 条第 1 款的规定，公民、法人或者其他组织申请行政机关履行保护其人身权、财产权等合法权益的法定职责，行政机关在接到申请之日起 2 个月内不履行的，公民、法人或者其他组织可以向人民法院提起诉讼。法律、法规对行政机关履行职责的期限另有规定的，从其规定。武昌分校的本科毕业生何某以某科技大学在收到申请之日起 60 日内未授予其学士学位，向人民法院提起行政诉讼，符合《行政诉讼法》第 47 条第 1 款的规定。因此，某科技大学不授予何某学士学位具有可诉性，某科技大学是适格的被告。故 A 选项说法正确，B 选项说法不正确。

根据《学位条例》和《学位条例暂行实施办法》的相关规定，学位授予单位具有在学术自治范围内制定学士学位授予标准的权力和职责。某科技大学在此授权范围内将全国大学英语四级考试成绩与学士学位挂钩，把通过全国大学外语四级考试作为授予学士学位的必备条件，是对授予学士学位的标准的细化，并没有违反《学位条例》和《学位条例暂行实施办法》的相关规定。因此，何某因未通过全国大学英语四级考试不符合某科技大

学学士学位的授予条件，根据《行政诉讼法》第 69 条的规定，行政行为证据确凿，适用法律、法规正确，符合法定程序的，或者原告申请被告履行法定职责或者给付义务理由不成立的，人民法院判决驳回原告的诉讼请求。故 CD 选项说法正确。

191. [考点] 行政诉讼的原告、判决

[答案] BC

[解析] 本题目根据最高人民法院发布的第 41 号指导案例——"宣懿成等诉浙江省衢州市国土资源局收回国有土地使用权案"编写。

根据《行政诉讼法》第 28 条的规定，当事人一方人数众多的，由当事人推选代表人。当事人推选不出的，可以由人民法院在起诉的当事人中指定代表人。《行诉解释》第 29 条规定，《行政诉讼法》第 28 条规定的"人数众多"，一般指 10 人以上。《行政诉讼法》第 28 条规定的代表人为 2~5 人。代表人可以委托 1~2 人作为诉讼代理人。因此，宣某等 18 人作为当事人一方人数众多，应推选 2~5 名诉讼代表人。故 A 选项说法错误。

题目中，没有证据证明市自然资源局作出的《通知》符合《土地管理法》第 58 条第 1 款规定的"为公共利益需要使用土地"或"实施城市规划进行旧城区改造需要调整使用土地"的情形，属于主要证据不足。故 B 选项说法正确。

市自然资源局依照《土地管理法》对辖区内国有土地的使用权进行管理和调整，但其行使职权时必须具有明确的法律依据。市自然资源局在作出《通知》时，仅说明是依据《土地管理法》的有关规定作出的，但并未引用具体的法律条款，因此，其作出的具体行政行为没有明确的法律依据，属于适用法律错误。故 C 选项说法正确。

根据《行政诉讼法》第 70 条第 1、2 项的规定，行政行为有下列情形之一的，人民法院判决撤销或者部分撤销，并可以判决被告重新作出行政行为：①主要证据不足的；②适用法律、法规错误的。因此，法院对于自然资源局做出的通知应该判决撤销，而不是判决确认违法。故 D 选项说法错误。

192. [考点] 行政行为性质、行政诉讼受案范围

[答案] BC

[解析] 本题目根据最高人民法院发布的第 59 号指导案例——"戴世华诉济

南市公安消防支队消防验收纠纷案"编写。

根据《行政许可法》第 2 条的规定，本法所称行政许可，是指行政机关根据公民、法人或者其他组织的申请，经依法审查，准予其从事特定活动的行为。行政确认，是行政机关对相对人的法律关系、法律事实或者法律地位给予确定、认可、证明的行政行为。对建设单位而言，在工程竣工验收后应当到公安机关消防机构进行验收备案，消防设施经依法抽查不合格的，应当停止使用，并组织整改；对公安机关消防机构而言，备案结果中有抽查是否合格的评定，实质上是一种行政确认行为，即公安机关消防机构对行政相对人的法律事实、法律关系予以认定、确认的行政行为。故 A 选项说法不正确，B 选项说法正确。

根据《消防法》《建设工程消防监督管理规定》的有关规定，消防机构实施的建设工程消防备案、抽查的行为能产生行政法上的拘束力。消防设施经依法抽查不合格的，建设单位应当停止使用，并组织整改；消防设施被消防机构评定为合格，那就视为消防机构在事实上确认了消防工程质量合格，行政相关人也将受到该行为的拘束。由此可知，《通知》对公民、法人或者其他组织的权利义务有实际影响，属于行政诉讼受案范围。故 C 选项说法正确，D 选项说法不正确。

193. [考 点] 行政诉讼的受案范围、原告、判决

[答 案] ABCD

[解 析] 本题目根据最高人民法院发布的第 69 号指导案例——"王明德诉乐山市人力资源和社会保障局工伤认定案"编写。

根据《行诉解释》第 1 条第 2 款第 6 项的规定，行政机关为作出行政行为而实施的准备、论证、研究、层报、咨询等过程性行为，不属于法院行政诉讼的受案范围。过程性行为，又称为程序性行为，是指行政机关为作出行政行为而实施的准备、论证、研究、层报、咨询等准备性、部分性、阶段性的行为。由于程序性行为不涉及终局性问题，对相对人的权利义务没有实质影响的，属于不成熟的行政行为，不具有可诉性，相对人提起行政诉讼的，不属于人民法院受案范围。但如果程序性行为，对相对人权利义务产生实质影响并且无法通过提起针对相关的实体性行政行为的诉讼获得救济的，则该程序性行为具有终局性，则属于可诉的行为，相对人提起行政诉讼的，属于人民法院行政诉讼受案范围。因此，题目中的《中止通

知书》是工伤认定中的一种程序性行为，但该行为将导致当事人的合法权益长期，乃至永久得不到依法救济，直接影响了当事人的合法权益，对其权利义务产生实质影响，并且当事人也无法通过对相关实体性行政行为提起诉讼以获得救济。因此，《中止通知书》属于可诉行政行为。故 AB 选项说法正确。

根据《行政诉讼法》第 25 条第 2 款的规定，有权提起诉讼的公民死亡，其近亲属可以提起诉讼。《行诉解释》第 14 条第 1 款规定，行政诉讼法第 25 条第 2 款规定的"近亲属"，包括配偶、父母、子女、兄弟姐妹、祖父母、外祖父母、孙子女、外孙子女和其他具有扶养、赡养关系的亲属。由此可知，王某作为工伤认定的行政相对人具有原告资格，但王某死亡，王某之父作为王某的近亲属具有原告资格。故 C 选项说法正确。

根据《工伤保险条例》第 20 条第 3 款的规定，作出工伤认定决定需要以司法机关或者有关行政主管部门的结论为依据的，在司法机关或者有关行政主管部门尚未作出结论期间，作出工伤认定决定的时限中止。本案中，某公司在向市人社局就王某死亡申请工伤认定时已经提交了《道路交通事故证明》。也就是说，某公司申请工伤认定时，并不存在《工伤保险条例》第 20 条第 3 款所规定的依法可以作出中止决定的情形。因此，市人社局依据《工伤保险条例》第 20 条规定作出《中止通知书》属于适用法律、法规错误，应当予以撤销。在法院撤销市人社局作出的《中止通知书》判决生效后，市人社局对王某认定工伤的程序即应予以恢复。故 D 选项说法正确。

194. [考点] 行政赔偿

[答案] AC

[解析] 本题目根据最高人民法院发布的第 91 号指导案例——"沙明保等诉马鞍山市花山区人民政府房屋强制拆除行政赔偿案"编写。

根据《土地管理法实施条例》第 45 条的规定，土地行政主管部门责令限期交出土地，被征收人拒不交出的，申请人民法院强制执行。顾某不愿交出被征土地上的房屋，区政府在未作出责令交出土地决定亦未申请人民法院强制执行的情况下，对沙某等 4 人的房屋组织实施拆除，构成行为违法。故 A 选项说法正确。

根据《行政诉讼法》第 38 条第 2 款的规定，在行政赔偿、补偿的案件中，原告应当对行政行为造成的损害提供证据。因被告的原因导致原告无法举证的，由被告承担举证责任。区政府组织拆除沙某等4人的房屋时，未依法对屋内物品登记保全，未制作物品清单并交上诉人签字确认，致使沙某等4人无法对物品受损情况举证，因此，该损失是否存在、具体损失情况等，依法应由区政府承担举证责任。故B选项说法错误。

《行诉解释》第47条规定，根据《行政诉讼法》第38条第2款的规定，在行政赔偿、补偿案件中，因被告的原因导致原告无法就损害情况举证的，应当由被告就该损害情况承担举证责任。对于各方主张损失的价值无法认定的，应当由负有举证责任的一方当事人申请鉴定，但法律、法规、规章规定行政机关在作出行政行为时依法应当评估或者鉴定的除外；负有举证责任的当事人拒绝申请鉴定的，由其承担不利的法律后果。当事人的损失因客观原因无法鉴定的，人民法院应当结合当事人的主张和在案证据，遵循法官职业道德，运用逻辑推理和生活经验、生活常识等，酌情确定赔偿数额。本案中，沙某等4人主张衣物、家具、家电等屋内物品5万元损失和实木雕花床5万元损失就属于因客观原因无法鉴定的损失，其中沙某等4人主张的屋内物品5万元包括衣物、家具、家电、手机等，均系日常生活必需品，符合一般家庭实际情况，且区政府亦未提供证据证明这些物品不存在，故对沙某等主张的屋内物品种类、数量及价值应予认定。但沙某等4人主张实木雕花床价值为5万元，已超出市场正常价格范围，其又不能确定该床的材质、形成时间、与普通实木雕花床有何不同等，法院不予支持。故C选项说法正确，D选项说法错误。

195. [考点]行政诉讼的程序、第三人、判决

[答案]BC

[解析]本题目根据最高人民法院发布的第94号指导案例——"重庆市涪陵志大物业管理有限公司诉重庆市涪陵区人力资源和社会保障局劳动和社会保障行政确认案"编写。

志大物业公司第一次向法院起诉的是区人社局作出的676号《认定工伤决定书》，志大物业公司再次向法院起诉的是区人社局作出的524号《认定工伤决定书》。因此，志大物业公司起诉不属于重复起诉。故A选项说法错误。

根据《行政诉讼法》第29条第1款的规定，公民、法人或者其他组织同被诉行政行为有利害关系但没有提起诉讼，或者同案件处理结果有利害关系的，可以作为第三人申请参加诉讼，或者由人民法院通知参加诉讼。

题目中，区人社局作出 524 号《认定工伤决定书》认定罗某受伤属于视同因工受伤，作为法院的审判对象，案件的判决结果与罗某有直接的利害关系，因此罗某为本案的第三人。故 B 选项说法正确。

根据《工伤保险条例》第 15 条第 1 款第 2 项的规定，职工在抢险救灾等维护国家利益、公共利益活动中受到伤害的，视同工伤。据此，虽然职工不是在工作地点、因工作原因受到伤害，但其是在维护国家利益、公共利益活动中受到伤害的，也应当按照工伤处理。公民见义勇为，跟违法犯罪行为作斗争，与抢险救灾一样，同样属于维护社会公共利益的行为。因此，罗某见义勇为，为制止违法犯罪行为而受到伤害的，应当适用《工伤保险条例》第 15 条第 1 款第 2 项的规定，即视同工伤。故 C 选项说法正确。

根据《行政诉讼法》第 69 条的规定，行政行为证据确凿，适用法律、法规正确，符合法定程序的，或者原告申请被告履行法定职责或者给付义务理由不成立的，人民法院判决驳回原告的诉讼请求。区人社局认定罗某受伤视同因工受伤，适用法律正确，法院应当判决驳回志大物业公司的诉讼请求。（注意：2014 年修正后的《行政诉讼法》已取消了维持判决的判决类型）故 D 选项说法错误。

196. [考 点] 政府信息公开程序

[答 案] BCD

[解 析] 本题目根据最高人民法院发布的第 101 号指导案例——"罗元昌诉重庆市彭水苗族土家族自治县地方海事处政府信息公开案"编写。

根据《政府信息公开条例》第 31 条第 2 项的规定，……②申请人以邮寄方式提交政府信息公开申请的，以行政机关签收之日为收到申请之日；……罗某以邮寄方式提交政府信息公开申请的，以县地方海事处签收邮政特快专递之日为收到申请之日——2014 年 11 月 19 日，并非罗某邮寄之日——2014 年 11 月 17 日。故 A 选项错误。

根据《政府信息公开条例》第 33 条第 2 款的规定，行政机关不能当场答复的，应当自收到申请之日起 20 个工作日内予以答复；需要延长答复期限的，应当经政府信息公开工作机构负责人同意并告知申请人，延长的期限最长不得超过 20 个工作日。县地方海事处于 2014 年 11 月 19 日收到罗某的政府信息公开申请，于 2015 年 1 月 23 日作出《政府信息告知书》，超出法定期限。故 B 选项正确。

根据《政府信息公开案件规定》第 5 条第 5 款的规定，被告主张政府信息不存在，原告能够提供该政府信息系由被告制作或者保存的相关线索的，可以申请人民法院调取证据。县地方海事处主张政府信息不存在，罗某提交了兴运 2 号船发生事故的相关线索，可以申请法院调取证据。故 C 选项正确。

县地方海事处以政府信息不存在为由答复原告的，法院应审查县地方海事处是否已经尽到充分合理的查找、检索义务。罗某提交了兴运 2 号船发生事故的相关线索，而县地方海事处仅有自述，没有提供证据证明其尽到了查询、翻阅和搜索的义务，法院不予支持县地方海事处有关政府信息不存在的主张。故 D 选项正确。

197. [考点] 行政公益诉讼

[答案] ABD

[解析] 本题目根据最高人民法院发布的第 136 号指导案例——"吉林省白山市人民检察院诉白山市江源区卫生和计划生育局、白山市江源区中医院环境公益诉讼案"编写。

根据《行政诉讼法》第 25 条第 4 款的规定，人民检察院在履行职责中发现生态环境和资源保护、食品药品安全、国有财产保护、国有土地使用权出让等领域负有监督管理职责的行政机关违法行使职权或者不作为，致使国家利益或者社会公共利益受到侵害的，应当向行政机关提出检察建议，督促其依法履行职责。行政机关不依法履行职责的，人民检察院依法向人民法院提起诉讼。题目中，区卫生和计划生育局在区中医院未提交环评合格报告的情况下，对其《医疗机构执业许可证》校验为合格，且对其违法排放医疗污水的行为未及时制止，存在不依法履行职责行为，市检察院提起行政公益诉讼，请求法院：①确认区卫生和计划生育局为医院校验《医疗机构执业许可证》的行为违法；②判令区卫生和计划生育局履行法定监管职责，责令区卫生和计划生育局限期对医院的医疗污水净化处理设施进行整改。因此，区卫生和计划生育局是行政公益诉讼的被告。故 A 选项说法正确。

检察院提起环境行政公益诉讼案件时，可以就同一污染环境行为提起环境民事公益诉讼。题目中，市检察院发现区中医院通过渗井、渗坑排放医疗污水，其排放的医疗污水超过国家标准，在行政公益诉讼中附带提起民事公益诉讼，请求法院判令医院立即停止违法排放医疗污水。因此，区中医院为民事公益诉讼被告。故 B 选项说法正确。

根据《行政诉讼法》第 61 条第 1 款的规定，在涉及行政许可、登记、征收、征用和行政机关对民事争议所作的裁决的行政诉讼中，当事人申请一并解决相关民事争议的，人民法院可以一并审理。根据《行诉解释》第 140 条第 1 款的规定，人民法院在行政诉讼中一并审理相关民事争议的，民事争议应当单独立案，由同一审判组织审理。《行诉解释》第 142 条第 1 款规定，对行政争议和民事争议应当分别裁判。题目中，法院在审理检察院提起的环境行政公益诉讼案件时，对检察院就同一污染环境行为提起的环境民事公益诉讼，可以参照行政诉讼法及其司法解释规定，采取分别立案、一并审理、分别判决的方式处理。故 C 选项说法错误，D 选项说法正确。

198. [考点] 行政诉讼的原告、审理对象、程序

[答案] BC

[解析] 本题目根据最高人民法院发布的第 138 号指导案例——"陈德龙诉成都市成华区环境保护局环境行政处罚案"编写。

根据《行诉解释》第 15 条第 2 款的规定，个体工商户向人民法院提起诉讼的，以营业执照上登记的经营者为原告。有字号的，以营业执照上登记的字号为原告，并应当注明该字号经营者的基本信息。本案应当以个体工商户营业执照上登记的经营者——德龙加工厂为原告。故 A 选项错误。

根据《行政诉讼法》第 6 条的规定，人民法院审理行政案件，对行政行为是否合法进行审查。本案中，陈某向法院提起行政诉讼，请求撤销行政处理决定并赔偿损失。法院的审理对象是行政处理决定和损害赔偿，德龙加工厂排放的废水是否符合排放污水的相关标准，不属于法院审理对象。故 B 选项正确。

陈某通过私设暗管等逃避监管的方式排放水污染物的，依法应当予以行政处罚。陈某以其排放的水污染物达标、没有对环境造成损害为由，不应受到行政处罚的主张不能成立。故 C 选项正确。

根据《最高人民法院关于审理行政赔偿案件若干问题的规定》第 28 条的规定，当事人在提起行政诉讼的同时一并提出行政赔偿请求，或者因具体行政行为和与行使行政职权有关的其他行为侵权造成损害一并提出行政赔偿请求的，人民法院应当分别立案，根据具体情况可以合并审理，也可

以单独审理。因此，陈某向法院提起行政诉讼时一并提出赔偿请求，法院应当分别立案，根据具体情况可以合并审理，也可以单独审理。故 D 选项错误。

199. [考 点] 行政协议诉讼

[答 案] ABCD

[解 析] 本题目是根据最高人民法院发布的行政协议解释参考案例"大英县永佳纸业有限公司诉四川省大英县人民政府不履行行政协议案"编写的。

根据《最高人民法院关于审理行政协议案件若干问题的规定》（以下简称《行政协议案件规定》）第 1 条的规定，行政机关为了实现行政管理或者公共服务目标，与公民、法人或者其他组织协商订立的具有行政法上权利义务内容的协议，属于行政诉讼法第 12 条第 1 款第 11 项规定的行政协议。本案中，县政府与永佳公司签订的《永佳公司资产转让协议书》，是对永佳公司进行关停征收补偿协议，属于行政协议。故 A 选项说法错误，当选。

根据《行政协议案件规定》第 11 条第 2 款的规定，原告认为被告未依法或者未按照约定履行行政协议的，人民法院应当针对其诉讼请求，对被告是否具有相应义务或者履行相应义务等进行审查。本案中，永佳公司诉讼请求是县政府履行《资产转让协议书》，不是县政府对永佳公司进行关停征收的决定，因此，法院审理对象是县政府是否具有后续付款义务或者履行义务等。故 B 选项说法错误，当选。

根据《行政诉讼法》第 12 条第 1 款第 11 项的规定，人民法院受理公民、法人或者其他组织提起的下列诉讼：……⑪认为行政机关不依法履行、未按照约定履行或者违法变更、解除政府特许经营协议、土地房屋征收补偿协议等协议的；……根据《行政协议案件规定》第 6 条的规定，人民法院受理行政协议案件后，被告就该协议的订立、履行、变更、终止等提起反诉的，人民法院不予准许。《行政协议案件规定》第 24 条第 1 款规定，公民、法人或者其他组织未按照行政协议约定履行义务，经催告后不履行，行政机关可以作出要求其履行协议的书面决定。公民、法人或者其他组织收到书面决定后在法定期限内未申请行政复议或者提起行政诉讼，且仍不履行，协议内容具有可执行性的，行政机关可以向人民法院申请强制执行。由此可知，行政协议案件的原告是公民、法人或者其他组织而不是行政机关。法院受理行政协议案件后，作为被告的行政机关不得对公民、法人或者其他组织提起反诉，但可以对永佳公司没有履行的部分义务申请法院强制执行。故 C 选项说法错误，当选。

根据《行政协议案件规定》第10条第3款的规定，对行政协议是否履行发生争议的，由负有履行义务的当事人承担举证责任。由此可知，县政府是否履行后续付款义务应当由县政府承担举证责任。故 D 选项说法错误，当选。

200. [考点] 行政协议诉讼

[答案] AD

[解析] 本题目是根据最高人民法院发布的行政协议解释参考案例"成都亿嘉利科技有限公司、乐山沙湾亿嘉利科技有限公司诉四川省乐山市沙湾区人民政府解除投资协议并赔偿经济损失案"编写的。

根据《行政协议案件规定》第1条的规定，行政协议，是行政机关为了实现行政管理或者公共服务目标，与公民、法人或者其他组织协商订立的具有行政法上权利义务内容的协议。《行政协议案件规定》第2条第5项规定，公民、法人或者其他组织就下列行政协议提起行政诉讼的，人民法院应当依法受理：……⑤符合本规定第1条规定的政府与社会资本合作协议；……本案中，《投资协议》属于政府与社会资本合作协议，是行政协议。亿嘉利公司就《投资协议》提起诉讼，属于行政诉讼的受案范围。故 A 选项说法正确。

根据《行政协议案件规定》第7条的规定，当事人书面协议约定选择被告所在地、原告所在地、协议履行地、协议订立地、标的物所在地等与争议有实际联系地点的人民法院管辖的，人民法院从其约定，但违反级别管辖和专属管辖的除外。可知，亿嘉利公司与区政府在《投资协议》中约定管辖法院，但不得违反级别管辖和专属管辖。《行政诉讼法》第15条第1项的规定，中级人民法院管辖下列第一审行政案件：①对国务院部门或者县级以上地方人民政府所作的行政行为提起诉讼的案件；……本案涉及对区政府所作的行政行为提起诉讼，区政府属于县级以上地方人民政府，本案应当由中级法院管辖，因此，亿嘉利公司与区政府在《投资协议》中约定由区法院管辖，违反了级别管辖。故 B 选项说法错误。

根据《行政协议案件规定》第25条的规定，公民、法人或者其他组织对行政机关不依法履行、未按照约定履行行政协议提起诉讼的，诉讼时效参照民事法律规范确定；对行政机关变更、解除行政协议等行政行为提起诉讼的，起诉期限依照行政诉讼法及其司法解释确定。本案中，亿嘉利公司认为区政府未按照约定履行《投资协议》，应当参照适用民事法律规范关于诉讼时效的规定。故 C 选项说法错误。

根据《行政协议案件规定》第 23 条第 1 款的规定，人民法院审理行政协议案件，可以依法进行调解。本案属于行政协议案件，法院可以进行调解。故 D 选项说法正确。

201. [考 点] 行政协议诉讼

[答 案] ACD

[解 析] 本题目是根据 2021 年 5 月 11 日发布的最高人民法院行政协议典型案例（第一批）"卡朱米公司诉福建省莆田市荔城区人民政府请求撤销征收补偿安置协议案"编写的。

根据《行政协议案件规定》第 4 条第 1 款的规定，因行政协议的订立、履行、变更、终止等发生纠纷，公民、法人或者其他组织作为原告，以行政机关为被告提起行政诉讼的，人民法院应当依法受理。本案的补偿协议属于行政协议，因行政协议发生纠纷，卡朱米公司作为原告，以区政府为被告提起行政诉讼的，人民法院应当受理。故 A 选项正确。

根据《行政协议案件规定》第 4 条第 2 款的规定，因行政机关委托的组织订立的行政协议发生纠纷的，委托的行政机关是被告。本案中，区磐龙山庄项目指挥部受区政府委托与卡朱米公司订立补偿协议，委托的区政府为被告。故 B 选项不正确。

根据《行政协议案件规定》第 10 条第 2 款的规定，原告主张撤销、解除行政协议的，对撤销、解除行政协议的事由承担举证责任。本案中，卡朱米公司请求撤销补偿协议，卡朱米公司对撤销补偿协议的事由——补偿协议显失公平承担举证责任。故 C 选项正确。

根据《行政协议案件规定》第 27 条第 2 款的规定，人民法院审理行政协议案件，可以参照适用民事法律规范关于民事合同的相关规定。本案属于行政协议案件，法院审理案件可以参照适用民事法律规范关于民事合同的相关规定。故 D 选项正确。

答案速查表

题号	答案	题号	答案	题号	答案
1	B	26	AB	51	CD
2	ABCD	27	ABCD	52	ABCD
3	AD	28	ABC	53	D
4	BC	29	BCD	54	AD
5	B	30	BCD	55	AC
6	BC	31	B	56	ABCD
7	C	32	A	57	D
8	B	33	ABC	58	D
9	BC	34	AC	59	AB
10	C	35	ACD	60	ACD
11	AC	36	A	61	ABD
12	ABCD	37	ACD	62	A
13	ACD	38	A	63	BC
14	D	39	ABD	64	CD
15	AC	40	CD	65	AB
16	B	41	AD	66	BCD
17	AD	42	D	67	C
18	AC	43	ABD	68	CD
19	D	44	CD	69	A
20	A	45	B	70	ABCD
21	B	46	D	71	ABD
22	CD	47	CD	72	ABD
23	ABD	48	BCD	73	BCD
24	BD	49	ACD	74	BD
25	ABCD	50	ABCD	75	B

题号	答案	题号	答案	题号	答案
76	ACD	108	AC	140	D
77	B	109	A	141	BC
78	ABCD	110	ABCD	142	C
79	BCD	111	A	143	CD
80	ABC	112	BCD	144	C
81	ACD	113	D	145	C
82	BD	114	ACD	146	ABD
83	B	115	ABD	147	BC
84	BD	116	A	148	ABCD
85	BCD	117	BD	149	AC
86	B	118	BC	150	ACD
87	BC	119	BCD	151	AD
88	ABD	120	ACD	152	ABD
89	BCD	121	BCD	153	BC
90	AD	122	ABCD	154	BCD
91	D	123	AC	155	AB
92	ABC	124	D	156	BD
93	D	125	D	157	BC
94	AB	126	ACD	158	ABCD
95	ABD	127	CD	159	BC
96	ABD	128	B	160	BC
97	AD	129	ACD	161	B
98	ABC	130	AC	162	CD
99	ABD	131	ABC	163	B
100	AB	132	BC	164	ABC
101	ABD	133	BD	165	ABCD
102	C	134	CD	166	AC
103	ABCD	135	D	167	BC
104	B	136	B	168	AD
105	ABC	137	ABC	169	B
106	AC	138	BD	170	AC
107	B	139	D	171	BCD

题号	答案	题号	答案	题号	答案
172	AD	182	AD	192	BC
173	BD	183	ABD	193	ABCD
174	C	184	B	194	AC
175	AB	185	BC	195	BC
176	CD	186	BD	196	BCD
177	B	187	AB	197	ABD
178	CD	188	AC	198	BC
179	BD	189	ACD	199	ABCD
180	AC	190	ACD	200	AD
181	D	191	BC	201	ACD

图书在版编目（ＣＩＰ）数据

168 金题串讲. 魏建新讲行政法/魏建新编著. —北京：中国政法大学出版社，2021.7
ISBN 978-7-5620-9209-4

Ⅰ.①1⋯ Ⅱ.①魏⋯ Ⅲ.①行政法－中国－资格考试－自学参考资料 Ⅳ.①D92

中国版本图书馆 CIP 数据核字(2021)第 136103 号

出 版 者　中国政法大学出版社

地　　址　北京市海淀区西土城路 25 号

邮寄地址　北京 100088 信箱 8034 分箱　邮编 100088

网　　址　http://www.cuplpress.com (网络实名：中国政法大学出版社)

电　　话　010-58908285(总编室) 58908433（编辑部）58908334(邮购部)

承　　印　北京铭传印刷有限公司

开　　本　787mm×1092mm　1/16

印　　张　14

字　　数　290 千字

版　　次　2021 年 7 月第 1 版

印　　次　2021 年 7 月第 1 次印刷

定　　价　49.00 元

厚大法考（郑州）2021年主观题面授教学计划

班次名称		授课方式	授课时间	标准学费（元）	阶段优惠(元)			备 注
					7.10 前	8.10 前	9.10 前	
大成系列	主观暑期班	视 频	7.12～9.13	9800	7380	已开课		配备本班次配套图书及随堂内部资料
	主观集训A班	视频+面授	7.12～10.12	25800	协议班次无优惠,签订协议;不过退15800元,专属辅导、小班批阅。			
	主观集训B班			25800	12380	已开课		
	主观特训A班	视频+面授	8.24～10.12	22800	协议班次无优惠,签订协议;不过退13800元,专属辅导、小班批阅。			
	主观特训B班			22800	11380	11880	12380	
	主观短训A班	面 授	9.15～10.12	19800	协议班次无优惠,签订协议;不过退11800元,专属辅导、小班批阅。			
	主观短训B班			19800	10380	10880	11380	
冲刺系列	主观决胜班	面 授	10.1～10.12	12800	7380	7880	8380	
	主观冲刺密训		10.1～10.7	9800	5080	5580	6080	

其他优惠：

1. 3人（含）以上团报，每人优惠180元；5人（含）以上团报，每人优惠280元；8人（含）以上团报，每人优惠380元。

2. 厚大面授老学员（2020届）报班享阶段性优惠减500元，可适用团报，不再享受其他优惠。

3. 公、检、法工作人员凭工作证报名享阶段性优惠减300元，可适用团报，不再享受其他优惠。

4. 其他机构学员凭报名凭证享阶段优惠减300元，可适用团报，不再享受其他优惠。

5. 协议班次不适用以上优惠政策。

【郑州分校地址】 郑州市龙湖镇（南大学城）泰山路与107国道交叉口向东50米路南厚大教学基地

咨询电话：19939507026 李老师   17303862226 杨老师

| 厚大法考 APP | 厚大法考官微 | 厚大法考官博 | QQ群二维码 | 郑州厚大法考面授分校官博 | 郑州厚大法考面授分校官微 |

厚大法考（西安）2021年主观题面授教学计划

班次名称	授课方式	授课模式	授课时间	标准学费（元）	阶段优惠（元）			备　注
					7.10 前	8.10 前	9.10 前	
主观特训 A 班	视频+面授	全日制	8.15~10.13	22800	协议班次无优惠，签订协议；不过退13800元，专属辅导、小班批阅。			配备本班次配套图书及随堂内部资料
主观特训 B 班	视频+面授	全日制	8.15~10.13	22800	10880	11380	11880	
主观短训 A 班	视频+面授	全日制	9.15~10.13	16800	协议班次无优惠，签订协议；不过退10000元，专属辅导、小班批阅。			
主观短训 B 班	视频+面授	全日制	9.15~10.13	19800	9880	10380	10880	
主观决胜班	面　授	全日制	10.1~10.13	12800	6380	6880	7380	
主观冲刺密训	面　授	全日制	10.1~10.7	9800	4580	5080	5880	

其他优惠：

1. 多人报名可在优惠价格基础上再享团报优惠：3人（含）以上报名，每人优惠180元；5人（含）以上报名，每人优惠280元；8人（含）以上报名，每人优惠380元。

2. 厚大面授老学员在阶段优惠基础上再优惠500元，不再享受其他优惠；冲刺班和协议班除外。

【西安分校】西安市雁塔区西北政法大学北校区对面丽融大厦 A 座 1802 室

联系方式：18691857706 李老师　18838987971 刘老师　18636652560 李老师　13891432202 王老师（微信同号）

QQ 群：534251171

厚大法考 APP　　　　厚大法考官博　　　　西安厚大官博　　　　西安厚大官微

厚大法考（上海）2021年主观题面授教学计划

班次名称		时间	标准学费(元)	阶段优惠(元) 8.10前	9.10前	9.30前
至尊系列	九五至尊班	4.25~10.13	19.9万（专属6人自修室）	①协议班次无优惠,订立合同;②赠送单人间住宿;③2021年主观题考试过关,奖励20000元;④2021年主观题考试若未过关,全额退还学费,再返10000元。		
			9.9万（专属6人自修室）	①协议班次无优惠,订立合同;②赠送单人间住宿;③2021年主观题考试过关,奖励10000元;④2021年主观题考试若未过关,免学费重读2022年客观题大成集训班+2022年主观短训班。		
	至尊VIP班		79800（专属10人自修室）	已开课		
				协议班次,2021年主观题考试若未过关,免学费重读2022年客观题大成集训班+2022年主观短训班。		
	至尊私塾班	5.25~10.13	59800（专属10人自修室）	已开课		
	主观至尊班	6.15~10.13	49800（专属10人自修室）	已开课		
大成系列	主观长训班	6.15~10.13	39800	已开课		
	主观通关班	7.15~10.13	59800	①协议班次无优惠,订立合同;②2021年主观题考试若未过关,全额退还学费;③赠送10人专属自习室;④限招10人。		
	主观集训VIP班	7.15~10.13	29800	①专属辅导,一对一批阅;②赠送10人专属自习室。		
	主观集训班	7.15~10.13	25800	已开课		
	主观特训VIP班	8.1~10.13	25800	①专属辅导,一对一批阅;②赠送10人专属自习室。		
	主观特训A班	8.1~10.13	22800	18300	已开课	
	主观特训B班	8.1~10.13	22800	①重读模式无优惠,订立合同;②2021年主观题若未过关,免学费重读2022年客观题暑期全程班+2022年主观决胜班。		
	主观高效提分VIP班	8.25~10.13	22800	①专属辅导,一对一批阅;②赠送10人专属自习室。		
	主观高效提分班	8.25~10.13	19800	16300	16800	已开课
周末系列	主观周末VIP班	3.22~10.13	19800	VIP模式无优惠,座位前三排,导学师跟踪辅导,每周三道案例练习,一对一批改,在线讲解答疑。		
	主观周末全程班	3.22~10.13	19800	已开课		
	主观周末精英班	3.22~10.3	13800	已开课		
	主观周末特训班	7.10~10.13	16800	已开课		
	主观周末提分班	8.28~10.13	12800	12800		已开课
冲刺系列	主观短训班	9.15~10.13	16800	10800	11300	已开课
	主观短训VIP班	9.15~10.13	16800	①专属辅导,一对一批阅;②赠送10人专属自习室。		
	主观突破班	9.15~10.5	10800	7980	8480	8980
	主观决胜班	10.1~10.13	12800	8980	9480	9980
	主观点睛冲刺班（原国庆密训营）	10.7~10.13	8800	6980	7480	

其他优惠：

多人报名可在优惠价格基础上再享团报优惠：3人（含）以上报名，每人优惠200元；5人（含）以上报名，每人优惠300元；8人（含）以上报名，每人优惠500元。

【松江教学基地】上海市松江大学城文汇路1128弄双创集聚区三楼301室　咨询热线：021-67663517

【市区办公室】上海市静安区汉中路158号汉中广场1214室　咨询热线：021-61070881/61070880

厚大法考APP　　　　厚大法考官博　　　　上海厚大法考官博

厚大法考（南京、杭州）2021年主观题教学计划

班次名称		时　间	标准学费（元）	阶段优惠(元)		
				8.10 前	9.10 前	9.30 前
周末系列（同步直播）	主观周末特训班	7.10～10.13	16800	已开课		
	主观周末提分班	8.28～10.13	12800	11500	已开课	
大成系列	主观通关班	7.12～10.13	59800	①协议班次无优惠，订立合同；②2021年主观题考试若未过关，全额退还学费；③专属辅导，每科6题一对一精批。		
	主观特训班	8.12～10.13	22800	17300	已开课	
	主观高效提分班	9.6～10.13	19800	15300	15800	已开课
冲刺系列	主观短训班	9.15～10.13	16800	10800	11300	已开课
	主观短训VIP班	9.15～10.13	16800	①专属辅导，一对一批阅；②赠送10人专属自习室。		
	主观突破班	9.15～10.5	10800	7980	8480	8980
	主观决胜班	10.1～10.13	12800	8980	9480	9980
	主观点睛冲刺班（原国庆密训营）	10.7～10.13	8800	6980	7480	

其他优惠：

1. 多人报名可在优惠价格基础上再享团报优惠：3人（含）以上报名，每人优惠200元；5人（含）以上报名，每人优惠300元；8人（含）以上报名，每人优惠500元。
2. 厚大面授老学员报名再享9折优惠。

【南京教学基地】南京市鼓楼区汉中路108号金轮大厦10C2室　　咨询热线：025-84721211/86557965

【杭州教学基地】浙江省杭州市江干区下沙2号大街515号智慧谷大厦1009室　　咨询热线：0571-28187005/28187006

厚大法考 APP　　　　厚大法考官博　　　　南京厚大法考官博　　　　杭州厚大法考官博

厚大法考（成都）2021年主观题面授教学计划

班次名称		授课时间	标准学费（元）	阶段优惠(元)		配套资料
				8.10 前	9.10 前	
冲刺系列	主观短训班	9.12~10.12	19800	10800	11800	主观题冲刺包 + 课堂内部讲义
	主观短训 B 班	9.12~10.12	19800	协议班次无优惠，不过学费全退。		
	主观密训营	10.01~10.12	11800	5880	6880	随堂密训资料
	主观密训营通关班	10.01~10.12	11800	协议班次无优惠，不过学费全退。		

其他优惠：

1. 团报：3人（含）以上报名，每人优惠200元；5人（含）以上报名，每人优惠300元；8人（含）以上报名，每人优惠400元。
2. 厚大老学员（直属面授）报名享9折优惠，厚大老学员（非直属面授）报名优惠200元。
3. 公检法司凭工作证报名优惠500元。

备注：根据2021年司法部主观题考试时间安排，部分面授班次时间将进行微调。

【成都分校】咨询电话：18613099103 王老师

厚大法考（成都）2021年客观题面授教学计划

班次名称		授课时间	标准学费（元）	阶段优惠(元)	配套资料
				8.20 前	
冲刺系列	点睛冲刺班	8.26~9.2	4580	1980	随堂内部讲义

【成都分校】咨询电话：18613099103 王老师

厚大法考 APP

厚大法考官博

成都厚大法考

厚大法考（广州）2021年主观题面授教学计划

全日制（脱产）系列						
	班次名称	授课时间	标准学费（元）	阶段优惠(元) 9.10 前		配套资料
大成系列	主观特训A班	8.10~10.12	23800	17800		主观题学习包+课堂内部讲义
	主观特训B班	8.10~10.12	23800	协议班次无优惠,不过学费全退。		
冲刺系列	主观短训A班	9.15~10.12	19800	12000		主观题冲刺包+课堂内部讲义
	主观短训B班	9.15~10.12	19800	协议班次无优惠,不过学费全退。		
	主观决胜A班	9.24~10.12	14800	10200		
	主观决胜B班	9.24~10.12	14800	协议班次无优惠,不过学费全退。		
	主观密训营	10.1~10.12	11800	7000		随堂密训资料
	主观密训营通关班	10.1~10.12	11800	协议班次无优惠,不过学费全退。		
周末系列	主观周末全程班	3.27~10.12	20800	已开课		主观题学习包+课堂内部讲义
	主观周末精英班	3.27~9.19	17800	已开课		
	主观周末特训班	8.7~10.12	16800	13800		

厚大法考（深圳）2021年主观题面授教学计划

全日制（脱产）系列							
	班次名称	授课方式	授课时间	标准学费（元）	阶段优惠(元) 9.10 前		配套资料
大成系列	主观特训A班	视频+面授	8.12~10.12	22800	14800		主观题学习包+课堂内部讲义
	主观特训B班			22800	协议班次无优惠,不过学费全退。		
冲刺系列	主观短训A班	视频+面授	9.15~10.12	19800	12000		主观题冲刺包+课堂内部讲义
	主观短训B班		9.15~10.12	19800	协议班次无优惠,不过学费全退。		
	主观决胜A班	视频+面授	9.24~10.12	15800	10200		随堂密训资料
	主观决胜B班		9.24~10.12	15800	协议班次无优惠,不过学费全退。		
	主观密训营	面　授	10.1~10.12	11800	7000		
	主观密训营协议班		10.1~10.12	11800	协议班次无优惠,不过学费全退。		

其他优惠：

1. 团报：3人（含）以上报名，每人优惠200元；5人（含）以上报名，每人优惠300元；8人（含）以上报名，每人优惠400元。
2. 厚大老学员（直属面授）报名享9折优惠，厚大老学员（非直属面授）报名优惠200元。
3. 公检法司凭工作证报名优惠500元。

备注：根据2021年司法部主观题考试时间安排，部分面授班次时间将进行微调。

【广州分校】广州市海珠区新港东路1088号中洲交易中心六元素体验天地1207室　咨询热线：020-87595663/020-85588201

【深圳分校】深圳市罗湖区解放路4008号深圳大学继续教育学院B座11楼　咨询热线：0755-22231961

厚大法考APP

厚大法考官博

广州厚大法考官微

深圳厚大法考官微